古典文獻研究輯刊

三八編

潘美月・杜潔祥 主編

第48冊

高似孫《子略》校理集釋（上）

司馬朝軍 著

國家圖書館出版品預行編目資料

高似孫《子略》校理集釋（上）／司馬朝軍 著 -- 初版 -- 新
北市：花木蘭文化事業有限公司，2024〔民 113〕
目 4+212 面；19×26 公分
（古典文獻研究輯刊 三八編；第 48 冊）
ISBN 978-626-344-751-6（精裝）
1.CST：（宋）高似孫 2.CST：子略 3.CST：目錄學
4.CST：研究考訂
011.08   112022611

ISBN-978-626-344-751-6

9 786263 447516

古典文獻研究輯刊
三八編 第四八冊   ISBN：978-626-344-751-6

高似孫《子略》校理集釋（上）

作　者　司馬朝軍
主　編　潘美月、杜潔祥
總 編 輯　杜潔祥
副總編輯　楊嘉樂
編輯主任　許郁翎
編　輯　潘玟靜、蔡正宣　美術編輯　陳逸婷
出　版　花木蘭文化事業有限公司
發 行 人　高小娟
聯絡地址　235 新北市中和區中安街七二號十三樓
　　　　　電話：02-2923-1455／傳真：02-2923-1452
網　址　http://www.huamulan.tw 信箱 service@huamulans.com
印　刷　普羅文化出版廣告事業
初　版　2024 年 3 月
定　價　三八編 60 冊（精裝）新台幣 156,000 元　　版權所有 · 請勿翻印

高似孫《子略》校理集釋（上）

司馬朝軍 著

作者簡介

司馬朝軍，武漢大學管理學博士，復旦大學中國語言文學博士後，武漢大學珞珈特聘教授。現任上海社會科學院歷史研究所研究員。曾任教育部人文社會科學重點研究基地武漢大學中國傳統文化研究中心專職研究員、武漢大學四庫學研究中心主任、國學院專職教授、歷史學院兼職教授、信息管理學院專職教授，擔任經學、專門史、文獻學三個方向博士生導師。擔任《文瀋閣四庫全書》總編纂、《司馬氏志》主編、《傳統中國研究集刊》主編。著有四庫學、文獻學（包含辨偽學、目錄學）及國學系列著作。

提　　要

　　本書是對宋代大學問家、文學家高似孫的代表性專科目錄學著作《子略》的系統整理與研究，分為校理與集釋兩大部分。書末附錄多種相關研究資料。全書約 40 萬字左右。本書可供高等學校文科各專業使用，也是古籍整理、圖書館學等專業人員以及文史愛好者的必備參考書。

目

次

上　冊
前　言…………………………………………………… 1
　一、作者生平和主要著述 ……………………………… 1
　二、本書內容與主要學術價值 ………………………… 5
　三、前人對本書的評論………………………………… 6
　四、本書的研究現狀 …………………………………… 9
　五、版本源流以及底本與校本的確定情況 ……… 10
　六、此次整理的個人創獲……………………………… 11

子略序…………………………………………………… 13
子略目卷一…………………………………………… 17
　漢書藝文志 …………………………………………… 17
　隋書經籍志 ………………………………………… 128
　唐書藝文志 ………………………………………… 133
　子鈔 ………………………………………………… 141
　通志‧藝文略 ……………………………………… 146

子略卷一 ································· 159

　黃帝陰符經 ························· 159

　陰符經注 ························· 167

　陸龜蒙讀陰符經詩 ············· 169

　皮日休讀陰符經詩 ············· 170

　陰符經 ························· 173

　風后握奇經 ···················· 176

　握奇經續圖 ···················· 181

　武侯八陣圖附 ················· 190

　鶡子 ··························· 194

　太公金匱六韜 ················· 198

　孔叢子 ························· 202

　曾子 ··························· 205

　魯仲連子 ······················ 207

　晏子春秋 ······················ 209

下　冊

子略卷二 ································· 213

　老子注 ························· 213

　何晏道德二論 ················· 215

　裴徽論老子 ···················· 216

　老子 ··························· 217

　莊子注 ························· 218

　向秀莊子解義 ················· 219

　支道林莊子逍遙義 ············· 221

　晉人好言老莊 ················· 223

　莊子 ··························· 228

　列子 ··························· 229

　文子 ··························· 232

子略卷三 ································· 235

　戰國策 ························· 235

　管子 ··························· 238

尹文子 ································· 241

韓非子 ································· 244

墨子 ··································· 246

鄧析子 ································· 248

亢桑子 ································· 251

鶡冠子 ································· 253

孫子 ··································· 255

吳子 ··································· 257

范子 ··································· 259

鬼谷子 ································· 261

子略卷四 ···························· 267

呂氏春秋 ······························ 267

黃石公素書 ···························· 269

淮南子 ································· 272

賈誼新書 ······························ 274

桓寬鹽鐵論 ···························· 276

王充論衡 ······························ 279

太玄經注 ······························ 281

太玄經 ································· 282

新序、說苑 ···························· 285

抱朴子 ································· 288

文中子 ································· 289

元子 ··································· 292

皮子隱書 ······························ 294

附錄一　有關《子略》研究資料 ············· 297

附錄二　高似孫之家世、生平與交遊 ········· 303

附錄三　童子希《子部專科目錄──子略》 ····· 369

附錄四　童子希《高似孫文獻學研究》序 ······· 389

跋 ····································· 393

前　言

　　《子略》，係南宋高似孫擇取「子部」中諸子著作，依次分卷編纂而成的一部專科目錄。下面主要從作者生平和主要著述、本書內容與主要學術價值、前人對本書的評論、本書的研究現狀、版本源流以及底本與校本的確定情況、此次整理的個人創獲等方面加以說明。

一、作者生平和主要著述

　　高似孫（1158～1231）〔註1〕，字續古，號疏僚，浙江鄞縣（今屬寧波）人，後遷居嵊縣（古稱剡縣）。似孫為高文虎長子。宋孝宗淳熙十一年（1184）進士，賜文林郎。紹熙元年為會稽主簿，慶元五年除秘書省校書郎，翌年任徽州通判。嘉泰元年知信州，開禧二年知嚴州。嘉定元年封通議大夫、知江陰軍，後與祠祿。嘉定十六年除秘書郎，次年升著作佐郎，兼權吏部右侍郎。寶慶元年出知處州。進官中大夫，提舉建康府崇禧觀。紹定四年卒於嵊縣，贈通議大夫。

　　其父高文虎（1134～1212），字炳如，號雪廬，紹興三十年進士，與修國史及皇帝實錄，寧宗朝曾先後任中書舍人、翰林學士兼侍讀等職，官至翰林院華文閣大學士。著有《蓼花淵閒錄》一卷。據《剡南高氏宗譜》卷三《內紀行

〔註1〕　詳見左洪濤、張恒《兩宋浙東高氏家族研究——以由鄞遷剡的高氏家族及其文學為中心》第三章《個案研究——高似孫的生平與相關問題》（海洋出版社2010年版）。據民國二十年（1931）高我桂等第七次續修的永思堂木活字本《剡南高氏宗譜》卷三《內紀行傳》載：「（高似孫）生於紹興戊寅（1158）二月初三日，卒於紹定辛卯（1231）十月十五日。娶侍郎趙磻公之女，封恭人，合葬剡北金波山父墳側。事見《邑志》並《傳》。生二子，普、歷。」

傳》載，（文虎）「有《天官書集注》傳世。博物洽聞，編修國史，性愛山水，慶元中入剡，建玉峰堂藏書僚於金波玉岑山，即明心寺之東麓也。卒葬其處，為南渡始祖。生於紹興甲寅六月廿三日，卒於嘉定甲戌五月初一日。配太學生升上舍紹興丙寅科貢士周世修字德遠公長女，合葬剡北金波玉岑山明心寺左，事見邑志並傳。生二子，似孫，飲孫，一女適司農卿趙士達」。

據其嗣孫高佑所撰《疏僚公行述》記載：

> 公諱似孫，字續古，號疏僚，生於鄞，從父雪廬公來剡。自幼穎悟嗜學。凡讀書過目成誦，詩古文詞，涉筆即工，不待思索。又屬意尋山水勝，遇跡必考，遇物必詳。剡中諸美，為所襟收。嘗與舅氏周子瑞、周子章等同學，晨夕坐談文藝，討論典制，相契最厚。前守處州，有《緯略》、《騷略》等作，所言皆道術權變、調劑文武之義。嘉定朝，剡令史安之亦鄞人，慕祖才名，以剡典故無稽，求之作志。乃為撰《剡錄》十卷。凡山川、城社、人物、景跡，細及土產、風俗、茶品、泉味，有辨周不詳悉，剡邑為之發耀。家居宣任，著述極富，每為文士習誦。又善以孔孟之旨，借發於淺近之言，邑中名俊類奉為宗法。持躬最謙藹，雖倉卒，無失常容。平居未嘗有躁怒之狀。紹定辛卯卒，葬於金波山。緹袊慟哀，送葬者百數，群奉主入賢祠，春秋牲祀。〔註2〕

縱合宋代文獻資料、《宗譜》和臺灣知名學者黃寬重先生的研究，其一生大致可以分三個階段：（一）鄞縣時期。此期高似孫經歷了對其一生具有重大影響的兩件事：隨其父遷剡和為其父守孝。主要是因為高氏父子在黨爭中緊跟韓侂胄，而在韓氏被殺之後，高似孫在仕途上無疑遭受了較大影響。（二）居剡時期。高文虎被奪職後，遂於慶元中入剡，建玉峰堂、秀堂、藏書、雪廬於金波山明心寺之東麓。高似孫亦隨父居嵊。居鄉期間，高似孫一方面寄情於奇山異水之間，剡中山水之勝，甲於東南，人文之景觀亦夥，如右軍之金庭，安道之故里，「留連娛目，令人應接不暇」（語見《高似孫集·周舅氏家乘序》）；另一方面研讀典籍，發憤著書。高似孫著作可確定作於此期的有《緯略》（1212）、《剡錄》（1214）。（三）由剡重入仕途至去世。嘉定十六年（1223）五月，高似孫再度入任秘書郎，十七年九月，除著作佐郎兼權吏部侍右郎官。寶慶元年（1225）九月知處州，頗有政聲。

〔註2〕 見《剡南高氏宗譜》卷一。

　　高似孫雖然在天資、家學、著述、政績等方面具有一定的優勢，又與同時名公巨卿如洪邁（1123～1202）、陸游（1125～1210）、周必大（1126～1204）、樓鑰（1137～1213）、辛棄疾（1140～1207）等人多有交往，但在宋代理學家眼中，高似孫無疑被視為另類，因其捲入黨爭，其人品問題也成為爭論的焦點。同鄉前輩樓鑰非常欣賞高似孫其人其文，所擬《自代狀》盛稱：「右臣伏見文林郎紹興府會稽縣主簿高似孫，夙有俊聲，能傳家學，詞章敏贍，吏道通明，臣今舉以自代。」〔註3〕從家學、詞章、吏道等方面給予高度評價，故力薦以自代。而與此形成鮮明對照的是，他被人戴上了「不忠、不孝、不仁、不義」的帽子。如宋代陳振孫《直齋書錄解題》卷二十對其人其文皆有相對嚴厲的批評：

　　　　《疏僚集》三卷，四明高似孫續古撰。少有俊聲，登甲辰科。不自愛重，為館職，上韓侂胄生日詩九首，皆暗用「錫」字，為時清議所不齒。晚知處州，貪酷尤甚。其讀書以隱僻為博，其作文以怪澀為奇，至有甚可笑者。就中詩猶可觀也。

「為時清議所不齒」，「貪酷尤甚」，可見其人品之劣；「其讀書以隱僻為博，其作文以怪澀為奇」，可見其文品之劣。幸好最後說了「詩猶可觀」，沒有將其全盤否定。宋盛如梓《庶齋老學叢談》卷中之上亦將他與辛棄疾一道大加譏諷：

　　　　《宋史》載，韓侂胄用事時，其誕日，高似孫獻詩九章，每章用一「錫」字；辛棄疾以詞贊其用兵，則用司馬昭假黃鉞異姓真王故事。是誠何心哉！士大夫所守必正，可仕則仕，可止則止，一以孔孟為法，斯不失為君子。如疏僚、稼軒，負大文名，而有此作穢名史冊。悲夫！

給韓侂胄獻「九錫」〔註4〕詩，諂媚姦臣，被認為對皇上「不忠」。此其一也。陳振孫《直齋書錄解題》卷十四「《蘭亭考》十二卷」之解題云：

　　　　其書始成，本名《博議》，高內翰文虎炳如為之序，及其刊也，其子似孫，主為刪改……其最甚者，序文本亦條達可觀，亦竄改無完篇，首末缺漏，文理斷續，於其父猶然，深可怪也。

又周密《癸辛雜識》別集下「銀花」條載亦云：

<hr>

〔註3〕　見樓鑰《攻愧集》卷三十一《除給事中舉高似孫自代狀》。
〔註4〕　九錫，古代天子賜給諸侯、大臣的九種器物，是一種最高禮遇。魏晉六朝掌政大臣奪取政權、建立新王朝率皆襲王莽謀漢先邀九錫故事，後以九錫為權臣篡位先聲。

> 高疏僚一代名人，或有譏其家庭有未能盡善者。其父嘗作《蘭亭博議敍》，疏僚後易為《蘭亭考》，且輒改翁之文，陳直齋嘗指其過焉。近得炳如親書與其妾銀花一紙，為之駭然，漫書於此。（下略）

宋人據此認為高似孫「不孝」。此其二也。周密《癸辛雜識》續集載：

> 高疏僚守括，因有籍妓洪渠，慧黠過人。一日歌《真珠簾》詞，至「病酒情懷猶困懶」，使之演其聲，若病酒而困懶者，疏僚極稱賞之。適有客云：「卿自用卿法。」高因視洪云：「吾亦愛吾渠。」遂與落籍而去，以此得嘖言者。

為官貪酷，又挾妓以去，故被認為高似孫對人「不仁」。此其三也。周密《齊東野語》卷十九又載：

> 程文簡著《演繁露》初成，高文虎炳如嘗假觀，稱其博贍。虎子似孫續古時年尚少，因竊窺之。越日程索回原書，續古因出一帙，曰《繁露詰》，其間多程書所未載，而辯證尤詳。文簡雖盛賞之，而習實不能堪。或譏其該洽有餘，而輕薄亦太過也。

此事被認為高似孫對人「不義」。此其四也。後代學者如洪業、左洪濤等人對陳振孫、周密等人的記載頗有質疑，為之辯誣。誠如左洪濤所指出的：「這是黨爭與學派不同造成的。」〔註5〕政治上站錯了隊，學術上又與主流不搭界，於是乎「不忠」、「不孝」、「不仁」、「不義」的高帽子像「飛來峰」一樣飛到他的頭上，高似孫就像孫悟空一樣被壓在五行山下，壓得喘不過氣來。因為這致命的「四宗罪」，他就為清議所不齒，為時代所拋棄，最終連《宋史》也沒有給他一席之地。平心而論，高似孫真是生不逢時。假如生在魏晉，他必定成為名士，與嵇康為鄰，與阮籍為友，因其生性無拘無束，「逍遙乎山水之阿，放曠乎人間之世」〔註6〕。假如生在唐代或者清代，他必定成為名儒，因為他博覽四部，孜孜考古，勤於著述，上可窺陸德明、孔穎達之藩籬，下可開朱彝尊、紀曉嵐之先河。而他偏偏生在朱熹的時代。慶元四年，朝廷宣布禁偽學，高文虎草詔，高似孫又作道學之圖。高氏父子聯袂站在「偽學」的對立面，難免大大小小的理學家要將他妖魔化。

高氏才情勃發，文名藉甚，學問亦優，勤於著述，著作多達二十餘種。現存世的有：《剡錄》、《史略》、《子略》、《緯略》、《蟹略》、《騷略》、《硯箋》、《疏

〔註5〕見《兩宋浙東高氏家族研究》第99頁。
〔註6〕語見晉潘岳《秋興賦》。

僚小集》、《選詩句圖》、《剡溪詩話》〔註7〕。現在浙江古籍出版社已經組織人員將上述著作整理為《高似孫集》，列入《浙江文叢》，於 2017 年公開出版。亡佚的有：《經略》、《集略》、《詩略》、《古世本》、《戰國策考》、《蜀漢書》、《漢書司馬相如傳注》、《漢官》、《煙雨集》、《秦檜傳》及《樂論》等。從其著書目錄來看，高氏在目錄學方面下過不少工夫，其《史略》、《子略》與今已失傳的《經略》、《集略》、《詩略》構成一整套關於我國古籍的專科目錄學系列著作。此外，《剡錄》屬於方志，《緯略》屬於雜家，《蟹略》、《硯箋》屬於譜錄。儘管這些著作的質量高低不一，但其綜合實力在當時還是出類拔萃的。

二、本書內容與主要學術價值

《子略》共五卷，《子略目》一卷，正文四卷。高似孫在本書序言中介紹了寫作目的：

> 六經後，以士才藝自聲於戰國、秦、漢間，往往騁辭立言，成一家法。觀其跌宕古今之變，發揮事物之機，智力足以盡其神，思致足以殫其用。其指心運志，固不能盡宗於經，而經緯表裏，亦有不能盡忘乎經者。使之純乎道，昌乎世，豈不可馳騁規畫，鈞錚事功，而與典謨風雅並傳乎？所逢如此，所施又如此，終亦六六與群言如一，百氏同流，可不嗟且惜哉！嗚呼！仲尼皇皇，孟子切切，猶不克如臯、夔，如伊、呂、周、召，況他乎？至若荀況、揚雄氏、王通、韓愈氏，是學孔孟者也，又不可與諸子同日語。或知此意，則一言可以明道藝，究許謨；可以立身養性，致廣大，盡高明，可以著書立言，丹青金石，垂訓乎後世。顧所擇如何耳，審哉！審哉！乃繫以諸子之學，必有因其學而決其傳，存其流而辯其術者，斯可以通名家，究指歸矣。作《子略》。

高氏對於子書的性質、功用皆有所闡發，提出了「經緯表裏」（即「經經子緯、互為表裏」）的觀點，同時明確指出了諸子「跌宕古今之變，發揮事物之機」，「純乎道，昌乎世」，「明道藝，究許謨」，「致廣大，盡高明」，「通名家，究指歸」等作用。其書宗旨在於「因其學而決其傳，存其流而辯其術」，與後世章學誠所謂「辨章學術，考鏡源流」若合符契。

〔註7〕 俞弁子跋稱此書非高似孫所著，因其筆意與《緯略》不同。語見《高似孫集》第 1061 頁。

《子略目》摘錄《漢書·藝文志》、《隋書·經籍志》、《新唐書·藝文志》、庾仲容《子鈔》及鄭樵《通志·藝文略》中的諸子書目，並簡要附錄撰者姓名及卷數。

正文一至四卷，共著錄諸子三十八家，其中《八陣圖》附於《握奇經》，《新序》、《說苑》合二為一，故高氏所撰題識實為三十六篇。卷一包括《黃帝陰符經》、《風后握奇經》（附《八陣圖》）、《鬻子》、《太公金匱六韜》、《孔叢子》、《曾子》、《魯仲連子》、《晏子春秋》；卷二包括《老子》、《莊子》、《列子》、《文子》；卷三包括《戰國策》、《管子》、《尹文子》、《韓非子》、《墨子》、《鄧析子》、《亢桑子》、《鶡冠子》、《孫子》、《吳子》、《范子》、《鬼谷子》；卷四包括《呂氏春秋》、《黃石公素書》、《淮南子》、賈誼《新書》、桓寬《鹽鐵論》、王充《論衡》、《太玄經》、《新序》、《說苑》、《抱朴子》、《文中子》、《元子》、《皮子隱書》。其中，《黃帝陰符經》、《風后握奇經》因篇幅短小抄錄原書，其餘各家，皆不著錄。如有為諸子作注的，則先於各家名目下羅列注家姓名，並附錄書名及卷數。

《子略目》一卷大體摘錄前志，價值不大。不過高氏於每篇志前分別撰有按語，其中所蘊含的高氏本人對待官方史志目錄與私家目錄的不同態度，直接體現了他的目錄學思想。《子略》正文四卷，共三十六篇題識，雖然彙集了別家言論，但大多為高氏本人撰寫的評論和心得體會，包含了高氏對諸子各家獨到的理解和看法。其中有不少考訂和辨偽的內容，馬端臨編撰《文獻通考》時多所採用。《四庫全書總目》論及高氏《子略》時稱「頗有所考證發明」，又稱其「薈萃諸家，且所見之本猶近古，終非焦竑《經籍志》之流輾轉販鬻、徒構虛詞者比」，可謂允論。高氏於諸子中選取三十八家，逐一解題，採納眾言，分析入理，考證大體精詳。就《子略》全書的組織形式而言，高氏對於書目體式的探索和嘗試，體現了他在書目體例建構方面勇於創新的一面。若將高氏選取的三十八家諸子串聯起來，我們也能比較清晰地看到，高氏尊孔崇儒，憂國憂民，頗有傳統士大夫的情懷。總之，《子略》一書在目錄學、考據學等方面所具有的學術價值是不言而喻的。

三、前人對本書的評論

清代初期汪琬《堯峰文鈔》卷三十九《跋高似孫〈子略〉》批評其辨偽之失誤：

> 高氏疑《孔叢子》偽書，歷引《孟子》及《家語後敘》證孔子、

子思無問答事，最悉。然予以為非是。《漢書·孔光傳》首載孔氏譜牒，孔子生伯魚鯉，鯉生子思伋，伋生子尚高，則伯魚為子思父，審矣。《孔子家語》：「孔子年二十娶亓官氏，明年生伯魚。伯魚年五十，先孔子卒。」孔子後三年始卒。使子思猶未生，則孔氏譜不足據邪？《史記·魯世家》：「穆公之立也，距孔子已七十年。」子思壽止六十二，使穆公時猶在，則與孔子相隔絕久矣。其去伯魚當益遠，不得為其子。然遍考諸書，又不言孔子有他支庶，何也？予以為宜從《孔叢子》。蓋《孔叢子》與譜牒皆出孔氏子孫之手，其說必有證左，非他書臆度者比也。嗚呼！盡信書則不如無書。後世迂儒小生讀書不知通變，往往捨其大者，旁引瑣細，以相辨難，豈非好古，而失之愚者哉！

《四庫全書總目》卷八十五《子略》提要持論較為公允：

> 《子略》四卷、《目錄》一卷，宋高似孫撰。似孫有《剡錄》，已著錄。是書卷首冠以目錄，始《漢志》所載，次《隋志》所載，次《唐志》所載，次庾仲容《子鈔》、馬總《意林》所載，次鄭樵《通志·藝文略》所載，皆削其門類而存其書名，略注撰人卷數於下。其一書而有諸家注者，則惟列本書，而注家細字附錄焉。其有題識者，凡《陰符經》、《握奇經》、《八陣圖》、《鬻子》、《六韜》、《孔叢子》、《曾子》、《魯仲連子》、《晏子》、《老子》、《莊子》、《列子》、《文子》、《戰國策》、《管子》、《尹文子》、《韓非子》、《墨子》、《鄧析子》、《亢桑子》、《鶡冠子》、《孫子》、《吳子》、《范子》、《鬼谷子》、《呂氏春秋》、《素書》、《淮南子》、賈誼《新書》、《鹽鐵論》、《論衡》、《太玄》、《元經》、《新序》、《說苑》、《抱朴子》、《文中子》、《元子》、《皮子隱書》，凡三十八家。其中《說苑》、《新序》合一篇，而《八陣圖》附於《握奇經》，實共三十六篇。惟《陰符經》、《握奇經》錄其原書於前，餘皆不錄，似乎後人刪節之本，未必完書也。馬端臨《通考》多引之，亦頗有所考證發明。然似孫能知《亢桑子》之偽，而於《陰符經》、《握奇經》、《三略》、諸葛亮《將苑》、《十六策》之類乃皆以為真，則鑒別亦未為甚確。其盛稱《鬼谷子》，尤為好奇。以其薈梓諸家，且所見之本猶近古，終非焦竑《經籍志》之流輾轉販鬻、徒構虛詞者比。故錄而存之，備考證焉。

清張海鵬（1755～1816）《學津討原本跋》：

> 續古氏取鬻熊以下三十八家，著之論說，其卑法術、拒刑名、黜玄虛、掃掉闔，可謂卓然絕識矣。唯能決洞靈之妄而樂治丹經，能戒黷武之殘而侈譚陳法，未免目淆五色，見涉兩歧。至謂殷楹既奠，子思未生，竟忘泰山未頹，伯魚早卒，偶疏點檢，未足訾警。要其俯首孟氏，折衷孔經，揚子有云「好書而不要諸仲尼，書肆也；好說而不要諸仲尼，說鈴也」，續古其免於此議歟？宋槧久廢，茲從《百川學海》中錄出，為校正脫偽四百餘處，復取隋、唐諸志及馬、鄭兩家之書，覈其篇目，悉為釐正，稍還高氏之面目云。

今按：此跋完全同於清孫原湘（1760～1829）《天真閣集》卷五十四《高似孫〈子略〉跋》。

清代中期鈕樹玉《匪石先生文集》卷下《讀高氏〈子略〉》批評其「是非之是無定」：

> 按《漢·藝文志》所載子書，流傳於今十不存五，又多依託者。由今溯古，豈能惑哉？夫黃帝《陰符》、太公《金匱》及《鬻子》之類，見稱雖遠，而太史公已言百家言黃帝，其文不雅馴，薦紳先生難言之矣，余觀《子略》所採，皆據前志，足資考覽。然論管、晏則黜管而進晏，恐非持平之論。至於《孫子兵法》，甚貶其權詐，而於《風后握奇》、黃帝《陰符》又全登之。是非之是無定，見欲限服於後世，難矣。

民國初期著名學者孫德謙《諸子通考》卷二對《子略》給予很高的評價：

> 諸子立言，無不自成一家。故治其學者，莫要於辨別家數。何者為儒，何者為道，知其家數，而立言之意亦可由此而窺矣。宋之學者，以尊儒之故，屏諸子為離經畔道。高氏今謂不能盡宗於經，亦不能盡忘於經，猶曉然於諸子之術，不盡有悖於經教，其見超矣。吾嘗謂劉向之辨章諸子，用經為衡，而班固故曰「六經之支與流裔」。今觀高氏之說，諸子之無違經義，殆亦先得吾心之同然乎？夫諸子名為專家，其書則各有指歸。高氏云「可以通名家，究指歸」，其說是也，惟高氏能言之。而其論列諸子，則未必能得其指歸。列子貴虛，彼未識其指歸，疑為「鴻蒙列缺」之類。鄧析則以為流於申、韓，且不辨名自為名，與法家不可混，何能探其指歸乎？然遊文六

經，留意仁義，為儒家之指歸；清虛自守，卑弱自恃，為道家之指
歸；班氏於《諸子》一略，固皆標揭之。有好家學者，從高氏之言，
以究其指歸，則誠確鑿而無可易者也。若謂荀況、揚雄不可與諸子
同語，吾不知高氏何憤憤若此。是二家者，均諸子之儒家流也，漢、
隋、兩唐，其史志皆然，乃謂不可與諸子同語，大可異矣。將二氏
非諸子乎？雖然，諸子亦宗於經，而以究其指歸為務，高氏之於子
學猶有得焉者也。

上述各家褒貶各異，見仁見智，皆屬正常範圍內的學術批評。

四、本書的研究現狀

現代學者有關《子略》的研究總量較少，相對集中在下列幾個問題上：

（一）作者生平問題。時人強加在高氏頭上的幾頂帽子頗有妖魔化的傾
向，這種同行之間的惡搞行為本身就是一種極其惡劣的作風，此風不可長。還
原一個真實的高似孫，這是歷史學家的責任。現代著名史學家洪業先生《高似
孫〈史略〉箋正序》（載《洪業論學集》，中華書局 1981 年版）針對前人的種
種不實之詞為高氏作了辯誣。黃慧鳴《高似孫的生平及其著作》（《古籍研究》
2000 年第 1 期）簡要介紹了高似孫的生平事蹟，並為其現存著作做了簡明解
題，稍微涉及了《子略》，但還過於簡略。左洪濤《兩宋浙東高氏家族研究》
第三章為個案研究，對高似孫的生平與相關問題進行了比較細緻深入的探討，
首次解決了高氏父子的生卒年問題，洵為難得之發現。

（二）體例問題。姚名達《中國目錄學史》認為，《子略》「體例與《史略》
同」，而劉子明《高似孫在我國目錄學史上的貢獻》（《圖書館理論與實踐》1989
年第 4 期）認為這兩書的體例是有所不同的：「首先，《子略》目錄一卷純為書
目，其他四卷則是集請家評論，並進行考證，也在老子、莊子等列了注疏本，
而《史略》則沒有把其中的書目獨立開來，而是將書目、說明混雜在一起，這
也就是姚名達先生所說的『其體例龐雜，有似書目者，有似提要者，有盡抄名
文者，有移錄舊事者，然其大體既近目錄』。其次，《子略》目錄一卷依次著錄
了《漢志》、《隋志》、《唐志》、《子鈔》、《意林》、《通志·藝文略》所收的諸子
著作，而《史略》則把有關的書集中在一起，如《漢書》後面，還列舉了漢書
注、漢書考、褚音義書、諸家本等。」

（三）學術價值問題。劉固盛教授曾經發表《高似孫〈子略〉初探》（《古

籍整理研究學刊》1996 年第 4 期）重點從學術源流、考證辨偽等方面分析其特色，並援引日本學者石田肇的看法：「就高似孫之學術言，則需要從南宋學術界諸種動向及明州地域性特點來加以分析。考慮到朱子道學後來成為官方認可的官學，反道學派著作因之淹沒不彰，對其評價也因之不高等情況，還有必要從南宋政治史、思想史相對的角度，對他進行重新評價。」進而提出了從學術思想史方面研究《子略》的新視角。童子希《高似孫辨偽方法探析》（《黃岡師範學院學報》2012 年第 1 期）從目錄、年代、思想、內容、引文、序跋、撰者等七個方面總結了高氏的辨偽方法，比顧頡剛的三點總結（即年代、比較、綴輯）還要細緻一些。左洪濤《兩宋浙東高氏家族研究》第四章對似孫重要的學術專著進行了分析，重點介紹了《子略》一書的寫作目的、版本和主要篇目、主要內容，在前人研究的基礎上有所推進。

總的來看，對於《子略》一書一直存在兩種截然不同的判斷。一種觀點認為其書價值不大。宋代陳振孫首倡此說，現代學者余嘉錫、姚名達等人的說法也大致與陳氏相近。余嘉錫先生認為：「高氏著書，成於率爾，大抵抄撮之功多，而心得之處少也。」姚名達認為：「所惜似孫學識低暗，徒錄成文，無所發明。」另外一種觀點與此相反。如劉固盛教授認為此書在彙集諸子、考鏡源流、明斷真偽、闡釋旨意、辨別得失諸方面都能給人有益的啟示。《四庫全書總目》稱其「頗有所考證發明……會梓諸家，且所見之本猶近古，終非焦竑《經籍志》之流輾轉販鬻、徒構虛詞者比」。楊守敬云：「似孫以博奧名，其《子略》、《緯略》兩書，頗為精賅。」馬端臨在《文獻通考・經籍考》中引用《子略》多達 24 處，而《子略》辨偽方面的成就也多為姚際恒《古今偽書考》等書所吸收。由此可見，《子略》作為一部專門的諸子目錄，其價值不容忽視。宋人對高似孫的評價可能受到當時主流學術評價的影響，而現代考證學者的評價似乎又缺少歷史的觀點，完全是拿後代學術標準來衡量前人的成就，皆不免失之偏頗。至於姚名達所謂「無所發明」的說法，不知何所據而云然，評論古人竟然不顧事實，如此信口開河，令人匪夷所思。我們應該看到，在高氏所處的時代，考據方法尚未大明，考據學還處在探索階段。能夠將諸子單獨劃分出來，已經是截斷眾流，頗具特識，僅此一點就不容小覷，何況他在考證辨偽等方面還有所發明呢？

五、版本源流以及底本與校本的確定情況

現存最早的《子略》版本，收錄在刻於南宋咸淳年間《百川學海》叢書

裏。其後明弘治十四年華珵、嘉靖十五年鄭氏宗文堂、民國十六年陶湘涉園翻刻的《百川學海》，還有《四庫全書》、《學津討原》、《四明叢書》、《叢書集成初編》以及《四部備要》都收錄了《子略》一書。此外，日本國立公文圖書館藏南宋刻本（內閣文庫五二〇八號，僅存目及前三卷）。董康《書舶庸譚》卷八載：「《子略》三卷。與前（按指《史略》）同一行款，蓋同時梓行。前有序目，序未署名。」《史略》序作於寶慶元年，此本為宋本無疑。經過比較版本異同之後，《子略》大體可分為三個版本系統：（一）《百川學海》本自為一系；（二）學津本、四明本、叢編本、四部本為一系，凡與底本文字有別的地方，這四個版本對應之處基本相同；（三）四庫本亦自成一系，該本與底本文字出入較大，且逕自改動處較多，誠如顧頡剛所謂「為求其文從字順，時時憑肊竄改」。

　　本書以中華再造善本《百川學海》叢書中所收錄的《子略》為底本，再用景刊《百川學海》本、《四庫全書》本、《學津討原》本、《四明叢書》本、《叢書集成初編》本、《四部備要》本及日本內閣文庫本對校。此外，我們在校勘時還充分利用了《文獻通考》所引用的《子略》。

六、此次整理的個人創獲

　　第一，高氏在《子略目》中，對前代子書書目皆有所刪減，這種隨心所欲的做法未免太任性，無疑大大降低了其書的學術價值。我們在整理的過程中發現，為了提升《子略》的學術價值，必須對這一部分加大注釋的力度，特別是對《漢書·藝文志·諸子略》進行集釋，梳理好子書的源頭，做好正本清源的工作。我們由此認識到《漢志》的魅力，並因此步入《漢志》的殿堂，進而撰寫《漢書藝文志諸子略通考》。同時，我們也由此更加明確了今後的治學思路，即「抓兩頭（指《漢志》與《四庫提要》），促中間」，對中國目錄學、分類學等相關學科的發展歷程展開一場攻堅戰。

　　第二，《子略》在諸子辨偽方面取得了一定的成就。《子略》對《鬻子》、《孔叢子》、《曾子》、《列子》、《文子》、《戰國策》、《尹文子》、《亢桑子》、《鬼谷子》等子書的真偽進行了考辨。高似孫對柳宗元極為推崇，其對子書的辨偽顯然受到柳宗元的影響，同時《子略》的辨偽成就也為宋濂、胡應麟、姚際恒等後來學者所吸收。因此，在諸子辨偽方面，高似孫是承上啟下的重要人物。顧頡剛說：「宋代繼承柳宗元辨子書真偽的是高似孫，他所作的《子

略》四卷是他說子書時的筆記，從《陰符經》到《皮子隱書》，共搜羅了三十八種子書，有的是抄撮，有的是列舉歷代注釋本書的書目，有的是批判書中議論的是非和本書著作的真偽。……由於這本書是隨筆性的，所以體例不謹嚴，文辭又拖沓，心得也稀少，在學術上的地位不高。不過，他總是上承柳宗元，下開宋濂、胡應麟的一個人，不能抹殺他的筆路藍縷的功勞。」有鑑於此，我們加大了有關辨偽資料的集釋工作，有利於更加清楚地判斷《子略》一書在辨偽史上的功過得失。

子略序

六經〔一〕後，以士〔註1〕〔二〕才藝自聲於戰國、秦、漢間，之往〔註2〕騁辭〔三〕立言，成一家法〔四〕。觀其跌宕古今之變，發揮事物之機，智力足以盡其神〔五〕，思致足以殫其用〔六〕。其指心運志，固不能盡宗於經，而經緯〔七〕表裏，亦有不能盡忘乎經者。使之純乎道，昌乎世，豈不可馳騁規畫〔八〕，鎔鋅〔九〕事功，而與典謨〔十〕、風雅〔十一〕並傳乎？所逢如此，所施又如此，終亦六六〔註3〕與群言如一，百氏〔十二〕同流，可不嗟且措〔註4〕哉！嗚呼，仲尼〔十三〕皇皇〔十四〕，孟子〔十五〕切切〔十六〕，猶不克〔十七〕如皋〔十八〕、夔〔十九〕，如伊〔二十〕、呂〔二一〕、周〔二二〕、召〔二三〕，況他乎？至若荀況〔註5〕〔二四〕、楊雄〔註6〕〔二五〕氏，王通〔二六〕、韓愈〔二七〕氏，是學孔孟者也，又不可與諸子同日語。或知此意，則一言可以明道藝〔二八〕，究籲謨〔二九〕；可以立身養性，致

〔註1〕 「以士」，學津本、四部本、叢編本、四明本、日本內閣文庫本均作「士以」，底本文義不通，當據各本乙正。
〔註2〕 「之往」，學津本、四庫本、四部本、叢編本、四明本、日本內閣文庫本均作「往往」，底本文義不通，當據各本乙正。
〔註3〕 「六六」，四庫本作「碌碌」。按：「六」、「碌」古音同，「六六」，即「碌碌」，隨眾附和貌，平庸無能貌。《史記‧酷吏列傳論》：「九卿碌碌奉其官，救過不贍，何暇論繩墨之外乎！」漢荀悅《漢紀‧宣帝紀一》：「不肯碌碌，反抱關木。」
〔註4〕 「措」，學津本、四庫本、四部本、叢編本、四明本、日本內閣文庫本均作「惜」，底本文義不通，當據各本乙正。
〔註5〕 「荀況」，學津本、四庫本、四部本、叢編本、四明本作「荀況」。
〔註6〕 「楊雄」，學津本、四庫本、四部本、叢編本、四明本作「揚雄」。

廣大，盡高明〔三十〕；可以著書立言，丹青金石〔三一〕，垂訓乎後世。顧所擇如何耳，審哉！審哉！乃繫以諸子之學，必有因其學而決其傳、存其流而辨其術者，斯可以通名家、究指歸矣。作《子略》。

【集釋】

〔一〕六經：六部先秦時期的經典，謂《易》、《詩》、《書》、《春秋》、《禮》、《樂》。《樂》後來失傳，「六經」遂變為「五經」。「六經」先秦時或為百家之通學，然唯儒家獨能從中發揮微言大義，故逐漸成為儒家專守之經典。

〔二〕士：古代諸侯設上士、中士、下士，「士」的地位在大夫與庶人之間，為貴族階級中之最底層。

〔三〕騁辭：謂自如地、盡情地運用言語文辭。

〔四〕成一家之法：猶「成一家之言」、「成一家之說」，謂諸子競相立說。

〔五〕智力足以助其神：變化之不測謂之神，此即言才智與勇力足以窮盡事物之變化。

〔六〕思致足以殫其用：思慮與才性足以竭盡事物之利用。

〔七〕經緯：其本義為織物的縱線和橫線，此處比喻條理、秩序、法度。

〔八〕規畫：籌劃，謀劃。規，為「規」的異體字。

〔九〕鍧：象聲詞。形容鍾、鼓等發出的大聲。錚：象聲詞。常形容金、玉等物的撞擊聲。

〔十〕典謨：《尚書》中《堯典》、《舜典》和《大禹謨》、《皋陶謨》等篇的並稱。

〔十一〕風雅：指《詩經》中的《國風》和《大雅》、《小雅》。亦用以指代《詩經》。

〔十二〕百氏：猶言諸子百家。《漢書・敘傳下》：「緯六經，綴道綱，總百氏，贊篇章。」

〔十三〕仲尼：即孔子（前551～前479），子姓，以孔為氏，名丘，字仲尼。春秋時期魯國陬邑昌平鄉（今曲阜市南辛鎮）人。孔子是我國古代儒家學派的創始人，相傳曾修《詩》、《書》，訂《禮》、《樂》，序《周易》，作《春秋》。孔子師郯子、萇弘、師襄、老聃，有弟子三千，賢弟子七十二人。事蹟詳見《史記・孔子世家》。

〔十四〕皇皇：美盛貌，莊肅貌。《禮記・曲禮下》：「天子穆穆，諸侯皇皇。」孔穎達疏：「諸侯皇皇者，自莊盛也。」

〔十五〕孟子：（前372～前289），名軻，字子輿。戰國時期魯國人，魯國慶父後裔。孟子繼承並發揚了孔子的思想，有「亞聖」之稱，與孔子合稱為「孔孟」。

〔十六〕切切：相互敬重切磋勉勵貌。《廣雅・釋訓》：「切切，敬也。」《大戴禮記・
　　　　曾子立事》：「導之以道而勿強也，宮中雍雍，外焉肅肅，兄弟憘憘，朋友切
　　　　切。」

〔十七〕克：猶及。《文選・班固〈東都賦〉》：「原野厭人之肉，川谷流人之血。秦項
　　　　之災，猶不克半。」李周翰注：「比於秦末項羽之災，猶未及此之半。」

〔十八〕皋：古同「皐」，指皋陶，相傳為舜之賢臣，掌刑獄之事，以正直聞名天下。

〔十九〕夔：人名。相傳舜時樂官。《禮記・樂記》：「昔者舜作五弦之琴，以歌《南
　　　　風》。夔始制樂，以賞諸侯。」鄭玄注：「夔，舜時典樂者也。」

〔二十〕伊：即伊尹，商湯大臣，名伊，一名摯，尹是官名。相傳生於伊水，故名。
　　　　是湯妻陪嫁的奴隸，後助湯伐夏桀，被尊為阿衡。湯去世後歷佐卜丙（即外
　　　　丙）、仲壬二王。後太甲即位，因荒淫失度，被伊尹放逐到桐宮，三年後迎
　　　　之復位。

〔二一〕呂：即呂尚，字子牙，一名望，尊稱太公望，武王尊姜尚之號為「師尚父」，
　　　　世稱「姜太公」。

〔二二〕周：即周公旦，也稱叔旦，姬姓，西周宗室，文王子，武王弟，成王叔。武
　　　　王死後，成王年幼，周公攝政當國。其兄弟管叔、蔡叔和霍叔等人勾結商紂
　　　　子武庚和徐、奄等東方夷族反叛，史稱三監之亂。他奉命出師，三年後平叛，
　　　　並將國家勢力擴展至東海。後建成周洛邑，稱為「東都」。

〔二三〕召：即邵公奭，姬姓，西周宗室。

〔二四〕荀況：（約公元前313～前238），因避西漢宣帝劉詢諱，又稱孫卿。曾三次
　　　　出任齊國稷下學宮的祭酒，後為楚蘭陵（今山東蘭陵）令。荀子對儒家思想
　　　　有所發展，提倡性惡論。

〔二五〕揚雄：一作楊雄（公元前53～公元18），字子雲，西漢蜀郡成都人。長於辭
　　　　賦。漢成帝時，奏《甘泉》、《河東》、《羽獵》、《長揚》四賦，被任為郎。王
　　　　莽時任大夫，校書天祿閣。多識古文奇字，著有《太玄》、《法言》、《方言》、
　　　　《訓纂篇》等書。

〔二六〕王通：（584～617）字仲淹，隋絳州龍門人。仕隋為蜀郡司戶書佐，文帝仁
　　　　壽間至長安上太平十二策。後知所謀不被用，乃歸河汾間以教授為業，受業
　　　　者以千數，時稱河汾門下。著有《元經》、《中說》等書。

〔二七〕韓愈：（768～824），字退之，唐河內河陽（今河南孟縣）人。唐代古文運動
　　　　的倡導者，蘇軾稱他「文起八代之衰」，與柳宗元並稱「韓柳」，著有《韓昌

黎集》四十卷、《外集》十卷。

〔二八〕道藝：指大道與術藝。

〔二九〕籲謨：遠大宏偉的謀劃。

〔三十〕致廣大、盡高明，語出《中庸》：「故君子尊德性而道問學，致廣大而盡精微，極高明而道中庸。」

〔三一〕丹青：指史籍。古代丹冊紀勳，青史紀事。金石：指古代鐫刻文字、頌功紀事的鍾鼎碑碣之屬。

子略目卷一 〔註1〕

漢書藝文志

　　史稱劉氏〔一〕《七略》〔二〕剖判藝文〔三〕，總百家之緒，每一書已，輒條〔四〕其篇目，撮〔五〕其指意，錄而奏之。自書災於秦，文字掃蕩〔六〕，斷章脫簡，不絕如線。上天祿〔七〕、石渠〔八〕、麒麟閣〔九〕者，曾不一二。又雜以漢儒記臆綴續之言，書益蕪駁。枚數《諸子略》所鈔，則所謂建藏書之策者，不過是耳。天不殄喪〔十〕，猶有可傳者，而後世乃復與之疏闊〔十一〕，鮮克〔十二〕是訂，而書益窮矣。採劉氏《略》，作《子略》。

【集釋】

〔一〕劉氏：即劉歆（？～23），字子駿，後改名秀，字穎叔。西漢末沛縣（今屬江蘇）人。劉向之子。成帝時以通《詩》、《書》，能屬文，召為黃門郎。河平元年（前 28），奉命與父向總校群書。哀帝時，累遷奉車光祿大夫。復領校（五經），卒父前業，總群書而類別為《七略》。建平元年（前 6）建議立《周禮》、《左傳》、《毛詩》、《古文尚書》等古文經於學官。遭今文學博士反對，因移書太常博士責之，語甚激切。由此觸犯執政大臣，出為河內太守。後歷任五原、涿郡太守，安定屬國都尉。平帝時王莽執政，任中壘校尉、京兆尹，封紅休侯。使治明堂、辟雍，典儒林史卜之官，考定律曆。又與甄豐、王舜等稱頌王莽功德，議立安漢、宰衡之號。王莽稱帝，拜國

師，封嘉新公。後謀誅王莽，事泄，自殺。著《三統曆譜》，計算出圓周率為 3.1547，世稱「劉歆率」。原有著作已佚。明張溥輯有《劉子駿集》，收入《漢魏六朝一百三家集》。

〔二〕《七略》：我國第一部官修圖書分類目錄著作，劉歆根據其父劉向所撰《別錄》編纂而成。分《輯略》、《六藝略》、《諸子略》、《詩賦略》、《兵書略》、《術數略》和《方技略》。《漢書·藝文志》即據《七略》為藍本。原書已佚，清馬國翰、洪頤煊等均有輯本。

〔三〕藝文：六藝群書之概稱。漢班固《典引》：「苞舉藝文，屢訪群儒。」

〔四〕條：編排。

〔五〕撮：摘取；攝取。

〔六〕文字掃蕩：意指文章、書籍慘遭焚毀。

〔七〕天祿：漢宮中藏書閣名。漢高祖時創建，在未央宮內。《三輔黃圖·未央宮》：「天祿閣，藏典籍之所。《漢宮殿疏》云：『天祿麒麟閣，蕭何造，以藏秘書，處賢才也。』」

〔八〕石渠：閣名。西漢皇室藏書之處，在長安未央宮殿北。《三輔黃圖·閣》：「石渠閣，蕭何造。其下礱石為渠以導水，若今御溝，因為閣名。所藏入關所得秦之圖籍。至於成帝，又於此藏秘書焉。」

〔九〕麒麟閣：漢代閣名。在未央宮中。漢宣帝時曾圖霍光等十一功臣像於閣上，以表彰其功績。封建時代多以畫像於「麒麟閣」表示卓越功勳和最高的榮譽。《三輔黃圖·閣》：「麒麟閣，蕭何造，以藏秘書，處賢才也。」

〔十〕椓喪：遭受傷害，此處為使動用法。

〔十一〕疏闊：時間相隔久遠。

〔十二〕克：能，能夠。《爾雅》：「克，能也。」

《晏子》八篇。〔一〕名嬰，諡平仲，相齊景公，孔子稱善與人交，有列傳。〔二〕○師古曰：「有列傳者，謂《太史公書》。」

【集釋】

〔一〕今存。劉向序云：「『臣向所校中書《晏子》十一篇……晏子名嬰，諡平仲，萊人。萊者，今東萊地也。晏子博聞強記，通於古今，事齊靈公、莊公、景公，以節儉力行，盡忠極諫道齊，國君得以正行，百姓得以附親，不用則退耕於野，用則必不詘義，不可脅以邪，白刃雖交胸，終不受崔杼之劫。

諫齊君懸而至，順而刻，及使諸侯，莫能詘其辭，其博通如此，蓋次管仲。內能親親，外能厚賢，居相國之位，受萬鍾之祿，故親戚待其祿而衣食五百餘家，處士待而舉火者亦甚眾。晏子衣苴布之衣，麋鹿之裘，駕敝車疲馬，盡以祿給親戚朋友，齊人以此重之。晏子蓋短，……其書六篇，皆忠諫其君，文章可觀，義理可法，皆合六經之義。又有複重，文辭頗異，不敢遺失，復列以為一篇。又有頗不合經術，似非晏子言，疑後世辯士所為者，故亦不敢失，復以為一篇，凡八篇。其六篇，可常置旁御觀。」前代著錄是書，多入儒家。柳宗元《辨晏子春秋》始謂：「墨子之徒有齊人者為之。墨好儉，晏子以儉名於世，故墨子之徒尊著其事，以增高為己術者。且其旨多尚同、兼愛、非樂、節用、非厚葬久喪者，是皆出墨子。又非孔子，好言鬼神，非儒、明鬼，又出墨子。其言問棗及古冶子等，尤怪誕。又往往言墨子聞其道而稱之，此甚顯白者。……後之錄諸子書者，宜列之墨家。非晏子為墨也，為是書者，墨之道也。」孫星衍《晏子春秋序》斥柳宗元說為文人無識：「《晏子》八篇，見《藝文志》，後人以篇為卷，又合《雜》上下二篇為一，則為七卷。見《七略》及《隋志》。宋時析為十四卷，見《崇文總目》，實是劉向校本，非偽書也。《晏子》文最質古，疑出於齊之《春秋》，即《墨子·明鬼》篇所引。嬰死，其客哀之，集其行事成書，雖無年月，尚仍舊名。凡稱子者，多非自著，無足怪者。柳宗元文人無學，謂墨氏之徒為之，可謂無識。」顧實《漢書藝文志講疏》認為「孫說近是」，而陳朝爵《漢書藝文志約說》又堅持「柳說是也」。宋晁公武《郡齋讀書志》、元馬端臨《文獻通考·經籍考》皆從柳宗元之說，改入墨家；《四庫全書總目》又改入史部傳記類〔註2〕，曰：「劉向、班固俱列之儒家，惟柳宗元以為墨子之徒有齊人者為之。薛季宣《浪語集》又以為《孔叢子》詰墨諸條今皆見《晏子》書中，則嬰之學實出於墨。蓋嬰雖略在墨翟之前，而史角止魯實在惠公之時，見《呂氏春秋·仲春紀·當染篇》，故嬰能先宗其說也。」《四庫簡明目錄》亦曰：「《晏子春秋》八卷，撰人名氏無考，舊題晏嬰撰者，誤也。書中皆述嬰遺事，實魏徵《諫錄》、李絳《論事集》之流，與著書立說者迥別。列之儒家，於宗旨固非；列之墨家，於體裁亦未允；改隸

〔註2〕 梁啟超《漢書藝文志諸子略考釋》曰：「其書掇扯成篇，雖先秦遺文間藉以保存，然無宗旨、無系統，《漢志》以列儒家固不類，晁、馬因子厚之言改隸墨家，尤為無取。《四庫》入史部傳記，尚較適耳。」

傳記，庶得其真。」《崇文總目》曰：「《晏子春秋》十二卷，晏嬰撰。《晏子》八篇，今亡。此書蓋後人採嬰行事為之，以為嬰撰則非也。」蔣伯潛《諸子通考》：「此書非晏子自著，乃後人採其行事，記其言論，纂輯而成；其成書實在戰國之世。《漢志》以其署名晏子，而晏子與孔子同時，故列之儒家之首爾。」（以上論著錄源流）清高士奇《左傳紀事本末》卷二十稱：「其言論多可採，先儒謂其本墨氏，夫墨氏原於老子者也。晏子於患難之際，大抵以退避為長策。如云人有君而人弒之，吾焉得死之，而焉得亡之，正老氏教也。二桃而殺三勇士，清淨流為名法，不其然哉？」孫德謙《諸子通考》卷四：「《晏子春秋》，班《志》列儒家之首，《孔叢子‧詰墨篇》所云『察晏子之所行，未有異於儒也』，是已。余嘗謂儒家有晏子，方不與後儒空談經濟者可同年而語。且其書言禮者為多，正儒家之遊文六經也。即有尚同諸說，如柳宗元以為此書出《墨子》之後，未嘗無見。然諫上云：『莊公奮乎勇力，不顧於行義。勇力之士，無忌於國，貴戚不薦善，逼邇不引過，故晏子見公。公曰：古者亦有徒以勇力立於世者乎？晏子對曰：嬰聞之，輕死以行禮謂之勇，誅暴不避強謂之力。故勇力之立也，以行其禮義也。』則其開宗明義，用禮義黜勇力，直即孟子之對梁惠王，以仁義闢利也，若是晏子猶非儒家乎哉？劉向《敘錄》云：『文章可觀，義理可法，皆合六經之義。』然則晏子之於儒家，惟其合於六經，故列儒家可矣。至詆毀孔子語，《敘錄》又云：『又有頗不合經術，似非晏子言，疑後世辯士所為者。』則劉向明言非出晏子矣。墨子非儒，晏子身為儒家，且為孔子所嚴事，其肯毀我孔子與？即有時涉及尚同、兼愛諸義，似近墨家，在晏子不過隨事進諫而已，豈如《墨子》本其宗旨，思以救世者哉？柳氏並見書中屢稱墨子聞其道，則謂齊之墨者所作，若更無可疑義者也，不知引仲尼者亦時有之，安知必出墨學取以增高為己術者耶？自《文獻通考》始從柳氏之說，次之墨家，而焦氏亦附著此篇，並非儒家為榮，入之墨家則為辱，然家數則由此亂矣。夫諸子為專家之學，所貴首辨者家數也。以晏子之為儒家，必易而著錄墨家，此家學之所以不明耳。」呂思勉《經子解題‧晏子春秋》：「其書與經子文辭互異，足資參訂處極多；歷來傳注，亦多稱引；絕非偽書。《玉海》因《崇文總目》卷帙之增，謂後人採嬰行事為書，故卷帙頗多於前，實為妄說，孫星衍已辨之矣。……今觀全書，稱引孔子之言甚多；引墨子之言者僅兩條；詆毀孔子者，唯外篇不合經術者一至四

四章耳。陳義亦多同儒家，而與墨異，以入墨家者非也。全書皆記晏子行事。其文與《左氏》複者頗多。《左氏》之『君子曰』，究為何人之言，舊多異說。今觀此書，引君子之言亦頗多。則係當時史家記事體例如此。」陳直《周秦諸子述略》云：「列國以來，『春秋』名書之義有三：有紀一人之事者，《晏子春秋》是也；有成一家之言者，《虞氏春秋》、《呂氏春秋》是也；有紀一時之事者，《楚漢春秋》、《吳越春秋》是也。名雖同而派別微異，此書即後代別傳之胚胎，實為子部支流。紀昀《四庫全書提要》入於史部〔註3〕，未免循名而失實矣。」陳柱《諸子概論》：「《晏子春秋》既非晏子自著，亦非後世偽書，其所以名為『春秋』，則由其為紀晏子一人之事，而所以列於子家不入史家，則又以其所記重在乎學說也。……晏子儒家，非墨家也。何也？以其根本與儒同也。其根本與儒同者何？一曰崇禮，二曰非鬼。」張舜徽《漢書藝文志通釋》謂：「不悟儒、墨同遵儉約，墨固背周道而用夏政，儒亦推崇禹德。儒、墨相衡，有同有異，強本節用之說，則其所同也。且觀《晏子》書中，稱引孔子之言獨多，援用墨子之言甚少；陳說義理，亦多同於儒而與墨異。」（以上論著述大旨）顧實《漢書藝文志講疏》曰：「通行孫星衍校本為善，（兼《音義》校本。）黃以周《晏子春秋校勘》亦佳。（盧文弨《群書拾補》中有《晏子春秋校正》。）」王叔岷《晏子春秋斠證序》曰：「《晏子春秋》文多淺近，且有重複，共為後人補綴成書，自可無疑；然其中亦多古字古義，猶存先秦之舊，不可因後人有所竄亂，遂一概濊泯也。晏子之行己無私，直言無諱，敏達公忠，名顯諸侯，於是書猶可概見。前賢治理是書者，孫星衍《音義》發其端；盧文弨《拾補》、王念孫《雜誌》、洪頤煊《叢錄》繼之，審正漸多；厥後黃以周《校勘記》、俞樾《平議》、孫詒讓《劄迻》、蘇輿《校注》，發正益廣；劉師培《斠補》、《補釋》、張純一《校注》、于省吾《新證》續出，尤臻完善矣。岷誼是書，時有謏記，足補前賢所略，因據吳鼎景元刊本，輔以《子匯》本、涵芬樓景明活字本及日本翻刻黃之採本，並檢驗古注、類書，寫成《晏子春秋斠證》一卷。」（以上論校讎源流）

〔二〕《史記·管晏列傳》：「晏平仲嬰者，萊之夷維人也。事齊靈公、莊公、景公，

〔註3〕 蔣伯潛《諸子通考》：「《四庫全書》入史部傳記類。按其體裁，仍為子書，非史書，所以列之史部者，豈以其名《晏子春秋》歟？」今按：蔣氏的推理較為合理。又按：張舜徽認為入墨家與傳記皆失之。

以節儉力行重於齊。既相齊，食不重肉，妾不衣帛；其在朝，君語及之，即危言，語不及之，即危行；國有道即順命，無道即衡命。以此三世顯名於諸侯。太史公曰：吾讀《晏子春秋》，詳哉其言之也，既見其著書，欲觀其行事，故次其傳。至其書，世多有之，是以不論，論其軼事。方晏子伏莊公尸哭之，成禮然後去，豈所謂見義不為無勇者耶？至其諫說，犯君之顏，此所謂進思盡忠、退思補過者哉！假令晏子而在，余雖為之執鞭，所忻慕焉。」〔註4〕《史記索隱》曰：「嬰所著書，名《晏子春秋》，今其書有七十篇。」（以上論作者事蹟）姚明輝《漢書藝文志注解》：「《校讎通義》曰：『讀《六藝略》者，必參觀於《儒林列傳》，讀《諸子略》必參觀於《孟荀》、《管晏》、《老莊申韓列傳》也。』孟子曰：『誦其詩，讀其書，不知其人，可乎？』藝文雖始於班固，而司馬遷之列傳實討論之，觀其敘述戰國秦漢之間著書諸人之列傳，未嘗不於學術淵源、文詞流別，反覆而論次焉。是以諸子、詩賦、兵書諸略，凡遇史有列傳者，必注有『列傳』字於其下，所以使人參互而觀古人師授淵源，口耳傳習不著竹帛者，實為後代群籍所由起，蓋參觀於列傳，而後知其深微也。」（以上論列傳之體例）

《子思》二十三篇。〔一〕名伋，〔二〕孔子孫，為魯繆公師。〔三〕

【集釋】

〔一〕今闕。《史記·孔子世家》曰：「子思作《中庸》。」《漢志》著錄二十三篇，《隋志》、《唐志》、晁公武《郡齋讀書志》皆有《子思子》七卷。自六朝至宋代所傳之《子思子》均為七卷本。王應麟《漢藝文志考證》曰：「今一卷本，是由《孔叢子》捃摭子思之言行者，而非《子思子》之原本。」則宋、元之際七卷本已亡矣。然明陳第《世善堂書目》猶載七卷，或為虛標其目。《子思子》之輯本有二種：其一為南宋人汪晫所輯；其一為清末黃以周所輯。（以上論著錄源流）《隋書·音樂志》引沈約曰：「漢初典章滅絕，諸儒捃拾溝渠牆壁之間，得片簡遺文，與禮事相關者，即編次以為禮，皆非聖人之言。《中庸》、《表記》、《坊記》、《緇衣》四篇皆取《子思子》。」〔註5〕邵晉涵《與朱笥河書》曰：「欲從《禮記》中摘出此四篇，合《大戴禮記》中之《曾子》十篇，及《論語》、《孟子》，名曰《四書》，而為之注。」（以

〔註4〕姚振宗《漢書藝文志條理》：「按《傳贊》正義引《七略》云《晏子春秋》七篇，蓋《七錄》之誤，正義所引多是《七錄》，今本往往誤為《七略》也。」
〔註5〕梁啟超《漢書藝文志諸子略考釋》曰：「沈約說當可信。」

上論學術源流）

〔二〕伋：謂善思，思考敏捷。《說文・人部》：「伋，人名。」段玉裁《說文解字注》：「以此為解，亦非例也。古人名、字相應，孔伋字子思；仲尼弟子燕伋字子思，然則伋字非無義矣……此蓋設言善思之人。」朱駿聲《說文通訓定聲》：「當訓急思也。」

〔三〕子思為孔子之孫。《史記・孔子世家》：「孔子生鯉，字伯魚。先孔子死。伯魚生伋，字子思，年六十二。嘗困於宋。子思作《中庸》。」《漢書・古今人表》，子思列第二等上中仁人，錢塘梁玉繩《考》曰：「子思亦稱孔思，貌無鬚眉，年八十二，葬孔子冢南。」事蹟詳見《孔叢子・居衛篇》。蔣伯潛《諸子通考・諸子著述考》：「子思為曾子弟子之說，不見於先秦古籍中。」錢基博《古籍舉要》曰：「竊按《漢志》部錄諸子，必謹師承。如儒家，《曾子》十八篇，《宓子》十六篇之繫曰『孔子弟子』，《李克》七篇之繫曰『子夏弟子』，《孟子》十一篇之繫曰『子思弟子』，皆其例也。獨世稱子思為曾子弟子，而《子思子》二十三篇，繫之曰『孔子孫』，不稱『曾子弟子』，且以次《曾》十八篇之前。細籀二子所著書，子思稱《詩》、《書》而道性情，肇啟孟子，傳道統；曾子善言禮而隆威儀，毗於荀卿，為儒宗。其工夫一虛一實，其文章一華一樸，故不同也。近儒章炳麟為《徵信論》曰：『宋人遠跡子思之學，上逮曾參。尋《制言》、《天圓》諸篇，與子思所論殊矣。《檀弓》記曾子呼伋。古者言樸，長老呼後生則斥其名。微生畝亦呼孔子曰丘，非師弟子之徵也。《檀弓》復記子思所述。鄭君曰：為曾子言難繼，以禮抑之。足明其非弟子也。近世阮元為《子思子章句》，亦曰師曾迪孟。孟軻之受業，則太史公著其事矣。師曾者，何徵而道是耶？』知言哉！」

《曾子》十八篇。〔一〕名參，孔子弟子。〔二〕

【集釋】

〔一〕晁公武《郡齋讀書志》卷三上：「《漢・藝文志》：《曾子》十八篇；《隋志》：《曾子》二卷、《目》一卷；《唐志》：《曾子》二卷；今世傳《曾子》二卷，十篇本也。……視隋亡《目》一篇。考其書已見於《大戴禮》。」陳振孫《直齋書錄解題》：「《曾子》二卷，凡十篇，具《大戴禮》，後人從其中錄出別行。」（以上論著錄源流）朱熹《朱文公文集》卷八十一《書劉子澄所編曾子後》曰：「昔孔子歿，門人唯曾氏為得其傳。其後，孔子之孫子

思、樂正子春、公明儀之徒皆從之學，而子思又得其傳，以授孟軻，故其言行雜見於《論語》、孟氏書及他傳記者為多，然皆散出，不成一家之言，而世傳《曾子》書，乃獨取《大戴禮》之十篇以充之，其言語氣象視《論》、《孟》、《檀弓》等篇所載，相去遠甚。」今按：晁氏所謂十篇者，即今《大戴禮記》中之《曾子立事》、《曾子本孝》、《曾子立孝》、《曾子大孝》、《曾子事父母》、《曾子制言上》、《曾子制言中》、《曾子制言下》、《曾子疾病》、《曾子天圓》。明方孝孺《遜志齋集》卷四《讀曾子》：「《曾子》十篇一卷，其詞見《大戴禮》，雖非曾子所著，然格言至論雜陳其間，而於言孝尤備。意者出於門人弟子所傳聞，而成於漢儒之手者也，故其說間有不純，如曰『喜之而觀其不誣，怒之而觀其不惛，近諸色而觀其不逾，飲之而觀其有常』，又曰『神靈者，禮樂仁義之祖也』，又曰『君子將說富貴，必勉於仁』，若是者，決非曾子之言。顧其言孝，有足感予者。予少之時事二親，嘗謂人子無所自為心，以父母之心為心。今此書曰：『孝子無私憂，無私樂，父母之憂憂之，父母所樂樂之。』旨乎其有味哉，一何似予之所欲言也！然少時知之而不能躬見之，及今欲養而二親已莫在矣。《疾病篇》有曰：『親戚既沒，雖欲孝，誰為孝？』誦其言，輟業流涕者久之。」（以上論學術大旨）阮元從《大戴禮記》中錄出單行，而為之注，題曰《曾子十篇注釋》；以為七十子親受業於孔子，其言之無異於孔子而獨存者，惟此十篇。《曾子大孝篇》中有曾子弟子樂正子春與其門弟子問對事，則其書亦門弟子所記無疑〔註6〕。阮元注釋本歸安嚴傑題記曰：「宮保師注釋是書，正諸家之得失，辨文字之異同，可謂第一善冊。師於中西天算考核尤深，《天員》一篇更非他人之所能及。」王仁俊《漢藝文志考證校補》亦曰：「阮氏（元）注釋最精。」（以上論校讎源流）

〔二〕《史記‧仲尼弟子列傳》：「曾參，南武城人，字子輿。少孔子四十六歲。孔子以為能通孝道，故授之業。作《孝經》。死於魯。」張守節正義：《韓詩外傳》云：「曾子曰：『吾嘗仕為吏，祿不過鍾釜，尚猶欣欣而喜者，非以為多也，樂道養親也。親沒之後，吾嘗南遊於越，得尊官，堂高九仞，榱提三尺，轓轂百乘，然猶北向而泣者，非為賤也，悲不見吾親也。』」

《漆雕子》十三篇〔註7〕。〔一〕孔子弟子漆雕啟後。〔二〕

〔註6〕　張舜徽認為「不必目為出七十子之手」。

〔註7〕　此書篇數，汪本、官本作「十三篇」，汲古閣本及王應麟《考證》均作「十二篇」。

【集釋】

〔一〕其書亡佚。馬國翰有輯本，序曰：「陶潛《聖賢群輔錄》云『漆雕氏傳《禮》為道』，蓋孔子以《禮》傳開，開之後世習其學，因述開言以成此書。《隋》、《唐志》均不著目，佚已久。考《韓非子》引漆雕之議，王充《論衡》稱其言性，又《家語》載孔子問漆雕憑一節，《說苑》亦載之作漆雕馬人，意者憑名，馬人其字，以孔子歎美其言，而稱為漆雕氏之子；或即著書之人歟？並據輯錄。」（以上論著錄源流）《韓非子·顯學篇》：「世之顯學，儒、墨也。儒之所至，孔丘也。自孔子之死也，有子張之儒，有子思之儒，有顏氏之儒，有孟氏之儒，有漆雕氏之儒。」舊本題晉陶潛《聖賢群輔錄》曰：「漆雕氏傳《禮》為道，為恭儉莊敬之儒。」馬國翰輯本序曰：「其說不色撓，不目逃，行曲則違於臧獲，行直則怒於諸侯，與孟子述北宮黝之養勇、曾子謂子襄自反而縮語意吻合，意孟子述其語，至言人性有善有惡，與宓子、世碩、公孫尼同旨。雖有異乎孟子性善之說，各尊所聞，初不害其為儒家也。」梁啟超《漢書藝文志諸子略考釋》曰：「此蓋儒而兼俠者。」（以上論學術源流）

〔二〕王應麟《漢藝文志考證》曰：「《史記》列傳『漆雕開，字子開』。蓋名啟，字子開，《史記》避景帝諱也。」楊樹達《漢書窺管》曰：「『後』字蓋衍文。《志》文順序謹嚴，決非妄列。此條前為《曾子》十八篇，後為《宓子》十六篇，曾、宓皆孔子弟子，則漆雕開亦當為孔子弟子。若是漆雕開之後，不應置《宓子》之前。」張舜徽認為：「楊說是也。其人名啟，字子開。周秦名字多相應，啟即開也。」今按，其書早亡，馬國翰有輯本一卷。

《宓子》十六篇。〔一〕名不齊，字子賤，孔子弟子。〔二〕師古曰：「宓，讀與伏同。」

【集釋】

〔一〕其書《隋志》已不著錄，唐代以前即已亡佚。馬國翰有輯本，序曰：「《漢志》儒家《宓子》十六篇，《隋》、《唐志》不著錄，佚已久。《家語》、《韓非子》、《呂氏春秋》、《淮南子》、《說苑》諸書時引佚說，彼此互有同異。茲據參訂，錄為一帙，記單父治績為多，仁愛濟之以才智，可為從政者法。」（以上論著錄源流）王充《論衡·本性篇》曰：「宓子賤、漆雕開、公孫尼子之徒，亦論情性，與世子相出入。」顧實《漢書藝文志講疏》：「蓋孔子歿而儒分為八，漆雕氏之儒居其一，此派實最與黃老道德之術相近者也。」

張舜徽認為其書大旨以任人尊賢為要。用人則必專任之而不掣其肘，尊賢則必師事之而得盡其材。使民以義而絕彼此幸災樂禍之心，教民以誠而化彼陽奉陰違之習。（以上論學術大旨）

〔二〕宓子，名不齊，字子賤，孔子弟子。春秋時魯國人。曾為單父宰，彈琴而治，為後世儒家所稱道。《史記·仲尼弟子列傳》：「宓不齊字子賤。少孔子四十九歲。孔子謂：『子賤君子哉！魯無君子，斯焉取斯？』子賤為單父宰，反命於孔子，曰：『此國有賢不齊者五人，教不齊所以治者。』孔子曰：『惜哉不齊所治者小，所治者大則庶幾矣。』」〔註8〕《呂氏春秋·具備》云：「宓子賤治亶父，恐魯君之聽讒人，而令已不得行其術也。將辭而行，請近吏二人於魯君，與之俱至於亶父。邑吏皆朝，宓子賤令吏二人書。吏方將書，宓子賤從旁時掣搖其肘。吏書之不善，則宓子賤為之怒。吏甚患之，辭而請歸。……魯君太息而歎曰：『宓子以此諫寡人之不肖也。寡人之亂子，而令宓子不得行其術，必數有之矣。微二人，寡人幾過。』遂發所愛，而令之亶父，告宓子曰：『自今以來，亶父非寡人之有也，子之有也。有便於亶父者，子決為之矣。五歲而言其要。』宓子敬諾，乃得行某術於亶父。」《論衡·本性篇》曰：「宓子賤、漆雕啟、公孫尼子之徒，亦論性情，與世子相出入，皆言性有善有惡。」〔註9〕《韓非子》、《呂氏春秋》、《淮南子》、《賈誼新書》、《韓詩外傳》、《說苑》、《論衡》諸書，載宓子賤治單父事，當出此書。唐高適《登子賤琴堂賦詩》亦云：「宓子昔為政，鳴琴登此臺。琴和人亦閒，千載稱其才。」

《景子》三篇。〔一〕說宓子語，似其弟子。〔二〕

【集釋】

〔一〕其書亡佚，《隋志》已不著錄。馬國翰有輯本，序曰：「《漢志》儒家有《景子》三篇，說宓子語，似其弟子，《隋》、《唐志》不著錄，佚已久。考《韓詩外傳》、《淮南》載宓子語各一節，俱有論斷，與班固所云『說宓子語』者正合。據補，依《漢志》與宓子比次，明其淵源有自云。」然所錄僅二

〔註8〕 《史記集解》：孔安國曰：「魯人。」《史記索隱》：《家語》「少孔子三十歲」，此云「四十九」，不同。又《家語》「不齊所父事者三人，所兄事者五人，所友者十一人」，與此不同。

〔註9〕 梁啟超《漢書藝文志諸子略考釋》曰：「據此可見，孔門討論人性問題，當以漆雕、宓二子為最先。」

則，所記皆宓子事，張舜徽認為不當別自為書。（以上論著錄源流）沈欽
韓《漢書疏證》卷二十五曰：「孟子書有景子。」顧實《漢書藝文志講疏》
曰：「兵形勢家《景子》十三篇，蓋非同書。」（以上論學術源流）

〔二〕鄧名世《古今姓氏書辯證》：「景氏出自姜姓，齊景公之後，以諡為氏，景丑、
景春皆其裔也。戰國時，景氏世為楚相，或云楚之公族別為景氏。」

《世子》二十四篇。〔一〕名碩，陳人也，七十子之弟子。〔二〕

【集釋】

〔一〕其書早佚，《隋志》已不著錄，馬國翰有輯本一卷，序曰：「《漢志》儒家
《世子》二十一篇，《隋志》不及著錄，佚已久。唯董仲舒《春秋繁露》、
王充《論衡》引之，並據採錄，附充說以備參證。充謂世子言人性有善有
惡云云，作《養書》一篇。又謂宓子賤、漆雕開、公孫尼子之徒，說情性
與世子相出入。復舉孟子、荀卿、揚子雲、劉子政等說，皆言非實，而以
世碩及公孫尼子為得正。按碩亦聖門之徒，雖其持論與子輿氏不同，而各
尊所聞，要亦如游、夏門人之論歟？」（以上論著錄源流）王應麟《漢藝
文志考證》曰：「王充《論衡・本性篇》：『周人世碩以為人性有善有惡。
舉人之善性，養而致之，則善長；惡性，養而致之，則惡長。如此，則性
各有陰陽善惡，在所養焉。故世子所作《養書》一篇。宓子賤、漆雕開、
公孫尼子之徒亦論性情，與世子相出入，皆言性有善有惡。』」（以上論學
術大旨）

〔二〕鄧名世《古今姓氏書辯證》：「世氏出自春秋衛世叔氏之後，去『叔』為世氏。
《漢・藝文志》陳人世碩著《世子》二十一篇。」顧實《漢書藝文志講疏》
曰：「王充……此以世子為周人，與班《注》異，蓋傳聞異詞。」張舜徽《漢
書藝文志通釋》曰：「《論衡》以世子為周人，蓋指其時，謂為周末戰國時人
也。班《注》謂為陳人，則指其所生之地。各言其一，非異辭也。」〔註10〕

《魏文侯》六篇〔一〕。

【集釋】

〔一〕馬國翰有輯本一卷，序曰：「《漢志》儒家《魏文侯》六篇，《隋》、《唐志》
皆不著錄，佚已久。考《禮・樂記》載《魏文侯問樂》一篇……中多格言，

〔註10〕今按：蔣伯潛《諸子通考》觀點亦與此同。

湛深儒術，而容直納諫之高風，尊賢下士之盛德，尤足垂範後世焉。」（以上論著錄源流）魏文侯，名斯。《史記·魏世家》稱：「文侯受子夏經藝，客段干木。秦嘗欲伐魏，或曰：『魏君賢人是禮，國人稱仁，上下和合，未可圖也。』文侯由此得譽於諸侯。任西門豹守鄴，而河內稱治。三十八年，文侯卒。」《漢志·樂家篇敘》曰：「六國之君，魏文侯最為好古。」《漢書·古今人表》魏文侯列第四等中上。（以上論作者事蹟）王先謙《漢書補注》引葉德輝曰：「《樂記》引魏文侯問子貢樂；《魏策》載魏文侯辭韓索兵，及疑樂羊烹子，命西門豹為鄴令，與虞人期獵；《呂覽·期賢篇》引魏文侯式段干木之閭，《樂成篇》引魏文侯與田子方論收養孤，《自知篇》引魏文侯問任塵君德；《淮南·人間訓》引魏文侯不賞解扁東封上計；《韓詩外傳》引魏文侯問狐卷子；《說苑·君道篇》引魏文侯賦鼓琴，《復恩篇》引樂羊攻中山，《尊賢篇》引魏文侯下車趨田子方及觸大夫於曲陽，《善說篇》引魏文侯與大夫飲酒，使公乘不仁為觴政，《反質篇》引御廩災，魏文侯素服闢正殿；《新序·雜事二》引魏文侯出遊，見路人負芻，《雜事四》引魏文侯與公季成議田子方，《刺奢篇》引魏文侯見箕季，問牆毀；其言皆近理，當在此六篇中。」張舜徽稱其為政能容直納諫，尊賢下士，皆自儒學中出，故其書列入儒家。（以上論學術源流）

《李克》七篇。〔一〕子夏弟子，為魏文侯相。〔二〕

【集釋】

〔一〕馬國翰有輯本一卷，序曰：「《釋文·敘錄》云：『子夏傳曾申。申傳魏人李克。』〔註11〕案曾申：曾子之子，克先從曾申受《詩》，為子夏再傳弟子。後子夏居魏，親從問業，故班固以為子夏弟子也。其書《隋》、《唐志》不著錄，佚已久。……茲據輯錄，凡七節。其論皆能握政術之要，敘次文侯書後，即君臣同心共治，可想見西河之教澤焉。」（以上論著錄源流）王應麟《漢藝文志考證》曰：「《韓詩外傳》、《說苑》魏文侯問李克。《文選·魏都賦》注引《李克書》。」顧實《漢書藝文志講疏》：「法家《李子》三十二篇，兵權謀家《李子》十篇，蓋俱非一書。」（以上論學術源流）

〔二〕《漢書·古今人表》李克列第四等中上，梁玉繩《考》曰：「李克始見《呂覽·適威》，《史·魏世家》、《韓詩外傳》十又作里克。里、李古通，《呂覽·舉

〔註11〕梁啟超《漢書藝文志諸子略考釋》曰：「果爾，則克是子夏再傳弟子矣。」

難》又作季充，因形近而訛，子夏弟子。」

《公孫尼子》二十八篇〔一〕。七十子之弟子〔二〕。

【集釋】

〔一〕《公孫尼子》亡於宋代。馬國翰有輯本一卷，序曰：「馬總《意林》引六節，
標目云《公孫文子》一卷。『文』為『尼』字之誤。《隋書·音樂志》引沈約
奏答，謂《樂記》取公孫尼子。《禮記》正義引劉瓛云：『《緇衣》，公孫尼子
作。』除二篇今存《戴記》外，餘皆佚矣。茲從《意林》、《御覽》及《春秋
繁露》、《北堂書鈔》、《初學記》諸書輯錄。王充謂其說情性與世碩相出入，
皆言性有善有惡，與孟子性善之旨不合。然董廣川引公孫之養氣，與孟子養
氣互相發明，則其異同可考也。中有兩引《尼書》即《樂記》語，可證沈說
之有據。朱子嘗舉《樂記》『天高地下』六句，以為『漢儒醇如仲舒如何說
得到這裡去，想必古來流傳得此個文字如此』，此雖不以沈說為信，而觀於
廣川誦述，則當日之心實見折服，以斯斷《尼書》焉，可矣。」此外，尚有
洪頤煊輯本（在《問經堂叢書》中）。（以上論著錄源流）孫德謙《諸子通考》
卷一：「《漢志》諸子一略，其用互見之法者如《公孫尼子》，既入儒家，而
雜家又錄其一篇；道家有《伊尹》五十一篇，《鬻子》二十二篇，而雜家之
中亦載兩家之說，此其重複互見。雖書有缺佚不傳者，無以考其分別部居之
意。然執是以觀，則若者為儒，若者為道，固可以辨其家數，而諸子之同源
異流，於此蓋亦可悟矣。」（以上論學術源流）

〔二〕公孫尼子，生平事蹟不詳。王應麟《漢書藝文志考證》曰：「《隋》、《唐志》：
一卷，似孔子弟子。沈約謂《樂記》取公孫尼子。劉瓛云：『《緇衣》，公孫
尼子所作也。』」

《孟子》十一篇〔一〕。名軻，鄒人，子思弟子，有列傳〔二〕。○師古曰：「《聖
證論》云：『軻，字子車〔註12〕。』而此《志》無字，未詳其所得。」

〔註12〕「子車」，或作「子居」、「子輿」。《廣韻》注：「孟子居貧撼軻，故名軻字子
居。」蔣伯潛《諸子通考·孟子略考》：「《史》、《漢》均不言孟子之字。《孔叢
子》始云『字子車』。注曰：『一作子居；居貧坎軻，故名軻，字子居。亦稱字
子輿。』《聖證論》曰：『子思書、《孔叢子》，有孟子居，即是軻也。』《傅子》
亦云『孟子輿』。王應麟《困學紀聞》疑其皆出附會是也。《說文》曰：『軻，
接軸車也。』『軻』有車義，故曰字子車；車、居音近，故又曰字子居；車、
輿同義，故又曰字子輿。」

【集釋】

〔一〕王應麟《漢藝文志考證》曰：「趙岐《題辭》：『著書七篇。又有《外書》四篇：《性善》、《辯文》、《說孝經》、《為正》，其文不能弘深，不與內篇相似。』《志》云十一篇，並《外書》也。《外書》今不傳。」（以上論著錄源流）《史記》稱孟軻「受業子思之門人」。而司馬貞《索引》引王劭說，以「人」為衍文，則孟軻實受業於孔伋，與班固說合。《史記》但言孟軻退而與萬章之徒序《詩》、《書》，述仲尼之意，作《孟子》七篇。《孟子》一書，舊在諸子之列。顧實《漢書藝文志講疏》：「自南宋淳熙中，朱熹取《孟子》與《大學》、《中庸》、《論語》合為《四書》，遂升入經部〔註13〕。故唐以前，周、孔並稱；宋以後，孔、孟並稱。此中國文化一大升降之機也。周公、孔子皆集前古獻典而制經，孟子則發表其一己所欲言而已。故自孟子之說橫流，而文化偏趨於簡單，豈非儒教之不幸哉？」（以上論學術源流）蔣伯潛《諸子通考·諸子著述考》：「《論語》中最精彩之一部分，在今日尚有價值者，即為做人之道。此非可僅於文字間求之，僅於解釋誦讀中得之者。熟讀深思之後，隨時隨地，就身心人事，下一番省察體驗工夫，方能得其實益。否則，如朱熹《論語序說》所云『未讀《論語》時是此等人，讀了《論語》原是此等人』，則亦口耳之學而已。」按：讀《四書》皆當作如是觀。（以上論讀書方法）

〔二〕《史記·孟荀列傳》：「太史公曰：余讀《孟子書》，至梁惠王問何以利吾國，未嘗不廢書歎也。曰：嗟乎，利誠亂之始也！孟軻，鄒人也，受業子思之門人〔註14〕。道既通，遊事齊宣王，宣王不能用；適梁，梁惠王不果所言，則見以為迂遠而闊於事情。當是之時，秦用商君，富國強兵；楚、魏用吳起，戰勝弱敵；齊威王、宣王用孫子、田忌之徒，而諸侯東面朝齊。天下方務於合從連衡，以攻伐為賢，而孟軻乃述唐、虞、三代之德，是以所如者不合。退而與萬章之徒序《詩》、《書》，述仲尼之意，作《孟子》七篇。」

《孫卿子》三十三篇〔一〕。名況，趙人，為齊稷下祭酒，有列傳〔二〕。○師古曰：「本曰荀卿，避宣帝諱，故曰孫。」〔三〕

〔註13〕今按：從前目錄學者有一種傳統觀念，以為經、子之別，不在性質之殊異，而為地位之高低。

〔註14〕今按：趙岐《孟子題辭》謂其師孔子之孫子思。王劭說，「門」下衍「人」字。

【集釋】

〔一〕今存，係三十二篇。《四庫提要》據王應麟《漢藝文志考證》謂，當作三十二篇。劉向校書，敘錄稱「《孫卿書》凡三百二十三篇，以相校除重複二百九十篇，定著三十二篇，為十二卷，題曰《新書》」。唐楊倞分易舊第，編為二十卷，復為之注，更名《荀子》，即今本也。陳直《周秦諸子述略》云：「劉向《別錄》云：『《孫卿書》凡三百二十三篇，以相校除重複二百九十篇，定著三十三篇，為十二卷。』夫以三百餘篇重複者多至二百九十篇。劉向校書屢言去其重複，殆莊子所謂重言十七者乎？王應麟《藝文志考證》謂當作三十二篇。案《後漢書·荀淑傳》，荀卿子著書三十二篇，與王說合。」（以上論著錄源流）明方孝孺《遜志齋集》卷四《讀荀子》：「若荀卿者，剽掠聖人之餘言，發為近似中正之論，肆然自居於孔子之道而不疑，沛乎若有所宗，淵乎執之而無窮，尊王而賤霸，援堯舜，摭湯武，鄙桀紂，儼若儒者也。及要其大旨，則謂人之性惡，以仁義為偽也。妄為蔓衍不經之辭，以蛆蠱孟子之道，其區區之私心，不過欲求異於人，而不自知卒為斯道讒賊也。蓋數家者偏駁不倫，故去之也易。荀卿似乎中正，故世多惑之。惜無孟子者出以糾其謬，故其書相傳至今。孔子曰：『惡紫，為其亂朱也；惡鄭聲，為其亂雅樂也。』夫欲擯悖道之書而不用，必自荀卿始。何者？其言似是而實非也。」《四庫提要》曰：「況之著書，主於明周、孔之教，崇禮而勸學。其中最為口實者，莫過於《非十二子》及《性惡》兩篇。」顧實《漢書藝文志講疏》曰：「王應麟云：『當作三十二篇。』蓋傳刊之誤也。荀書《議兵篇》稱孫卿子，此自著其氏也。《史記》作荀卿，謝墉曰：『漢不避嫌名，荀淑、荀爽俱用本字。《左傳》荀息以下，並不改字，何獨於荀卿改之？蓋荀、孫二字同音，語遂移易，如荊卿又為慶卿也。（《荀子校敘》）自孟子道性善，荀子反之而言性惡。後世性善之說勝，遂伸孟而黜荀。」梁啟超《漢書藝文志諸子略考釋》曰：「《荀子》全書，大概可信，惟《君子》、《大略》、《宥坐》、《子道》、《法行》、《哀公》、《堯問》七篇，疑非盡出荀子手，或門弟子所記，或後人附益也。」呂思勉《經子解題·荀子》：「《荀子書》多精論，然頗凌雜無條理，今為料揀之。按《荀子書》宗旨，犖犖大者，凡有八端：曰法後王，見《不苟》、《非相》、《儒效》、《王制》諸篇。曰主人治，見《王制》、《君道》、《致士》諸篇。曰群必有分，見《王制》、《富國》諸篇。曰階級不能無，見《榮辱》、《富國》諸篇。曰

性惡，見《榮辱》、《性惡》諸篇。曰法自然，見《天論》、《解蔽》諸篇。曰正名，見《正名》篇。此外攻擊儒、墨、名、法，與權謀諸家之語，散見《非十二子》、《儒效》、《王霸》、《君道》、《議兵》、《強國》、《正論》、《樂論》諸篇。要之《荀子書》於諸家皆有詰難；語其宗旨，實與法家最近；而又蒙儒家之面目者也。全書中最精者，為《天論》、《正論》、《解蔽》、《正名》四篇。」張舜徽《漢書藝文志通釋》曰：「孟、荀同為儒學之宗，咸歸於師法聖人，誦說王道，大張仲尼之說於後世。顧儒學自有孟荀，道遂分為二：孟主於尊德性，荀主於道問學。論其終詣，則孟子多衛道之語，荀子有傳經之功。其後兩千餘年儒學，皆二途並騖，爭議遂多。孟、荀之說，實其先導。孟、荀二家之書，在漢世並列諸子。自宋以後既入《孟子》於經，《荀》猶與百家伍，而學者遂妄分軒輊矣。《荀子》三十二篇，多與兩戴《禮記》相表裏。唐人楊倞始為之注，乃謂『荀子之書，羽翼六經，增廣孔氏，非諸子之言』。」（以上論學術源流）王叔岷《荀子斠理序》曰：「荀子之學，博於孟子，亦雜於孟子。前賢近人於《荀子》書，或發明義蘊；或定正字句，立說繁多，咸有裨於研討。岷亦時有斠理，足補諸家漏略。因據《古逸叢書》影宋台州本，條理成篇。」（以上論校讎源流）

〔二〕孫卿事蹟見《史記》本傳。劉向序亦曰：「孫卿，趙人，名況。方齊宣王、威王之時，聚天下賢士於稷下，尊寵之。若鄒衍、田駢、淳于髡之屬甚眾，號曰列大夫，皆世所稱，咸作書刺世。是時，孫卿有秀才，年五十，始來遊學。諸子之事，皆以為非先王之法也。孫卿善為《詩》、《禮》、《易》、《春秋》。至齊襄王時，孫卿最為老師，齊尚修列大夫之缺，而孫卿三為祭酒焉。齊人或讒孫卿，乃適楚，楚相春申君以為蘭陵令。人或謂春申君曰：『湯以七十里；文王以百里。孫卿，賢者也，今與之百里地，楚其危乎！』春申君謝之，孫卿去，之趙。後客或為春申君曰：『伊尹去夏入殷，殷王而夏亡；管仲去魯入齊，魯弱而齊強；故賢者所在，君尊國安。今孫卿，天下賢人，所去之國，其不安乎！』春申君使人聘孫卿，孫卿遺春申君書，刺楚國，因為歌賦，以遺春申君。春申君恨，復固謝孫卿，孫卿乃行，復為蘭陵令。春申君死而孫卿廢，因家蘭陵。李斯嘗為弟子，已而相秦。及韓非號韓子，又浮丘伯，皆受業，為名儒。孫卿之應聘於諸侯，見秦昭王，昭王方喜戰伐，而孫卿以三王之法說之，及秦相應侯，皆不能用也。至趙，與孫臏議兵趙孝成王前。孫臏為變詐之兵，孫卿以王兵難之，不能對也。卒不能用。

孫卿道守禮義，行應繩墨，安貧賤。孟子者，亦大儒，以人之性善。孫卿後孟子百餘年。孫卿以為人性惡，故作《性惡》一篇，以非孟子。蘇秦、張儀以邪道說諸侯，以大貴顯。孫卿退而笑之曰：『夫不以其道進者，必不以其道亡。』孫卿卒不用於世，老於蘭陵。疾濁世之政，亡國亂君相屬，不遂大道，而營乎巫祝，信禨祥；鄙儒小拘，如莊周等，又滑稽亂俗。於是推儒、墨、道德之行事興壞，序列著數萬言而卒，葬蘭陵。」

〔三〕嚴可均《三代文編》敍錄曰：「荀子名況，趙人，時相尊而號為卿，方音改易，又稱孫卿。」《漢書藝文志條理》曰：「然則荀、孫乃音聲遞轉之誤，或謂漢人稱孫卿以宣帝諱詢避嫌名者，殊不然也。」

《芊子》十八篇。名嬰，齊人也〔一〕，七十子之後。師古曰：「芊，音弭。」〔二〕

【集釋】

〔一〕其書亡佚。《史記・孟子荀卿列傳》：「趙有公孫龍為堅同異之辯，劇子之言；魏有李悝，盡地力之教；楚有尸子、長盧；阿之籲子焉。自如孟子至於籲子，世多有其書，故不論其傳云。」清沈濤《銅熨斗齋隨筆》卷四「芊子」條曰：「芊、籲並同，故《史》與《別錄》亦相異而相同。芊亦作芊，籲亦或作芊，《楚世家》陸終生子六人，六曰季連，芊姓，楚其後也。此芊子蓋與楚同姓，或楚人而居於齊之東阿者。」清沈家本《諸史瑣言》卷三：「阿之籲子焉。《正義》：『《藝文志》籲子十八篇，名嬰，齊人，七十子之後。顏師古云：音弭。按：是齊人，阿又屬齊，恐顏公誤也。』按：《漢志》作芊子，故師古音弭。《正義》以顏為誤，豈以芊實楚姓，不得為齊人歟？」顧實《漢書藝文志講疏》：「七十子無姓芊者，不知為誰之後。」蔣伯潛《諸子通考・儒家之書六》：「七十子之後者，言芊子為七十子之後學也。」（以上論學術源流）

〔二〕王念孫《讀書雜志》漢書第七「芊子」條曰：「《史記・孟子荀卿列傳》：『楚有尸子、長盧，阿之籲子焉。』《索引》云：『籲音芊，《別錄》作芊子，今籲亦如字。』《正義》云：『《藝文志》、《芊子》十八篇，顏云音弭。案：是齊人，阿又屬齊，恐顏誤也。』《正義》說是也。芊有籲音，故《別錄》作《芊子》，《史記》作《籲子》，作『芊』者字之誤耳。」

《內業》十五篇。不知作書者〔一〕。

【集釋】

〔一〕其書亡佚。馬國翰輯本序曰:「《內業》一卷,周管夷吾述。《漢志》儒家有《內業》十五篇,注『不知作書者』。《隋》、《唐志》皆不著錄,佚已久。考《管子》第四十九篇,標題《內業》,皆發明大道之蘊旨,與他篇不相類。蓋古有成書,而管子述之。案《漢志》《孝經》十一家有《弟子職》一篇,今亦在《管子》第五十九,以此類推知,皆誦述前人,故此篇在《區言》五,《弟子職》在《雜篇》十,明非管子所自作也。茲據補錄,仍釐為十五篇,以合《漢志》,不題姓名,闕疑也。」(以上論著錄源流)王應麟《漢藝文志考證》曰:「《管子》有《內業篇》,此書恐亦其類。」顧實《漢書藝文志講疏》亦曰:「《管子》有《內業篇》,古書多重複,或此竟包彼書也。」張舜徽《漢書藝文志通釋》曰:「是篇所言,與《管子》書中《心術》上下及《白心篇》實相表裏,皆為君道而發。舉凡後起傅會之說,悉非此文本旨也。今取《心術》上下及《白心篇》,與是篇彼此印證,則其所言乃人君南面之術,昭昭甚明。《管子》雖為糅雜之書,而言人君南面之術者,往往在焉。若《心術》上下、《白心》、《內業》四篇,其尤著者也。斯固不出管仲手,要皆裒集舊文,以入管子書中耳。其間精義要旨,足與《道德》五千言相發明。」(以上論學術大旨)

《周史六弢》六篇〔一〕。惠、襄之間,或曰顯王時,或曰孔子問焉〔二〕。師古曰:「即今之《六韜》也。蓋言取天下及軍旅之事。弢字與韜同也〔註15〕。」

【集釋】

〔一〕今本《六韜》六卷,自《隋書・經籍志》及《四庫總目》皆載兵家。《四庫提要》謂六弢非六韜,別為一書,則今佚矣。沈濤《銅熨斗齋隨筆》四:「今《六韜》乃文王、武王問太公兵戰之事,而此列之儒家,則非今之《六韜》也。『六』乃『大』字之誤。《人表》有周史大弢。古字書無『弢』字,《篇韻》始有之,當為『弢』字之誤。《莊子・則陽篇》:『仲尼問於太史大弢。』蓋即其人,此乃其所著書。故班氏有『孔子問焉』之說。顏以為太公《六韜》,誤矣。今《六韜》,當在《太公》二百三十七篇之內。」

〔二〕姚振宗《漢書藝文志條理》曰:「周史大弢,見《人表》第六等中下,列周景王、悼王時,為春秋魯昭公之世,與孔子同時。上距惠、襄之間,下至顯

〔註15〕「韜」,底本作「叨」,學津本作「韜」,據改。

王之際，皆一百數十年，實不相及。唯云『孔子問焉』，則與《人表》敘次時代相合。又《莊子》有『仲尼問於太史大弢』，則確為大弢無疑。沈氏所考，信有徵矣。孫伯淵先生校刊《六韜》，編入《平津館叢書》，其序反覆辯證，謂即此《周史六弢》，蓋考之未審，不可從也。」

《周政》六篇。周時法度政教。
《周法》九篇。法天地，立百官。〔一〕

【集釋】

〔一〕其書亡佚。章學誠《校讎通義》內篇卷三「漢志諸子第十四」條曰：「儒家有《周政》六篇，《周法》九篇，其書不傳。班固注《周政》云『周時法度政教』，注《周法》云『法天地，立百官』，則二書蓋官禮之遺也。附之禮經之下為宜，入於儒家非也。」姚振宗《漢書藝文志條理》云：「案班氏仍《錄》、《略》之舊，列於儒家，必有其故，後人未見其書，未可斷以為非。」張舜徽《漢書藝文志通釋》亦云：「儒家之《周政》、《周法》，蓋所載乃布政立法之餘論。以其同出儒生之手，故列之儒家。」

《河間周制》十八篇〔一〕。似河間獻王所述也〔二〕。

【集釋】

〔一〕其書亡佚。張舜徽《漢書藝文志通釋》：「河間獻王修學好古，搜求遺書。既取古代經傳獻之朝廷，又輯錄與經傳相表裏之逸文遺典，裒纂為書。此編殆即其一，大抵分屬儒生為之，而非出自己手。……此書與上文《周政》、《周法》，亡佚甚早，故《隋志》皆不著錄。」

〔二〕姚振宗《漢書藝文志條理》云：「《周史六弢》及《周政》、《周法》、《周制》四書，似皆河間獻王所奏進，而《周制》又似獻王綜述為書也。周之故府，篇籍多矣，家邦既隕，或亦有散在民間者，獻王購以金帛，遂多為所得，如《毛詩經》及《故訓傳》、《禮古經》、《古記》、《明堂陰陽》、《王史氏記》、《周官》經、傳，《司馬法》、《樂記》、《雅歌詩》、《左氏》經、傳，《三朝記》，皆獻之漢朝，此亦其類也歟？又案《禮樂志》言『叔孫通既沒之後，河間獻王採禮樂古事，稍稍增輯，至五百餘篇。今學者不能昭見，但推士禮以及天子，說義又頗謬異，故君臣長幼交接之道浸以不章。』此或五百餘篇之殘剩，亦未可知也。」

　　《讕言》十篇〔註16〕〔一〕。不知作者，陳人君法度〔二〕。如淳曰：「讕音粲〔註17〕爛。」○師古曰：「說者引《孔子家語》云孔穿所造，非也。」

【集釋】

　　〔一〕張舜徽《漢書藝文志通釋》：「此處『讕』字，實當讀『諫』。考《集韻》去聲二十九換：『讕』字下又列『譋』、『諫』二體，釋之云：『詆讕、誣言相被也。或從間從東。』是讕之或體，亦可作諫矣。《漢志》著錄之《讕言》，實即《諫言》。乃漢以前儒生裒錄古代忠臣進諫之語以成此書，所言皆為君之道，故班氏自注云：『陳人君法度。』至於讕之『誣言相被』一義，固不能以解《讕言》之讕也。此類書既由儒生纂輯而成，故班氏云『不知作者』。」

　　〔二〕馬國翰輯本序曰：「《漢志》儒家《讕言》十篇，注『不知作者，陳人君法度』，師古曰：『說者引《孔子家語》云孔穿所造，非也。』案《家語·後序》云：『子真生子高，名穿，亦著儒家語十二篇，名曰《讕言》。』《集韻》去聲二十九換：讕、譋、諫三字並列，注云『詆讕，誣言相被也，或從東，從間』，然則讕與譋通加草者，隸古之別也。書名既同，復並稱儒家，且以《孔叢子》所載子高之言觀之，其答信陵君祈勝之禮，對魏王人主所以為患，及古之善為國，至於無訟之間，又與齊君論車裂之刑，所言皆人君法度事，則《讕言》審為穿書矣。班固云『不知作者』，蓋劉向校定《七略》時，《孔叢子》晦而未顯，《漢志》本諸《七略》，無從取證。東漢之季，《孔叢子》顯出，故王肅注《家語》據以為說。魏晉儒者遂據肅說以解《漢志》，在當日實有考見，不知顏監何以斷其非也。茲即從《孔叢子》錄出凡三篇，依舊說題周孔穿撰，先聖家學可於此探其淵源云。」姚振宗《漢書藝文志條理》：「孔穿《古今人表》列第四等，注云『子思玄孫』，馬氏以此為穿書，與顏監異，究未知為孰是也。」

　　《功議》四篇。不知作者，論功德事〔一〕。

【集釋】

　　〔一〕其書亡佚。姚振宗《漢書藝文志條理》曰：「《功議》未詳。」張舜徽《漢書藝文志通釋》曰：「《諫言》所以箴君，《功議》所以勸臣，皆古者致治之術。君之大權，繫乎賞罰，而行賞必先論功。此《功議》一書，亦必由儒生裒錄

〔註16〕　「十篇」，學津本、四部本、叢編本作「十一篇」。
〔註17〕　「粲」，學津本、四部本、叢編本無此字。

古代論功德之事而成，故亦不知作者。二書實相表裏，惜均亡佚甚早。」

《寧越》一篇〔一〕。中牟人，為周威王師〔二〕。

【集釋】

〔一〕其書亡佚，《隋志》已不著錄。馬國翰有輯本一卷，序曰：「《淮南子・道應訓》以寧戚事誤屬寧越，潘基慶《古逸書》又以寧越事誤屬寧戚，且以周威公為齊威公，尤大誤也。《漢志》儒家有《寧越》一篇，《隋》、《唐志》皆不著錄，佚已久。考《呂氏春秋》、《說苑》引其說，輯錄二節，並附事蹟為一卷。以苗賁皇為楚平王之士，並以城濮、鄢陵二戰屬之，舛踏殊甚，辭氣亦染游說風習，名列於儒，蓋不沒其日夜勤學之功力云。」

〔二〕《史記・秦始皇本紀》引賈生之言曰：「當是時，齊有孟嘗，趙有平原，楚有春申，魏有信陵。約從離衡，並韓、魏、燕、楚、齊、趙、宋、衛、中山之眾。於是六國之士有寧越、徐尚、蘇秦、杜赫之屬為之謀。」索隱曰：「寧越，趙人。」《呂氏春秋・博志篇》：「孔、墨、寧越，皆布衣之士也。慮於天下，以為無若先王之術者，故日夜學之。有便於學者，無不為也；有不便於學者，無肯為也。……寧越，中牟之鄙人也，苦耕稼之勞，謂其友曰：『何為而可以免此苦也？』其友曰：『莫若學，學三十歲則可以達矣。』寧越曰：『請以十五歲。人將休，吾將不敢休；人將臥，吾將不敢臥。』十五歲而周威公師之。矢之速也，而不過二里止也；步之遲也，而百歲不止也。今以寧越之材而久不止，其為諸侯師，豈不宜哉？」張舜徽《漢書藝文志通釋》：「寧越乃周末名人也。《呂氏春秋・博志篇》嘗舉寧越與孔、墨並提。稱其以布衣之士，勸學不止，為諸侯師。……《呂氏春秋・不廣篇》、劉向《說苑・尊賢篇》，皆記其言論行事。惜其書不傳於後，《隋志》已不著錄，馬國瀚有輯本一卷。班《志》自注所云『為周威王師』，『王』當作『公』。威公，西周君也。」

《王孫子》一篇〔一〕。一曰《巧心》。

【集釋】

〔一〕張舜徽《漢書藝文志通釋》：「是書《唐志》已不著錄，亡佚已久。嚴可均、馬國翰均有輯本一卷。」嚴可均《鐵橋漫稿》卷五《王孫子敘》曰：「《漢志》儒家：《王孫子》一篇，一曰《巧心》。《隋志》一卷，《意林》亦一卷，僅有

目錄。而所載《王孫子》，文爛脫。校《意林》者乃割《莊子》雜篇以充之，實非《王孫子》也。《唐志》不著錄。今從《北堂書鈔》等書採出二十四事，省併複重，僅得五事。愛是先秦古書，繕寫而為之敘曰：王孫，姓也，不知其名，『巧心』亦未詳。繹其言，蓋七十子之後言治道者。《漢志》儒五十三家，今略存十家，而子思、曾子、公孫尼子、魯仲連子、賈山五家尚未全亡。《王孫子》得見者，僅三百九十九字耳，然而君人者可懸諸座隅。夫為國而不受諫、不節財而暴民，如國何？」馬國翰輯本序曰：「王孫氏，其名不傳，事蹟亦無考。以《漢》、《隋志》敘次其書，知為戰國時人。一曰《巧心》，蓋其書之別稱，如揚子之《法言》、文中子之《中說》矣。《意林》存目而無其書。《藝文類聚》、《太平御覽》引其佚說，而彼此殊異，參互考定，完然可讀者尚得五節，錄為一卷。書主愛民為說，如衛靈、楚莊、趙簡子之事。又《春秋》內外傳所未載者，且舉孔子、子貢之論以為斷。其人蓋七國之翹楚也。」（以上論著錄源流）王先謙《漢書補注》引沈欽韓云：「《文選·舞賦》注引《王孫子》曰：『衛靈公侍御數百，隨珠照日，羅衣從風。』」陳朝爵《漢書藝文志約說》案：「此非周時語，明是六朝人偽作。」顧實《漢書藝文志講疏》：「兵形勢家《王孫》十六篇，蓋非同書。」（以上論學術源流）

《公孫固》一篇。〔一〕十八章。齊閔王失國〔二〕，問之，固因為陳古今成敗也。

【集釋】

〔一〕張舜徽《漢書藝文志通釋》：「其書《隋》、《唐志》皆不著錄，亡佚甚早，後人亦無輯本。」（以上論著錄源流）姚振宗《漢書藝文志條理》：「《史記·十二諸侯年表》云：『孔子次《春秋》，左丘明成《左氏春秋》，鐸椒為《鐸氏微》，虞卿為《虞氏春秋》，呂不韋為《呂氏春秋》。及如荀卿、孟子、公孫固、韓非之徒，各往往捃摭《春秋》之文以著書。』案：《索隱》謂宋有公孫固者，指宋襄公時大司馬固，見《左·僖二十二年傳》及注，齊桓公時人。此公孫固齊閔王時，相去凡三百五十餘年。至齊人韓固傳《詩》，又似轅固之訛，轅固生漢景、武時人，《索隱》此條皆非是，由於未嘗參考《藝文志》之失也。」（以上論學術源流）

〔二〕《史記·燕世家》云：「燕兵入臨淄，燒其宮室宗廟。齊城之不下者，唯聊、莒、即墨，其餘皆屬燕。愍王死於莒宮。」姚振宗《漢書藝文志條理》：「班

氏稱閔王失國，即此《人表》第八等下中齊愍王，宣王子，閔、愍、愍並通。公孫固當是齊人，其書蓋即作於是時，周赧王三十一年也。」

《李氏春秋》二篇〔一〕。

【集釋】

〔一〕《李氏春秋》早佚。馬國翰有輯本一卷，序曰：「敘次在公孫固、羊子之間。公孫固，齊閔王失國問之；羊子，秦博士；然則李氏亦戰國時人也。其書《隋》、《唐志》不著錄，佚已久。考《呂氏春秋・勿躬篇》引《李子》一節，不言名氏，當是《李氏春秋》佚文。泛論名理，以《春秋》取號者，其亦《虞氏春秋》之類歟？」（以上論著錄源流）蔣伯潛《諸子通考・晏子考》：「『春秋』為古代編年史之通名，錯舉四季之二以為名，蓋示編年之意，故各國皆有『春秋』，不但魯而已。此皆史書也。及戰國末期，乃以『春秋』為記個人言行之書之名稱，如《李氏春秋》、《呂氏春秋》、《虞氏春秋》皆是。」張舜徽《漢書藝文志通釋》：「春秋二字，乃錯舉四時之名，足該一歲終始。故古之按年月四時以紀事者，謂之《春秋》。春生夏長，秋收冬藏，實包天地萬物。故古之以立意為宗而網羅彌廣者，亦得謂之《春秋》。如《晏子春秋》、《呂氏春秋》是也。此類書而名春秋，喻其所言非一，猶今稱《叢刊》、《彙編》耳。」（以上論書名理據）

《羊子》四篇〔一〕。百章。故秦博士〔二〕。

【集釋】

〔一〕此書早佚，《隋志》已不著錄。（以上論著錄源流）章學誠《校讎通義》曰：「《漢志》計書多以篇名，間有計及章數者，小學敘例稱《倉頡》諸書也。至於敘次目錄而以章計者，惟儒家《公孫固》一篇注十八章，《羊子》四篇注百章而已。其如何詳略，恐劉、班當日亦未有深意也。」（以上論校讎源流）

〔二〕《廣韻》平聲十陽「羊」字注：「羊，又姓。出泰山，本字羊舌大夫之後。《戰國策》有羊千者，著書顯名。」姚振宗《漢書藝文志條理》：「『策』似『時』字之誤。」鄭樵《通志・氏族略》：「戰國有羊千著書。」姚振宗《漢書藝文志條理》：「按氏姓諸書皆曰羊千，或實名千，或『千』為『子』字之誤，無以詳知。」

《董子》一篇〔一〕。名無心〔二〕，難墨子。

【集釋】

〔一〕其書亡佚。（以上論著錄源流）王應麟《漢藝文志考證》：「《論衡·福虛篇》云：『儒家之徒董無心，墨家之徒纏子，相見講道。纏子稱墨家右鬼神，是引秦穆公有明德，上帝賜之九十年。董子難以堯、舜不賜年，桀、紂不夭死。』」張舜徽《漢書藝文志通釋》：「董子無心鬭墨之說，可見於此。仲尼嘗言：『未能事人，焉能事鬼。』是儒學但盡人事，不信鬼神。董子實承斯緒，故其書列於儒家。……其書入清始無傳本，散亡甚晚。雖有馬氏輯本一卷，惜乎其辯上同、兼愛、上賢、明鬼之非者，其詳不可得聞矣。」（以上論學術源流）

〔二〕《玉海·藝文》：「董子，戰國時人。宋朝吳秘注一卷，《中興書目》一卷。與學墨者纏子辯上同、兼愛、上賢、明鬼之非，纏子屈焉。《論衡》引董子難纏子。」錢大昕《三史拾遺》曰：「董無心，蓋六國時人，王充《論衡》、應劭《風俗通》俱引董無心說。」

《俟子〔註18〕》一篇〔一〕。○李奇曰：「或作《侔子》。」

【集釋】

〔一〕其書亡佚。（以上論著錄源流）俟子乃六國時人。《廣韻》引《風俗通·姓氏篇》：「俟氏有俟子，古賢人，著書。」鄭樵《通志·氏族略》：「俟氏，《風俗通》俟子，著書，六國時人。」王先謙《漢書補注》：「應仲遠嘗為《漢書音義》，則所見本必俟矣。」沈欽韓《漢書疏證》卷二十五謂《說苑·反質篇》言：『『秦始皇后得侯生，侯生仰臺而言』云云，其文八百餘言，疑即此。」（以上論作者事蹟）

《徐子》四十二篇〔一〕。宋外黃人〔二〕。

【集釋】

〔一〕《隋志》、《唐志》皆不著錄，書亡已久，馬國翰有輯本一卷。（以上論著錄源流）張舜徽《漢書藝文志通釋》：「觀徐子所陳百戰百勝之術，意在戢兵還師。與儒者非戰之旨合，故其書列入儒家。」（以上論學術源流）

〔二〕《史記·魏世家》：「惠王三十年，魏伐趙，趙告急齊。齊宣王用子計，救

〔註18〕「俟子」，學津本、四部本、叢編本作「侔子」。

趙擊魏。魏遂大興師，使龐涓將，而令太子申為上將軍。過外黃，外黃徐子謂太子曰：『臣有百戰百勝之術。』太子曰：『可得聞乎？』客曰：『固願傚之。』曰：『太子自將攻齊，大勝並莒，則富不過有魏，貴不益為王。若戰不勝齊，則萬世無魏。此臣之百戰百勝之術也。』太子曰：『諾，請必從公之言而還矣。』客曰：『太子雖欲還，恐不得矣。彼勸太子戰攻，欲啜汁者眾。太子雖欲還，恐不得矣。』太子因欲還，其御曰：『將出而還，與北同。』太子果與齊人戰，敗於馬陵。齊虜魏太子申，殺將軍涓，軍遂大破。」劉向《別錄》曰：「徐子，外黃人也，外黃時屬宋。」

《魯仲連子》十四篇〔一〕。有列傳〔二〕。

【集釋】

〔一〕張舜徽《漢書藝文志通釋》：「隋、唐、宋《史志》均有著錄，宋以後遂亡。嚴可均、馬國翰均有輯本。」馬國翰輯本序曰：「《戰國策》載其六篇，其《卻秦軍》、《說燕將》二篇《史記》亦載，文句不同，參互校訂。又搜採《意林》、《御覽》等書，得佚文二十五節，合錄一卷。指意在於勢數，未能純粹合賢聖之義，然高才遠致，讀其書，想見其為人矣。」（以上論著錄源流）張舜徽《漢書藝文志通釋》：「魯仲連，戰國齊人。……史稱其好奇偉俶儻之畫策，而不肯仕官任職，人皆欽其高節。常出遊各國，排難解紛。當秦軍圍趙都邯鄲甚急時，曾以利害進說趙魏大臣，阻其尊秦昭王為帝，秦軍乃引去。其後燕將攻下齊之聊城，重兵固守。齊將田單圍攻歲餘不能克。魯連遺燕將書，約之矢以射城中，勸其撤守，事功既成，而堅辭祿賞，逃隱海上。其意趣甚遠，合乎儒者『不事王侯，高尚其事』之旨，故其書列入儒家。」（以上論學術源流）

〔二〕《史記》本傳：「魯仲連者，齊人也。好奇偉俶儻之畫策，而不肯仕宦任職，好持高節。遊於趙。趙孝成王時，而秦王使白起破趙長平之軍前後四十餘萬，秦兵遂東圍邯鄲。趙王恐，諸侯之救兵莫敢擊秦軍。魏安釐王使將軍晉鄙救趙，畏秦，不進，止於蕩陰不進。魏王使客將軍新垣衍間入邯鄲，因平原君謂趙王……使尊秦昭王為帝。……此時魯仲連適遊趙……乃見平原君，曰：『梁客新垣衍安在？吾請為君責而歸之。』於是衍不敢復言帝秦。會魏公子無忌奪晉鄙軍救趙，秦軍遂引而去。於是平原君欲封魯連，魯連辭讓者三，終不肯受。平原君乃置酒，酒酣起前，以千金為魯連壽。魯連

笑曰：『所貴於天下之士者，為人排患釋難解紛亂而無取也。即有取者，是商賈之事也，而連不忍為也。』遂辭平原君而去，終身不復見。其後二十餘年，燕將攻下聊城，聊城人或讒之燕，燕將懼誅，因保守聊城，不敢歸。齊田單攻聊城歲餘，士卒多死，而聊城不下。魯連乃為書，約之矢以射城中，遺燕將書。……燕將見魯連書，泣三日，猶豫不能自決。……乃自殺。聊城亂，田單遂屠聊城。歸而言魯連，欲爵之。魯連逃隱於海上，曰：『吾與富貴而詘於人，寧貧賤而輕世肆志焉。』……太史公曰：『魯連其指意雖不合大義，然余多其在布衣之位，蕩然肆志，不詘於諸侯，談說於當世，折卿相之權。』」

《平原老》七篇〔一〕。朱建也〔二〕。○宋祁曰：「老，一作君。」〔三〕

【集釋】

〔一〕是書《隋》、《唐志》皆不著錄，亡佚甚早。馬國翰有輯本一卷，序曰：「《建本傳》只記其救辟陽侯事，與鄒陽說竇長君絕類，要皆戰國之餘習。乃班《志》於鄒陽入縱橫家，於平原君則入儒，必其佚篇多雅正語，今不可見矣。第取本傳中《說閎籍孺》一篇，附載事蹟，聊備觀覽云爾。」

〔二〕沈濤《銅熨斗齋隨筆》云：「書既為建所作，不應廁魯連、虞卿之間，蓋後人誤以為六國之平原君，而移易其次第。」〔註19〕姚振宗《漢書藝文志條理》：「自分條刊刻以來，割裂破碎，多非本來舊第，如此一條當在《孝文傳》之後。《詩賦略》有朱建賦二篇，次枚皋、莊匆奇之間。」

〔三〕姚振宗《漢書藝文志條理》云：「又一本作《平原老》，今考高帝賜號平原君，太史公亦曰平原君，又云『平原君子與余善』，則作『老』字者非也。」蔣伯潛《諸子通考》持論相反：「官本『君』作『老』。高似孫《子略》亦作『平原老』。作『君』者誤也。但《漢志》錄書以作者先後為序，則此書當列下《高祖傳》之後。」

《虞氏春秋》十五篇〔一〕。虞卿也〔二〕。

【集釋】

〔一〕《隋志》、《唐志》皆不著錄，佚已久，馬國翰有輯本一卷。（以上論著錄源

〔註19〕張舜徽《漢書藝文志通釋》亦云：「朱建，漢初楚人，《史》、《漢》皆有傳。此書七篇，既為建作，不應廁魯連、虞卿之間。」

流）張舜徽《漢書藝文志通釋》：「虞卿者，游說之士也（司馬遷語）。徒以不得大有為於當世，乃發憤以圖不朽。此太史公所謂『虞卿非窮愁，亦不能著書以自見於後世』也。……長於《春秋》之學，學醇於儒，故此十五篇亦列入儒家也。」《史通・六家》云：「晏子、虞卿、呂氏、陸賈，其書篇第本無年月，而亦謂之《春秋》。」陳朝爵《漢書藝文志約說》案：「陸賈《楚漢春秋》，班氏列春秋家，而《晏子》、《虞氏春秋》列子部儒家，是孟堅例之不純者。」（以上論學術源流）

〔二〕《史記》本傳：「虞卿既以魏齊之故，不重萬戶侯卿相之印，與魏齊間行，卒去趙，困於梁。魏齊已死，不得意，乃著書，上採《春秋》，下觀近世，曰《節義》、《稱號》、《揣摩》、《政謀》，凡八篇。以刺譏國家得失，世傳之曰《虞氏春秋》。太史公曰：『……虞卿料事揣情，為趙畫策，何其工也！及不忍魏齊，卒困於大梁，庸夫且知其不可，況賢人乎？然虞卿非窮愁，亦不能著書以自見於後世云。』」

《高祖傳》十三篇〔一〕。高祖與大臣述古語及詔策也。

【集釋】

〔一〕嚴可均《全漢文敘錄》：「《漢志》儒家《高帝傳》十三篇，魏相表奏高皇帝所述書《天子所服第八》即十三篇之一也。其他見於諸史傳記者，有詔二十二篇，手敕、賜書、告諭、令答、鐵券、盟誓等十五篇，總凡三十八篇。」（以上論著錄源流）梁啟超《漢書藝文志諸子略考釋》曰：「此及《孝文傳》，以入儒家，本無取義。殆因編《七略》時未有史部，詔令等無類可歸，姑入於此耳。」張舜徽《漢書藝文志通釋》：「高帝既常與儒生述古，又時頒詔策以論國政。簡牘漸多，故有人裒輯以為《高祖傳》十三篇……然則《漢志》著錄之十三篇，蓋其中之尤要者也。所載言論，多與儒近，故列之儒家。」（以上論學術源流）今按：梁啟超之說未免武斷，張舜徽的解釋較為合理。

《孝文傳》十一篇〔一〕。文帝所稱及詔策。

【集釋】

〔一〕王應麟《漢藝文志考證》曰：「《史記・文帝紀》凡詔皆稱『上曰』，以其出於帝之實意也。」顧實《漢書藝文志講疏》曰：「《史記・文紀》，凡詔皆稱

『上曰』，蓋即此類之文。文帝黃老之治，而入儒家，道、儒固相通也。」

今按：此書早佚，《隋志》已不著錄。

《陸賈》二十三篇〔一〕。

【集釋】

〔一〕《陸賈傳贊》曰：「凡著書十二篇，號曰《新語》。」《史記·陸賈傳》同。
「新語」之名亦見於班固《答賓戲》、王充《論衡·書解篇》。《史記》本傳
《正義》引《七錄》曰：「《新語》二卷，陸賈撰。」《隋志》、《唐志》均作
二卷。《玉海》曰：「今存《道基》、《雜事》、《輔政》、《無為》、《資質》、《至
德》、《懷慮》七篇。」朱一新曰：「今存二卷，十二篇。」嚴可均校錄序曰：
「《史記》本傳：『陸賈者，楚人也。時時前說稱《詩》、《書》，高帝曰：試
為我著秦所以失天下，吾所以得之者。乃粗述存亡之徵，凡著十二篇。每
奏一篇，高帝未嘗不稱善，左右呼萬歲，號其書曰《新語》。』《漢書》本
傳同，《藝文志》作二十三篇，疑兼他所論撰計之。《史記正義》引梁《七
錄》：『《新語》二卷，陸賈撰。』《隋志》、《舊》、《新唐志》皆同，《崇文總
目》、《郡齋讀書志》、《直齋書錄解題》皆不著錄。王伯厚《漢藝文志考證》
云：『今存《道基》、《雜事》、《輔政》、《無爵》、《資質》、《至德》、《懷慮》
七篇。』蓋宋時此書佚而復出，出亦不全。至明弘治間，莆陽李廷梧字仲
陽得十二篇足本，刻版於桐鄉縣治。……或疑明本反多於王伯厚所見，恐
是後人不全之本補綴篇，以合本傳篇數，今知不然者：《群書治要》載有八
篇，其《辯惑》、《本行》、《明誠》、《思務》四篇皆非王伯厚所見，而與明
本相同……足知多出五篇是隋、唐原本……」〔註20〕顧實《漢書藝文志講
疏》曰：「本傳曰：『陸賈，楚人。凡著十二篇，號其書曰《新語》。』此作
二十三篇，蓋兼他所著者計之。」（以上論著錄源流）張舜徽《漢書藝文志
通釋》：「漢初天下甫定，以儒學匡弼高帝而有所述造者，以陸賈為最先。
實於開國弘規，大有關係。……傳至宋代，已殘缺不全。故王應麟撰《漢
書藝文志考證》時，所見僅七篇。至明弘治間，始有人得十二篇足本刻之。
《群書治要》載有八篇，多為王應麟所未見，而與明本大致相合。今《四
部叢刊》本，即影印明本也。嚴可均謂『漢代子書，《新語》最純最早。貴

〔註20〕見浙江文叢本《嚴可均集》卷五。按：此與戊申年《國粹學報》所載《藏書志》
文字頗有出入。又按：嚴氏所說，足以解《四庫全書總目》之惑。

仁義，賤刑威。述《詩》、《書》、《春秋》、《論語》，紹孟、荀而開賈、董，卓然儒者之言」。評論切當，殆非虛譽。陸賈尚有《楚漢春秋》九篇，在《六藝略》春秋家。」（以上論學術源流）

《劉敬》三篇〔一〕。

【集釋】

〔一〕其書早佚，《隋志》已不著錄。馬國翰有輯本一卷，序曰：「《漢志》儒家《劉敬》三篇，《隋》、《唐志》不著目。其《說都秦》、《說和親》、《說徙民》皆見本傳中，今據錄之。敬之為策，大抵權宜救時之計。然漢兼王霸以為家法，則當日之列於儒家者，蓋有由矣。」張舜徽《漢書藝文志通釋》：「劉敬，本姓婁，齊人。高帝從其言西都關中後，曾曰：『本言都秦地者婁敬。婁者，劉也。』賜姓劉氏，拜為郎中，號曰奉春君。《史記》列傳題劉敬，《漢書》則作婁敬，二傳可以互勘。」

《賈山》八篇〔一〕。

【集釋】

〔一〕其書亡佚。馬國翰有輯本，序曰：「《漢志》儒家《賈山》八篇，今只傳《至言》一篇。若《諫文帝除鑄錢》、《訟淮南王》、《言柴唐子》三疏，當在八篇中，而世不傳。本傳全載《至言》，據錄為卷。真西山稱其為忠臣防微之論，而以陳善閉邪許之。王伯厚謂山之才亞於賈誼，其學粹於鼂錯。乃班書以涉獵書記，不能為醇儒斷之，豈其然乎？」（以上論著錄源流）張舜徽《漢書藝文志通釋》：「班書謂山涉獵書記不能為醇儒者，言其為學不守章句，但務博涉，不能為醇粹專經之學也。……《漢書》本傳稱其『祖父袪，故魏王時博士弟子也，山受學袪』。可知其家世學業，而又與其先人異趣矣。今觀山言治亂之道，借秦為喻，名曰《至言》。大意謂聖主以和顏受諫而興，秦以不聞過失而亡。於文帝二年上書陳之。直言極諫，侃侃而談，要非深於儒術者不能道也。」（以上論學術源流）

《太常蓼侯孔臧》十篇。〔一〕父聚，高祖時以功臣封，臧嗣爵。〔二〕

【集釋】

〔一〕清周壽昌《漢書注校補》卷二十八曰：「《隋·經籍志》梁有漢太常《孔臧集》

二卷。亡。壽昌案：臧為高祖功臣蓼夷侯孔聚，《史記》所稱為孔將軍者之子也。臧以功臣子襲爵，官太常而名重。儒家有書十篇，載入《七略》，又賦家入賦二十篇，亦漢初儒雋中才學之並茂者。而出自功臣子，尤可異也。宋晁公武《讀書雜志》有云：『漢孔臧以所著賦與書謂之《連叢》，附於《孔叢子》之後。』壽昌考《孔叢子》漢初未出，至東漢末始有其書。則臧書之名《連叢》，疑後人偽託也。然其書名，已載入宋《中興館閣書目》及宋人《邯鄲書目》，《通考》、《玉海》俱引之。」宋王應麟《漢藝文志考證》：「先時嘗為賦二十四篇，四篇別不在集，似其幼時之作也。又為書與從弟，及戒子，皆有義。」（以上論著錄源流）蔣伯潛《諸子通考》：「殆《孔臧集》以此十篇為一卷，賦二十篇又為一卷歟？梁代已徑稱之曰『集』，則此十篇本亦綴單篇而成一書，與東漢後之『別集』相同；但尚無『集』稱已。專書之著述衰，而單篇之文章盛，於是學者少而文人多。故『子』與『集』之遞嬗，為學術史、文章史上一大轉變。此種轉變，蓋自西漢始也。晁公武曰：『臧以所著書與賦，謂之《連叢》，附《孔叢子》後。』按《孔叢子·連叢》上有《諫格虎賦》、《楊柳賦》、《鴞賦》、《蓼蟲賦》四篇，殆即所謂不在集之四篇歟？」（以上論學術源流）

〔二〕《孔叢·連叢子》云：「（臧）歷位九卿，遷御史大夫。辭曰：『臣世以經學為業，……乞為太常典禮，……與安國紀綱古訓，使永垂來嗣。』孝武皇帝難違其意，遂拜太常典禮，賜如三公。在官數年，著書十篇而卒。」《漢書·高惠高后文功臣侯表第四》：「蓼夷侯孔聚，以執盾前元年從起碭，以左司馬入漢，為將軍，三以都尉擊項籍，屬韓信，侯。高帝六年正月丙午封，三十年薨。孝文九年，侯臧嗣，四十五年，元朔三年，坐為太常衣冠道橋壞不得度，免。」

《賈誼》五十八篇〔一〕。

【集釋】

〔一〕《隋志》、《舊唐書·經籍志》均稱其書《賈子》，《唐書·藝文志》始改題《賈誼新書》。今所存者，實僅五十六篇。（以上論著錄源流）《黃氏日鈔》曰：「賈誼天資甚高，議論甚偉，一時無與比者。其後經畫漢世變故，皆誼遺策。」章學誠《校讎通義》曰：「《賈誼》五十八篇收於儒家，然與法家當互見。」蔣伯潛《諸子通考》云：「按本傳，賈誼為吳廷尉所賞薦。

吳廷尉嘗學於同邑李斯。賈誼之被徵為博士，乃由通諸子百家。故章學誠謂當互見於法家也。其《鵩鳥賦》，同生死，輕去就，則又深有得於道家矣。近人章炳麟《春秋左傳讀敘錄》曰：『賈誼書引用《春秋內外傳》甚多，而其《道術篇》、《六術篇》、《道德說篇》，正是訓詁之學，蓋有得於正名，為政者也。』是賈誼又長於經術矣。賈誼所兼長，不但經術，尚有辭賦。蓋西漢學者本不專主一家，如陸賈，亦以儒而兼縱橫者也。」又云：「賈誼早卒，疑其書為後人欽佩誼者，取其論著、奏議、辭賦、雜集編綴而成，故朱子謂似雜記稿，《四庫書目提要》譏其餖飣。《新書》已非諸子專門著述之性質，而為東漢以後別集之濫觴。」陳朝爵《漢書藝文志約說》：「賈誼傳《左氏春秋》，見《儒林傳》。其學則儒而兼法者，王船山論之詳矣。」張舜徽《漢書藝文志通釋》：「《漢書》本傳贊引『劉向稱賈誼言三代與秦治亂之意，其論甚美，通達國體，雖古之伊、管，未能遠過也。使時見用，功化必盛。為庸臣所害，甚可悼痛。追觀孝文玄默躬行以移風俗，誼之所陳，略施行矣。誼亦天年早終，雖不至公卿，未為不遇也』。……至其論政之文，如《過秦論》、《治安策》，篇長氣盛，讀之令人神旺，至今猶膾炙人口。」（以上論學術源流）

《河間獻王》三篇〔一〕。

【集釋】

〔一〕其書早佚。馬國翰有輯本一卷，序曰：「《說苑·君道篇》、《建本篇》引四節，據輯，並取《春秋繁露》所載問《孝經》一節附後。其說稱述古聖，粹然儒者之言。」（以上論著錄源流）《漢書·景十三王傳》云：「武帝時，獻王來朝，獻雅樂，對三雍宮〔註21〕及詔策所問三十餘事。其對推道術而言，得事之中，文約指明。」王應麟《漢藝文志考證》引司馬公曰：「獻王得《周官》、《左氏春秋》、《毛氏詩》而立之。《周禮》者，周公之大典；毛氏言《詩》最密；《左氏》與《春秋》相表裏。三者不出，六藝不明。微獻王，則六藝其遂噎乎！故其功烈，至今賴之。」（以上論學術源流）

〔註21〕〔三雍宮〕亦稱「三雍」。漢時對辟雍、明堂、靈臺的總稱。《漢書·河間獻王傳》：「武帝時，獻王來朝，獻雅樂，對三雍宮及詔策所問三十餘事。」顏師古注引應劭曰：「辟雍、明堂、靈臺也。雍，和也，言天地君臣人民皆和也。」《後漢書·儒林傳上》：「中元元年，初建三雍。明帝即位，親行其禮。」唐張繼《河間獻王墓》詩：「頻求千古書連帙，獨對三雍策幾篇。」

《董仲舒》百二十三篇〔一〕。

【集釋】

〔一〕王應麟《漢藝文志考證》曰：「《春秋繁露》十七卷，今八十二篇，始《楚莊王》，終《天道施》，三篇闕。又即用『玉杯』、『竹林』題篇，疑後人附著。」王先謙《漢書補注》曰：「按本傳『仲舒所著，皆明經術之意，及上疏條教，凡百二十三篇。而說春秋事得失，《聞舉》、《玉杯》、《蕃露》、《清明》、《竹林》之屬，複數十篇，十餘萬言』。是此百二十三篇早亡，不在《繁露》諸書內也。」（以上論著錄源流）《黃氏日鈔》曰：「自孟子沒後，學聖人之學者惟仲舒。其天資粹美，用意純篤，漢唐諸儒鮮其比者。使幸而及門於孔氏，親承聖訓，庶幾四科之流亞歟？」張舜徽《漢書藝文志通釋》：「董仲舒專治《公羊春秋》，為漢初今文經學大師。景帝時為博士，武帝時官至江都相及膠西王相。其說經雖以儒家思想為中心，而雜以陰陽五行之說，借天道以明人事。欲以天變災異，對時君進規諫。……今日通行之《春秋繁露》十七卷，《漢志》不載，始著錄於《隋志》經部春秋類。其書自《楚莊王》第一至《天道施》第八十二，凡八十二篇。其書發明《春秋》大義者，僅十之四五；其餘多篇，率泛論性與天道及治國之要。而《離合根》、《立元神》、《保位權》諸篇，闡明人君南面術，尤為深切。可知其所論述，非專為《春秋》作也。竊疑此書既不見於《漢志》，所起必晚。殆漢以後人收拾董氏遺文如百二十三篇中之零散篇章，裒輯以成斯編。今之稽考董氏學術思想者，仍必究心於此。」（以上論學術源流）

《兒寬》九篇〔一〕。

【集釋】

〔一〕其書亡佚，馬國翰有輯本。姚振宗《漢書藝文志條理》曰：「兒寬遺文略可考見者僅此，前兩篇當在禮家《封禪議對》十九篇中，《改正朔議》或當在此書。」王先謙《漢書補注》引葉德輝曰：「本傳引對封禪一事、《律曆志》引議改正朔一事，餘無考。」（以上論著錄源流）張舜徽《漢書藝文志通釋》：「《漢書》本傳稱寬治《尚書》，事歐陽生，以郡國選詣博士，受業孔安國。張湯為廷尉時，以寬為掾。嘗見武帝語經學，帝大悅。擢為中大夫，遷左內史，後拜御史大夫。而《本傳贊》復云：『漢之得人，於茲為盛，儒雅則公孫弘、董仲舒、兒寬。』」（以上論學術源流）

《公孫弘》十篇〔一〕。

【集釋】

〔一〕其書散佚，馬國翰有輯本，序曰：「《漢志》儒家《公孫弘》十篇，今不傳，本傳載其對策、上疏、對問之語，《藝文類聚》、《太平御覽》亦引之，並據輯錄，凡五十篇。」（以上論著錄源流）《西京雜記》曰：「公孫弘著《公孫子》，言刑名事，亦謂字直百金。」王先謙《漢書補注》引葉德輝曰：「《藝文類聚》鱗介部引弘《答東方朔書》云：『譬猶龍之未升，與魚鱉可伍，及其昇天，鱗不可睹。』《御覽》帝王部引公孫弘曰：『舜牧羊於黃河，遇堯，舉為天子。』皆佚文也。本傳載弘對策上武帝書。」張舜徽《漢書藝文志通釋》：「公孫弘少為獄吏，年四十餘，乃學《春秋》雜說，武帝初以賢良文學為博士，詔徵文學，弘復對策，擢第一。累遷至丞相，封平津侯。……其為人多忌，外寬內深，嘗與有隙者，必乘間報之。殺主父偃，徙董仲舒於膠西，皆弘所為也。人多譏其曲學阿世，故能持祿保寵。亦以熟習文法吏治，始得久居高位耳。其所為文，辭旨安雅，今但觀其存於本傳中者，猶不失敦謹之意。」（以上論學術源流）

《終軍》八篇〔一〕。

【集釋】

〔一〕遺文除了載於本傳的四篇外，餘皆散佚。馬國翰有輯本，序曰：「《漢志》儒家《終軍》八篇，今見本傳者四篇，餘皆散佚不可復見，茲據輯錄。其文若不經意，而音節自諧宜，林希元歎為天與之奇才，而惜其年之不永也。」嚴可均《全上古三代秦漢三國六朝文》全漢文卷二十七收錄終軍《白麟奇木對》、《奉詔詰徐偃矯制狀》、《自請使匈奴》、《自請使南越》等篇。今按：《漢書》本傳稱軍少好學，以辯博能屬文聞於郡中。（以上論著錄源流）

《吾丘壽王》六篇〔一〕。

【集釋】

〔一〕《漢書補注》引葉德輝曰：「本傳有《駁公孫弘禁民挾弓弩》、《說汾陰寶鼎》二篇，《藝文類聚》武部引《驃騎論功論》一篇。」張舜徽《漢書藝文志通釋》：「《漢書》本傳稱壽王年少以善格五，召待詔。詔使從中大夫董仲舒受《春秋》，高材通明，遷侍中中郎。累遷至光祿大夫侍中。……《隋志》云：

「梁有《五丘壽王集》二卷，亡。馬國翰有輯本。」

《虞丘說》一篇〔一〕。難孫卿也。

【集釋】

〔一〕其書亡佚。（以上論著錄源流）姚振宗《漢書藝文志條理》曰：「《史記》孫
　　叔敖，楚之處士，虞丘相進於王，以自代。《說苑》虞丘子為令尹，在莊王
　　時。虞丘，一作吾丘。又案《氏族略》云『晉大夫虞丘子著書』，似因晉虞
　　丘書傳訛。此虞丘名說，未詳其始末。《志》列吾丘壽王、莊助之間，則武
　　帝時人。馬氏以為即吾丘壽王，殆以此說為所說之書，然例以上下文，殊不
　　然也。」王先謙《漢書補注・藝文志》曰：「虞、吾字同，虞丘即吾丘也。
　　此壽王所著雜說。」（以上論學術源流）

《莊助》四篇〔一〕。

【集釋】

〔一〕《漢志》著錄其遺文四篇而早亡，馬國翰有輯佚一卷。（以上論著錄源流）姚
　　明輝《漢書藝文志注解》曰：「本書列傳稱嚴助，避後漢明帝諱也。《志》蓋
　　據《七略》原文不追改。」（以上論作者姓氏）

《臣彭》四篇〔一〕。

【集釋】

〔一〕其書亡佚。（以上論著錄源流）姚振宗《漢書藝文志條理》曰：「臣彭無考。
　　案此佚其姓氏爵里，在《錄》、《略》亦不得其詳，故唯就其所署，題曰『臣
　　彭』耳。大抵亦與虞丘說同為武帝時人。」張舜徽《漢書藝文志通釋》：「古
　　人著書為文，或應制而作，或獻之於朝，故皆題『臣』字於姓名之上，亦
　　有不標其姓者。此書四篇而稱臣彭，亦猶《漢書》注中之有臣瓚耳。」（以
　　上論作者時代）

《鉤盾冗從李步昌》八篇〔一〕。宣帝時數言事。○宋祁曰：「兄，當作冗。」

【集釋】

〔一〕其書亡佚。（以上論著錄源流）王應麟《漢書藝文志考證》：「《百官表》少
　　府有鉤盾令丞。《注》：『鉤盾主近苑囿。』《枚皋傳》：『與冗從爭。』《注》：
　　『冗從，散職。』」王先謙《漢書補注》引沈欽韓曰：「《續百官志注》，漢

官白鉤盾令，從官四十人。」姚振宗《漢書藝文志條理》曰：「《詩賦略》中有《李步昌賦》二篇，蓋宣帝時奏御，固能文之士也。」（以上論作者事蹟）

　　《儒家言》十八篇〔一〕。不知作者。

【集釋】

　　〔一〕其書亡佚。（以上論著錄源流）姚振宗《漢書藝文志條理》曰：「此似劉中壘哀錄無名氏之說以為一編。其下道家、陰陽家、法家、雜家皆有之，並同此例。」（以上論著書體例）張舜徽《漢書藝文志通釋》：「昔之讀諸子百家書者，每喜撮錄善言，別鈔成帙。《漢志・諸子略》儒家有《儒家言》十八篇，道家有《道家言》二篇，法家有《法家言》二篇，雜家有《雜家言》一篇，小說家有《百家》百三十九卷，皆古人讀諸子書時撮鈔群言之作也。可知讀書摘要之法，自漢以來然矣。後人傚之，遂為治學一大法門。《文心雕龍・諸子篇》亦言『洽聞之士，宜撮綱要。覽華而食實，棄邪而採正。』韓愈《進學解》復謂『紀事者必提其要，纂言者必鉤其玄』。證之隋、唐史志，梁庾仲容、沈約皆有《子鈔》。兩宋學者，尤勤動筆。《直齋書錄解題》有司馬溫公《徽言》，乃溫公讀諸子書時手鈔成冊者也。此皆步趨漢人讀書之法，行之而有成者。《漢志》悉將此種鈔纂之編，列諸每家之末，猶可考見其類例。古人於此類摘鈔之書，不自署名，且未必出於一手，故不知作者也。」（以上論讀書方法）

　　桓寬《鹽鐵論》六十篇〔一〕。〇師古曰：「寬，字次公，汝南人也。孝昭帝時，丞相、御史與諸賢良文學論鹽鐵事，寬撰次之。」

【集釋】

　　〔一〕今存。陳振孫《書錄解題》曰：「凡六十篇，其末曰《雜論》，班書取以為論贊。」《四庫提要》曰：「《鹽鐵論》十二卷，……凡六十篇，實則篇各標目，反覆問答，諸篇皆首尾相屬。後罷榷酤，而鹽鐵則如舊，故寬作是書惟以『鹽鐵』為名，蓋惜其不盡行也。……所論皆食貨之事，而言皆述先王，稱六經，故諸史皆列之儒家。」（以上論著錄源流）張舜徽《漢書藝文志通釋》：「漢昭帝時，詔郡國舉賢良文學之士，問以民所疾苦，皆謂宜罷鹽鐵、榷酤，與御史大夫桑弘羊等互相詰難。後榷酤雖罷，而鹽鐵如舊。宣帝時，桓寬哀錄當日兩方辯論之語，集成是書，即以鹽鐵標題。賢良文

學之士所言皆述先王、稱六經，故自《漢志》以下，皆列此書於儒家。自《本議》至《雜論》凡六十篇。」章炳麟《國故論衡·論式篇》曰：「漢論著者，莫如《鹽鐵》；然觀其駁議，御史大夫、丞相言此，而文學、賢良言彼，不相剴切。有時牽引小事，攻劫無已，則論已離其宗。……其文雖博麗哉，以持論則不中矣。」蔣伯潛《諸子通考·鹽鐵論考》：「《漢志》曰：『雜家者流，蓋出於議官。』《鹽鐵論》非桓寬一人之言，乃集錄賢良、文學之士與丞相、御史大夫集議罷鹽鐵、榷酤之辯論，是真出於議官者，則當列之雜家矣。」（以上論學術源流）

《劉向所序》六十七篇〔一〕。《新序》、《說苑》、《世說》、《列女傳》、《頌》、《圖》也。

【集釋】

〔一〕《新序》、《說苑》、《列女傳》三書列儒家，章學誠對此不以為然，其《校讎通義》曰：「《說苑》、《新序》雜舉春秋時事，當互見《春秋》之篇。《世說》今不詳；本傳所謂『《疾讒》、《摘要》、《救危》及《世頌》諸篇，依興古事，悼己及同類也』，似亦可以互見《春秋》矣。惟《列女傳》本採《詩》、《書》，所採婦德可垂法戒之事，以之諷諫宮闈，則是史家傳記之書；而《漢志》未有傳記專門，亦當附次《春秋》之後可矣。至其引《風》綴《雅》，託興六義，又與《韓詩外傳》相為出入，則附注於《詩經》，部次庶幾相合。總之，非諸子儒家也。」顧實《漢書藝文志講疏》曰：「稱曰所序者，蓋猶今之叢書也。本傳云：『向採傳記，著《新序》、《說苑》凡五十篇。序次《列女傳》凡八篇，著《疾讒》、《摘要》、《救危》及《世頌》凡八篇。』《疾讒》、《摘要》、《救危》、《世頌》，蓋皆《世說》中篇目，即《世說》也。《隋志》：《新序》三十卷，《說苑》二十卷，卷即是篇，是五十篇。合《世說》八篇，《列女傳》八篇，凡十六篇。又加《列女傳圖》一篇，恰符《漢志》六十七篇之數。今《世說》八篇亡，《列女傳圖》一篇亦亡，《新序》亡二十篇，存十篇，凡餘三十八篇。」蔣伯潛《諸子通考·劉向所序考》：「所謂『劉向所序』乃總括劉向之著述而言也。《隋志》則《新序》、《說苑》仍列儒家，《列女傳》改入史部雜傳類。《四庫全書》，《列女傳》亦在史部傳記類中。」張舜徽《漢書藝文志通釋》：「劉向字子政，本名更生，為楚元王交四世孫，事蹟附《漢書·楚元王傳》。向學問淵博，通達能文，專精思於經術，治《春秋穀梁傳》。

宣帝時為諫大夫，累遷給事中。坐事免，復起，乃更名向。拜郎中，累遷光祿大夫，終中壘校尉。成帝和平三年，詔向領校群書。分群書為六大類，向自校經傳、諸子、詩賦。其他兵書、數術、方技，各委專才，而向總其成。每書校畢，向輒條其篇目，撮其指意，各為敘錄一篇。後又哀集眾錄，使可別行，名曰《別錄》。辨章學術，厥功甚偉。其所自為之書，除《漢志》儒家著錄六十七篇外，尚有《五行傳記》十一卷，見《六藝略》尚書家；《賦》三十三篇，見《詩賦略》屈賦類。又有《五經通義》，早佚，馬國翰有輯本一卷。」

　　《揚雄所序》 三十八篇〔一〕。《太玄》十九〔二〕，《法言》十三〔三〕，《樂》四〔四〕，《箴》二〔五〕。

【集釋】

〔一〕張舜徽《漢書藝文志通釋》：「揚雄字子雲，西漢末期成都人。史稱其少而好學，不為章句，訓詁通而已。博覽無所不見。……作《太玄》以擬《易》，作《法言》以擬《論語》，仿《倉頡篇》作《訓纂》，仿《虞箴》作《州箴》。述造雖富，而仕途不顯。歷事成、哀、平、新莽四朝，均抑鬱不得志。成帝時曾為給事黃門郎，王莽時校書天祿閣，轉為大夫。……桓譚獨許其書之必傳。至東漢魏晉時，已有人哀集其遺文。故《隋志》、《唐志》皆有《雄集》五卷，其本久佚。宋譚愈、明鄭璞又續輯之。清嚴可均輯錄其遺文共四卷，較詳備，在《全漢文編》中。其他專著，皆別行於世。」

〔二〕《太玄》，仿《易》而作，且參以「卦氣」之說。如以「家」準「卦」，以「首」準「彖」，以「贊」準「爻」，以「測」準「象」，以「文」準《文言》，以「摛」、「瑩」、「掜」、「圖」、「止」準《繫辭》，以「數」準《說卦》，以「錯」準《雜卦》。

〔三〕《法言》十三篇，本傳列舉其篇名：《學行》、《吾子》、《修身》、《問道》、《問神》、《問明》、《寡見》、《五百》、《先知》、《重黎》、《淵騫》、《朋子》、《孝至》。今存本分為十卷。此書係仿《論語》而作。

〔四〕《樂》四篇今已亡佚。

〔五〕《後漢書·胡廣傳》曰：「初，楊雄依《虞箴》作十二《州箴》，二十五《官箴》，其九箴亡缺。」顧實《漢書藝文志講疏》：「沈欽韓：『「箴二」下有脫字。』」或曰即指《十二州》、《二十五官》兩種箴言之。

《伊尹》五十一篇〔一〕。湯相〔二〕。

【集釋】

〔一〕清周壽昌《漢書注校補》卷二十八：「小說家有《伊尹說》二十七篇，較此少二十四篇，多一說字。注云語淺薄，似依託也。案《史記·殷本紀·集解》引《七略別錄》云：《伊尹》五十一篇，《史記》伊尹從湯言素王及九主之事。九主者，有法君、專君、授君、勞君、等君、寄君、破君、國君、三歲社君，凡九品，圖畫其形，其書《隋》、《唐志》俱不著錄，佚已久。」馬國翰有輯本，序曰：「《隋》、《唐志》均不著錄，佚已久。茲從《逸周書》、《呂氏春秋》、《齊民要術》、《七略》、《別錄》、《說苑》、《尸子》等書輯得十一篇……至於九主之名及阻職貢之策，與戰國術士語近，殆所謂依託者乎？今亦不能區分，依班《志》入道家云。」（以上論著錄源流）王應麟《漢藝文志考證》曰：「《說苑·臣術篇》、《呂氏春秋》皆引伊尹對湯問。愚謂孟子稱伊尹曰：『天之生此民也，使先知覺後知，使先覺覺後覺也。予，天民之先覺者也。予將以斯道覺斯民也，非予覺之而誰也！』伊尹所謂道，豈老氏所謂道乎？《志》於兵權謀省《伊尹》、《太公》而入道家，蓋戰國權謀之士，著書而託之伊尹也。《湯誓》序曰：『伊尹相湯伐桀，升自陑。』孔安國謂出其不意，豈知伊尹者哉？傳伊尹之言者，孟子一人而已。」清姚振宗《漢書藝文志條理》曰：「道家之言託始黃帝。史言伊尹從湯，言素王之事，蓋亦述黃、虞之言為多，此其所以為道家之祖，而老子猶其後起者也。又太史公《素王妙論》云：『管子設輕重九府，行伊尹之術，則桓公以霸。』是管仲《輕重》、《九府》等篇本之於伊尹是書。」章太炎《訄書·儒道第四》：「學者謂黃、老足以治天下，莊氏足以亂天下。夫莊周憤世湛濁，已不勝其怨，而託巵言以自解，因以彌論萬物之聚散，出於治亂，莫得其耦矣。其於興廢也何庸？老氏之清靜，效用於漢。然其言曰：『將欲取之，必固與之。』其所以制人者，雖范蠡、文種，不陰鷙於此矣。故吾謂儒與道辨，當先其陰鷙，而後其清靜。韓嬰有言：『行一不義，殺一不辜，雖得國，可恥。』儒道之辨，其揚榷在此耳。然自伊尹、大公有撥亂之才，未嘗不以道家言為急（《漢藝文志》道家有《伊尹》五十一篇、《大公》二百三十七篇），跡其行事，與湯、文王異術，而鉤距之用為多。今可睹者，猶在《逸周書》。老聃為柱下史，多識故事，約《金版》、《六弢》之旨，著五千言，以為後世陰謀者法。其治天下同其術，甚

異於儒者矣。故周公祇齊國之政，而仲尼不稱伊、呂，抑有由也。且夫儒家之術，盜之不過為新莽；而盜道家之術者，則不失為田常。漢高祖得本，不求贏財帛，婦女不私取，其始與之，而終以取之，比於誘人以《詩》、《禮》者，其廟算已多。夫不幸污下，以至於盜，而道猶勝於儒。然則憤鳴之夫，有訟言偽儒，無訟言偽道，固其所也。雖然，是亦可謂防竊鉤而逸大盜者也。」顧實《漢書藝文志講疏》曰：「《呂覽·本位篇》述伊尹之言，當出此書。《史記·殷本紀》云：『伊尹從湯，言素王九主之事』，則所謂君人南面之術也。」王仁俊《漢藝文志考證校補》：「《說文解字》屢引伊尹說。」（以上論學術大旨）

〔二〕《史記·殷本紀》：「伊尹名阿衡。阿衡欲奸湯而無由，乃為有莘氏媵臣，負鼎俎，以滋味說湯，致於王道。或曰，伊尹處士，湯使人聘迎之，五反然後肯往從湯，言素王及九主之事。湯舉任以國政。伊尹去湯適夏。既醜有夏，復歸於亳。入自北門，遇女鳩、女房，作《女鳩女房》。……湯乃踐天子位，平定海內，……伊尹作《咸有一德》，……湯崩，太子太丁未立而卒，於是乃立太丁之弟外丙。……帝外丙即位三年，崩，立外丙之弟中壬。帝中壬即位四年，崩，伊尹乃立太丁之子太甲。太甲，成湯嫡長孫也。帝太甲元年，伊尹作《伊訓》，作《肆命》，作《徂后》。帝太甲既立三年，不明，暴虐，不遵湯法，亂德，於是伊尹放之於桐宮。三年，伊尹攝行政當國，以朝諸侯。帝太甲居桐宮三年，悔過自責，反善，於是伊尹乃迎帝太甲而授之政。帝太甲修德，諸侯咸歸殷，百姓以寧。伊尹嘉之，乃作《太甲訓》三篇，褒帝太甲，稱太宗。太宗崩，帝子沃丁立。沃丁之時，伊尹卒。既葬伊尹於亳，咎單遂訓伊尹事，作《沃丁》。」陳柱《子二十六論·原道》：「道家之學凡數變：始為革命家，再變而為打倒君主政體者，三而為無政府主義者。自漢以後，或為隱逸，或合於佛釋，或混於方士，其變益紛，而後世之治道家言者，則多知漢以後之道家而鮮知漢以前之道家，而道家之真面目遂不能明於世矣。何謂道家本為革命家？曰，《漢書·藝文志》道家首列《伊尹》五十一篇，次列《太公》二百三十七篇、《辛甲》二十九篇、《鬻子》二十二篇。今案：伊尹、太公、辛甲、鬻子皆革命家也。」〔註22〕

《太公》二百三十七篇〔一〕。呂望為周師尚父〔二〕，本有道者。或有近世又

〔註22〕陳氏之論雖有貼標籤之嫌疑，但也不無道理。

以為太公術者所增加也。○師古曰:「父,讀曰甫也。」

《謀》八十一篇。

《言》七十一篇。

《兵》八十五篇。

【集釋】

〔一〕《四庫全書》兵家類著錄《六韜》六卷,凡六十篇,乃文王、武王問太公
兵戰之事,疑出於兵八十五篇中。其他皆佚。錢大昭《漢書辯疑》卷十六
曰:「《謀》、《言》、《兵》,就二百三十七篇而析言之,《太公》其總名也。」
顧實《漢書藝文志講疏》:「《隋》、《唐志》、《通志》著錄太公書多種,《通
考》僅餘《六韜》而已,莊子稱《金版》、《六弢》(《徐无鬼篇》),《淮南
子》亦言《金縢》、《豹韜》(《精神訓》)。今《六韜》與《群書治要》所載
異,乃宋元豐間所刪定本也(《通志》載《改正六韜》四卷。清《四庫》兵
家類著錄六卷)。孫星衍有校本及輯佚文(《平津館叢書》本),黃奭復有
輯本(《漢學堂叢書》)。」(以上論著錄源流)宋王應麟《漢藝文志考證》
曰:「愚謂老氏曰『將欲翕之,必固張之;將欲奪之,必固與之』,此陰謀
之言也。范蠡用之以取吳,張良本之以滅項,而言兵者尚焉。此太史公入
道家。然陰謀之術,申、商、韓非之所本也。文王之德之純,太公見而知
之。《丹書》『敬義』之訓,武王得於師尚父。陰謀傾商之說,陋矣。」清
沈欽韓《漢書藝文志疏證》曰:「自宋以來,著錄家無之。蓋六朝以前著
書者,喜託名古人。唐以後,道術之士多攘古人之言以為己書。故前乎此,
不為多人所扳援也;後乎此,無怪其少新名易故也。《秦策》:『蘇秦夜發
書,得《太公陰符》之謀。』《齊世家》:『後世之言兵及周之陰權,皆宗
太公為本謀。』是太公之書,尚矣。今按《志》云《謀》者,即《太公陰
謀》也。《言》者,即《太公金匱》,凡善言,書諸金版;《大戴禮‧踐阼
篇》、《呂覽》、《新書》、《淮南》、《說苑》所稱皆是也。《兵》者,即《太公
兵法》;《說苑‧指武篇》引《太公兵法》最其先,亦《管子》書中所本耳。」
清周壽昌《漢書注校補》卷二十八:「《詩‧大雅‧大明》正義引《七略》、
《別錄》云:師之,父之,尚之,故曰師尚父。」王仁俊《漢藝文志考證
校補》引《淮南‧要略》:「文王欲以卑弱制強暴,以為天下去殘除賊而成
王道,故太公之謀生焉。」陳朝爵《漢書藝文志約說》:「《隋》、《唐志》、
《通志》著錄太公書多種,《(文獻)通考》僅餘《六韜》而已。又《隋志》

有《三官兵法》、《禁忌立成集》、《枕中記》等名，今流俗新年貼語有所謂『姜太公在此，百無禁忌』者，殆即本此。又案班氏云『或有近世又以為太公術者所增加也』，小說《鬻子》注亦云後世所加。顧實云：『俱明原書而有後之傳學者附益。』爵謂六藝諸子，往往有此。《孟子》書中所云『有為神農之言者』，即是言其依託神農為名號。儒言堯、舜，道言黃、老，後世言孔明、劉伯溫，一也。」張舜徽《漢書藝文志通釋》：「上世言道術者，為使其書見重於世，故必依託古初，高遠其所從來。言道術者之必推本於伊尹、太公，猶言方技者之必推本於神農、黃帝耳。此類書戰國時興起最多，要必前有所承，非盡後起臆說也。學者籀繹遺文，可慎思而明辨之。班氏自注所云『或有近世又以為太公術者所增加也』，當作『或又以有近世為太公術者所增加也』。竊疑正文『《謀》八十一篇，《言》七十一篇，《兵》八十五篇』十五字，本為自注中語，後乃誤為正文，皆傳寫者亂之。」（以上論學術大旨）

〔二〕《史記·齊太公世家》：「太公望呂尚者，東海上人。……本姓姜氏，從其封姓，故曰呂尚。呂尚蓋嘗窮困，年老矣，以魚釣奸周西伯。西伯將出獵，……遇太公於渭之陽，與語大說，曰：「自吾先君太公曰：『當有聖人適周，周以興。』子真是耶？吾太公望子久矣。」故號之曰『太公望』，載與俱歸，立為師。或曰，太公博聞，嘗事紂。紂無道，去之。游說諸侯，無所遇，而卒西歸周西伯。或曰，呂尚處士，隱海濱。周西伯拘羑里，散宜生、閎夭素知而招呂尚。呂尚亦曰：「吾聞西伯賢，又善養老，盍往焉。」三人者為西伯求美女奇物，獻之於紂，以贖西伯。西伯得以出，反國。言呂尚所以事周雖異，然要之為文武師。周西伯昌之脫羑里歸，與呂尚陰謀修德以傾商政，其事多兵權與奇計，故後世之言兵及周之陰權皆宗太公為本謀。」清周濟《味雋齋史義》卷一《齊太公世家》：「自太公以陰謀開業，其子孫大臣遂多權詐用事。然而得民者得，失民者失，盡取或可逆，守必用順，自古強霸之君未之有易也。太史本齊變至魯，魯變至道，以明齊不能守周禮，徒尚權詐，是以苟收人心於一時，雖或得之，而無以固結其親上死長之意。景公踔貴，陳氏厚施，轉移之間，國祚中絕，反不如魯之弱而久存。黃老之不足恃，固若此哉！」

《辛甲》二十九篇〔一〕。紂臣〔二〕，七十五諫而去，周封之。

【集釋】

〔一〕此書不見於《隋志》，亡佚甚早。馬國翰有輯本一卷，序曰：「《漢志》道家有《辛甲》二十九篇，《隋》、《唐志》不著錄，佚已久。考《左氏傳》魏絳述其《虞人之箴》，《韓非子·說林》引其與周公議伐商蓋之語，是佚說之僅存者，據輯，並附考為卷。《虞箴》似《太公金匱》、《陰謀》所載武王諸銘，其言兵亦略似，班《志》以此書與太公書同入道家，知非取課虛而叩寂也。」嚴可均《全上古三代文》卷二有《虞箴》，辭曰：「茫茫禹跡，畫為九州島，經啟九道，民有寢廟，獸有茂草，各有攸處。德用不擾，在帝夷羿，冒於原獸，亡其國恤，而思其麀牡。武不可重用，不恢於夏家，獸臣司原，敢告僕夫。」

〔二〕《左傳》襄公四年：「昔周辛甲之為太史也，命百官，官箴王闕。」《韓非·說林》作「辛公甲」。劉向《別錄》曰：「辛甲，故殷之臣，事紂。蓋七十五諫，而不聽。去至周，召公與語，賢之，告文王。文王親自迎之，以為公卿，封長子。長子今上黨所治縣是也。」明楊慎《升菴集》卷五十《辛甲》亦云：「辛甲為商紂太史，七十五諫而去，其後周人封之，著書一篇，其事不傳，見於《漢書·藝文志》，其後代有辛有，見《左傳》。」

《鬻子》二十二篇〔一〕。名熊，為周師，自文王以下問焉。周封為楚祖〔二〕。○師古曰：「鬻，音弋六反。」

【集釋】

〔一〕原書早已殘缺，隋、唐、宋史《志》所著錄，皆止一卷。嚴可均輯《全上古三代文編》時，錄其佚文凡十四條。其《鐵橋漫稿》卷三《鬻子敘》曰：「《漢志》道家：《鬻子》二十二篇，名熊，為周師，自文王已下問焉，周封為楚祖。又小說家：《鬻子說》十九篇，後世所加。《隋志》道家《鬻子》一卷，《舊唐志》改入小說家。案：隋、唐人所見皆道家殘本，其小說家本梁時已佚失。劉昫移道家本當之，非也。《新唐志》仍歸道家。今世流傳僅唐永徽中華州鄭縣尉逄行珪注本，凡十四篇，為一卷。《道藏》作二卷，在顛字號，注甚疏蔓，又分篇瑣碎，所題甲乙，故作偵倒，屬辭，以瞀惑後人。宋又有陸佃校本，分行珪十四篇為十五篇，瑣碎尤甚，又夢其次第，不足存。案：《群書治要》所載起迄如行珪，而第二篇至第十三篇聯為一篇，則行珪十四篇值當三篇。《意林》稱『今一卷六篇』，末後所載多出『昔文

王見鬻子』一條，則行珪十四篇未足六篇。行珪姓名不他見，其人為唐人與否，其本為唐本與否，未敢知之。」葉德輝亦有輯本二卷，在《觀古堂叢書》中。宋王應麟《漢藝文志考證》曰：「又小說有《鬻子說》十九篇，後世所加。」明宋濂《諸子辨》曰：「熊為周文王師，封為楚祖。書二十二篇，蓋子書之始也。《藝文志》屬之道家，而小說家又別出十九卷。今世所傳者出祖無擇，所藏止十四篇。《崇文總目》謂其八篇已亡，信矣。其文質，其義弘，實為古書無疑。第年代久邈，篇章舛錯，而經漢儒補綴之手，要不得為完書。黃氏擬為戰國處士所託，則非也。……其書頗及三監、曲阜時事，蓋非熊自著，或者其徒名『政』者之所記歟？不然，何有稱『昔者文王有問於鬻子』云？」清宋翔鳳《過庭錄》卷十三《鬻子》曰：「《鬻子》書已不傳，今傳逢行珪注《鬻子》乃是偽書。惟《新書》修政語二篇，當採自《鬻子》。凡文王以下問者皆在下篇，其上篇載黃帝、顓頊、帝嚳、堯、舜、禹、湯之言，皆鬻子所述，以告文王以下者也。道家之言，皆託始黃帝，故《七略》列於道家，而以為人君南面之術，固治天下之書也。」顧實《漢書藝文志講疏》：「小說家亦有《鬻子》。《隋志》道家《鬻子》一卷，小說家無。《舊唐志》小說家《鬻子》一卷，道家無。《新唐書》仍歸道家，蓋本一書而轉輾相隸，今斷從《隋志》。」姚明輝《漢書藝文志注解》：「今所傳《鬻子》一卷，有篇十四，首尾不完，中皆雜亂不成章，非必原本。」（以上論著錄源流）明王世貞《弇州四部稿》卷一百十二《讀鬻子》：「《鬻子》偽書也，其文辭雖不悖謬於道，要之，至淺陋者掇拾先賢之遺而加飾之耳。謂禹『據一饋而七十起』，非『三吐』之卮言乎？七十起，何其勞也！禹得七大夫，如杜、季、施，皆非夏氏，因生之姓，至所謂東門虛、南門蠕、西門疵、北門側，幾乎戲戲矣！夫鬻子九十而為文王師也，乃末篇曰『昔者魯周公使康叔往守於殷』，何哉？阮逸偽《元經》，李荃偽《陰符》，劉歆偽《周禮》，固矣，猶能文其辭，未有如鬻子之淺陋者也。雖然，使偽而近也，毋寧偽而遠也乎？近則惑。」明胡應麟《少室山房集》卷一百三《讀鬻子》：「《鬻子》章次篇名，前人論者咸以殘缺不可曉。余初讀，尤漫然；載閱之，覺其詞頗質奧，雖非真出熊手，要為秦漢前書。及反覆綱繹之，乃知此書之存，視舊纔十之一，而篇名章次錯亂混淆之甚，宜宋以來諸家未有得其要領者也。蓋古《鬻子》本書篇名章次與《莊》、《列》不同，而絕與今傳《關尹子》類。所謂『撰吏』、『道符』等目，即關尹之『一宇』、

『二柱』等篇也，《撰吏》下有五帝等目，《道符》下有三王等目，即《一柱篇》之盆沼等章，《二柱篇》之碗盂等章也。《關尹》九篇，而每篇章次少者六七，多者十餘，更互闡發，以竟一篇之義，故每章之語雖極寥寥，而不覺其簡。《鬻子》二十二篇，律以《關尹》，則今傳短章總之當不下百數十，而東京之後，兵火殘逸，至唐所存僅此一十四條，當時注者鹵莽，苟欲庶幾前代全書，遂以每章當其一篇，而僅以為缺其八，故今讀之寥寥枯寂，若本末略無足觀者。又其篇章既混，而先後復淆，後人因益厭棄弗省。余既幸得其說，輒稍為更定之，雖缺者不可復完，而章次篇名咸中舊解，亦謂旦暮遇之者也。」清嚴可均《鐵橋漫稿》卷三《鬻子敘》曰：「《鬻子》非專記鬻熊之語，故其書於文王、周公、康叔皆曰『昔者』。『昔者』，後乎鬻子言之也。古書不必手著，《鬻子》蓋康王、昭王後周史臣所錄，或鬻子子孫記述先世嘉言，為楚國之今典西，即《史記·序傳》所謂『重黎業之，吳回接之。殷之季世，鬻熊牒之。周用熊繹，熊渠是續』者也。……諸子以《鬻子》為最早，《神農》、《黃帝》、《大禹》、《伊尹》等書疑皆依託，今亦不傳。傳者《本草》有後世地名，《六韜》言騎戰，皆不在《鬻子》前。劉勰曰：『鬻熊知道，而文王諮謀。諸子肇始，莫先於斯。』誠哉是言！」清周壽昌《漢書注校補》卷二十八：「《隋·經籍志》云：《鬻子》一卷，周文王師鬻熊撰。壽昌案：本注云名熊，為周師，自文王以下問焉，楚後以熊為氏，氏以君名也。漢搖無餘為南粵王，搖之族猶是也。」清田雯《古歡堂集》卷三十四《讀鬻子跋》：「鬻熊，楚人。……著書十二篇，前人謂其理致通遠，旨趣恢宏，織組仁義，經緯家邦，實先達之真言，為諸子之首唱。愚以為其文俚，其詞戔，必後世偽作之書，無足稱述也。且其中引魯周公、衛康叔年代相去遠甚，讀者察之。按：賈誼《新書》所引《鬻子》七條，皆正言確論，茲本無之，又《文選》引《鬻子》武王率兵車以伐紂，紂虎旅百萬列於商郊，起自黃鳥，至於赤斧，三軍之士莫不失色，今本亦無，知為偽書無疑矣。」清方濬頤《二知軒文存》卷十三《讀鬻子》：「熊為諸子冠，所言皆五帝三王之道，而特揭有國者之治志治謀，歸本於道和信仁，以為帝王之器，大哉言乎！宜文王弗以為老而師之也。一曰撰吏，再曰撰吏，其任官惟賢才之說耶？一曰周政，再曰傳政，其惟精惟一，允執厥中之旨耶？至謂民免四死而得四生，而能以理數屬之道教。嗚呼，其論可謂醇且正已！獨卿相君侯之本一語，未免重輕失當爾。」清陸心源《儀

顧堂集》卷十五《讀鬻子》：「《漢志》道家《鬻子》二十二篇，名熊，為周師，自文王以下問焉，周封為楚祖。又小說家《鬻子說》十九篇，後世所加。今本為唐永徽間華州鄭縣尉逄行珪注本，凡十四篇。又有宋陸農師校本，無注，分十四篇為十五篇，尤為瑣碎。據《群書治要》所載起迄，知行珪本合為三篇，然《意林》、《北堂書鈔》、《文選注》所引往往為今本所無，則已非唐之舊矣。劉勰曰：『鬻熊知道，而文王諮謀。諸子肇端，莫先於斯。』愚以為熊為文王師，其言宜足與謨誥相發明，乃率多泛然無當之言，何歟？其謂禹一饋而七十起，與周公一飯三吐哺之言同，蓋出於後人依託無疑也。《漢志》所載當為戰國人所偽為，今所傳本又必魏晉以後掇拾而成。《列子》、賈誼《新書》本非秦漢之舊，其所引亦不足信，偽中之偽，故其言淺陋如此也。」陳朝爵《漢書藝文志約說》：「《隋志》在道家，《舊唐書》在小說家，《新唐書》仍歸道家。自葉正則、高似孫輩皆疑之。嚴可均曰：『《史記》鬻熊三傳至熊繹，蓋文王師為熊，成王問為繹。《鬻子》非專記鬻熊語，古書不必手著，《鬻子》蓋後世史臣所錄，或子孫所記。今世傳唐逄行珪注本，分十五篇，瑣碎尤甚。』案，嚴說極通，與劉勰『餘文遺事，錄為《鬻子》』說合，蓋自孔、孟之書，亦非手著，世之以此而疑古書之偽者，多未達耳。」顧實《漢書藝文志講疏》：「嚴說是也。蓋逄本去其妄為標題，猶古本殘帙，而非偽作，故與偽《列子》所引三條不類，而與《賈子》所引六條甚相類也。」張舜徽《漢書藝文志通釋》：「周秦諸子之書，不皆出自己手，大率由其門生故吏或時人之服膺其說者、裒錄其言論行事以為之。此乃古書通例，無足怪者。《文心雕龍·諸子篇》云：『鬻熊知道，而文王諮詢。餘文遺事，錄為《鬻子》。子之肇始，莫先於茲。』考周秦諸子之書，著錄於《漢志》者，在《鬻子》之前，尚有《伊尹》、《黃帝》、《孔甲》、《大禹》、《神農》、《力牧》諸書，是不得謂《鬻子》為子書之始也。特直名其書為某子，則以此為最早耳。觀《列子》中三引《鬻子》，如云：『物損於此者盈於彼，成於此者虧於彼。損盈成虧，隨世隨死。』又云：『欲剛必以柔守之，欲強必以弱保之。積於柔必剛，積於弱必強。觀其所積，以知禍福之鄉。』若此所論，實有合於『清虛自守，卑弱自持』之旨，《漢志》列之道家，是矣。至於《新書·修政語下篇》所引鬻子論治國之道，則亦道義禮節忠信為尚，又似乎與儒學宗旨無殊，故明刊《子匯》徑以《鬻子》列入儒家也。」（以上論學術大旨）

〔二〕《史記·太史公自序》曰:「重黎業之,吳回接之。殷之季世,粥子牒之。」劉向《別錄》云:「鬻子名熊,封於楚。」劉勰曰:「鬻熊知道,而文王諮謀。諸子肇始,莫先於斯。」賈誼《新書》引文王、武王、成王問鬻子。《列子·天瑞篇》引鬻熊曰:「運轉無已,天地密移,疇覺之哉。」《力命篇》引鬻熊語文王曰:「自長非所增,自短非所損。」

《筦子》八十六篇〔一〕。名夷吾,相齊桓公,九合諸侯,不以兵車也,有列傳〔二〕。○師古曰:「筦,讀與管同。」

【集釋】

〔一〕今存。劉向序曰:「所校讎中《管子書》三百八十九篇,大中大夫卜圭書二十七篇、臣富參書四十一篇、射聲校尉立書十一篇、太史書九十六篇,凡中外書五百六十四,以校,除複重四百八十四篇,定著八十六篇。」自《隋書·經籍志》及《四庫全書總目》皆入子部法家類。(以上論著錄源流)太史公曰:「吾讀管氏《牧民》、《山高》、《乘馬》、《輕重》、《九府》,……詳哉言之也。」《傅子》曰:「《管子書》過半是後之好事者所加,《輕重篇》尤鄙俗。」葉夢得曰:「其間頗多與《鬼谷子》相亂。管子自序其事,亦泛濫不切。疑皆戰國策士相附益。」蘇轍《古史》曰:「多申、韓之言,非管子之正也。甚者以智欺其民,以術傾鄰國,有不貲之寶、石璧菁茅之謀。使管仲而信然,尚何以霸哉?」《朱子語類》卷一百三十七曰:「《管子》之書雜。管子以功業著者,恐未必曾著書。」又曰:「《管子》非管仲所著。仲當時任齊國之政,事甚多,稍閒時又有三歸之溺,決不是閒工夫著書底人。著書者是不見用之人也。其書想只是戰國時人收拾仲當時行事言語之類著之,並附以他書。」葉適《習學記言》卷四十五《管子》曰:「《管子》非一人之筆,亦非一時之書,莫知誰所為。以其言毛嬙、西施、吳王好劍推之,當是春秋末年,又持滿定傾、不為人客等語,亦種、蠡所遵用也。其時固有師傳,而漢初學者講習尤著。賈誼、鼂錯以為經本,故司馬遷謂讀管氏書,詳哉其言之也篇目次第最為整比,乃漢世行書。至成、哀間,向、歆論定群籍,古文大盛,學者雖疑信未明,而管氏、申、韓由此稍絀矣。然自昔相承直,云此是齊桓、管仲相與謀議,唯諾之辭,余每惜晉人集諸葛亮事,而今不存。使管子施設果傳於世,士之淺心既不能至周、孔之津涯,隨其才分,亦足與立,則管仲所親嘗經紀者,豈不足為之標指哉?

惟夫山林處士，妄意窺測，藉以自名，王術始變，而後世信之，轉相疏剔，幽蹊曲徑，遂與道絕，而此書方為申、韓之先驅，鞅、斯之初覺，民罹其禍，而不蒙其福也，哀哉！」《文獻通考》引《周氏涉筆》曰：「《管子》一書，雜說所叢，予嘗愛其統理道理名法處，過於餘子，然他篇自語道論法，如內業法禁諸篇，又偏駁不相麗。雖然，觀物必於其聚。文子、淮南徒聚眾詞，雖成一家，無所收採，管子聚其意者也。粹羽錯色，純玉間聲，時有可味者焉。」宋濂《諸子辨》曰：「是書非仲自著也。其中有絕似《曲禮》者，有近似《老》、《莊》者，有論霸術而極精微者，或小智自私而其言至卑污者。疑戰國時人採掇仲之言行，附以他書成之。不然，『毛嬙、西施』，『吳王好劍』，『威公之死』，『五公子之亂』，事皆出仲後，不應豫載之也。朱子謂仲任齊國之政，又有三歸之溺，奚暇著書，其說是矣。」嚴可均《鐵橋漫稿》卷八《書管子後》曰：「《七略》，《管子》在法家，引見《史記・管晏傳》正義。《隋》、《唐志》以下，著錄皆同，惟《漢志》在道家。余觀《內業篇》，蓋《參同契》所自出，實是道家。餘篇則儒家、陰陽家、法家、名家、農家、兵家，無所不賅。今若改入雜家，尚為允當。不然，寧從《漢志》。其書八十六篇，至梁、隋時，亡《謀失》、《正言》、《封禪》、《言昭》、《修身》、《問霸》、《牧民解》、《問乘馬》、《輕重丙》、《輕重庚》十篇。宋時又亡《王言篇》。……至近人編書目者〔註23〕，謂此書多言管子後事，蓋後人附益者多。余不謂然。先秦諸子皆門弟子或賓客或子孫撰定，不必手著。」呂思勉《經子解題・管子》：「《管子》一書，最為難解，而亦最錯雜。此書《漢志》列道家，《隋志》列法家。今通觀全書，自以道、法家言為最多。然亦多兵家、縱橫家之言，又雜儒家及陰陽家之語。此外又有農家言。《輕重諸篇》論生計學理，大率重農抑商，蓋亦農家者流也。……予按某子之標題，本只取表明其為某派學術，非謂書即其人所著。《管子》之非出仲手，可以勿論。古書存者，大抵出於叢殘綴輯之餘，原有分別，為後人所混，亦理所可有。然古代學術，多由口耳相傳。一家之學，本未必有首尾完具之書。而此書錯雜特甚，與其隸之道法，毋寧稱為雜家；則謂其本有條理，亦尚未必然也。今此書《戒篇》有流連荒亡之語，與孟子述晏子之言同。又其書述制度多與《周官》合；制度非可虛造，即或著書

〔註23〕浙江文叢本《嚴可均集》第269頁注釋一：「劉咸炘於此葉抬頭批曰：『指《提要》。』」可見嚴可均曾經公開批評《四庫提要》。

者意存改革，不盡與故事相符，亦必有所原本。此書所述制度，固不能斷為《管子》之舊，亦不能決其非原本《管子》；然則此書蓋齊地學者之言，後人匯輯成書者耳。《法法篇》有『臣度之先王』云云，蓋治此學者奏議，而後人直錄之（《尹注》以臣為管子自稱，恐非），亦可見其雜也。此書多古字古言；又其述制度處頗多，不能以空言解釋；故極難治。」張舜徽《漢書藝文志通釋》：「此書在劉向前，乃雜亂無章之文獻資料。經劉向去其複重，訂其訛謬，寫定為八十六篇，仍為一部包羅甚廣之叢編，固非紀錄管子一人之言行也。古人記事纂言，率資簡策。積之既多，每取其相近者聚而束之。大抵河平校書以前之古代遺文，多屬此類，不獨《管子》然也。劉向區而別之，諸書始粲然可觀。然於刪除繁重之際，不可謂其所割棄者，皆全無足取者也。若其校錄《管子》，竟除去複重至四百八十四篇之多。如此豐贍舊文，豈盡不足採掇乎？……今觀《管子》書中，多言無為之理，詳於人君南面之術，班《志》列之於道家，即以此耳。自《隋志》改列法家之首，後世學者，咸以管子為申、商之前驅，非、斯之先導，謂為刻薄寡恩。不悟道家之旨，施諸後世，其流必為刑名法術之學，此史公所為以老、莊與申、韓合傳，而謂申、韓皆原於道德之意也。……要之道、法二家，相須為用。惟任大道，始以法治國；惟明法令，始能無為而成。相濟相生，似二而實一耳。今本《管子》存七十六篇，文字多有訛脫。近人聞一多、許維遹、郭沫若均有校本。又裒錄前人所校，刊為《管子集校》。」孫德謙《諸子通考》卷三：「《管子》之言曰：『明主之治天下，靜其民而不擾，佚其民而不勞，不擾則民自循，不勞則民自試，故曰「上無事而民自試」。』又曰：『法立而民樂之，令出而民銜之，法令之合於民心如符節之相得也，則主尊顯。故曰銜令者君之尊也。』然則《志》以《管子》列道家，而《七略》並次法家，特為孟堅所省耳。蓋《管子》本為道家，其出而治世，作用則在法矣。」又曰：「道、法二家，其學相通，余已詳論之矣。今《（隋）志》以《管子》一書冠諸法家之首，則編次未得其當也，何則？《管子》者，《七略》兼入法家，而《班志》則廁道家之中。雖於同源異流之故，不能以互著而見，然《管子》實為道家也。夫道家者，君人南面之術，自有《管子》，乃足徵古之道家未有不長於治道者。若僅列法家，則失其真矣。昔陳振孫作《書錄解題》，謂《管子》似非法家，此言誠得之，然卒疑置之道家，以為不類，彼蓋未明道家之旨，非專任清虛而不足治世也。

顧其誤，則始於《隋志》，余故急為辯正之。」〔註24〕（以上論學術大旨）

王叔岷《管子斠證序》曰：「《管子》一書，古奧駁雜，向稱難讀。唐尹知章注雖以疏謬見譏，然創始之功不可沒也。明劉績《增注》續之，頗有發明。清乾、嘉以來，討治者漸多，讎斠之精，當推高郵王氏。戴望《校正》，博採眾說，附益己見，則頗便初學焉。次如孫詒讓《箚迻》、劉師培《斠補》、陶鴻慶《札記》、于省吾《新證》，續有創獲，足費撫拾。而張佩綸之《管子學》，考證繁富，用力尤勤。岷於是書，粗加涉獵，亦時有弋獲，足補諸家未備。」（以上論校讎源流）

〔二〕管子事蹟詳見《史記・管晏列傳》。《古今人表》管仲列第二等上中。

《老子鄰氏經傳》四篇〔一〕。姓李，名耳〔二〕，鄰氏傳其學。

【集釋】

〔一〕《鄰氏傳》亡，今《老子經》不詳何本。董思靖《道德經集解序說》引《七略》曰：「劉向定著二篇八十一章，上經三十四章，下經四十七章。」顧實《漢書藝文志講疏》：「今本《老子道德經》八十一章，猶《七略》、《別錄》之舊。惟分上經三十七章，下經四十四章，則又異矣。今存王弼注本最古，河上公本更在王後，次之。陸游曰：『晁以道謂王輔嗣本《老子》曰《道德經》，不析乎道德而上下之，猶近於古。今此本久已離析。』（《放翁題跋》）是在宋季已失王注定本也。偽河上公注本，上篇首章曰《體道》，下篇首章曰《論德》，惟尚無《道經》、《德經》之標目。」（以上論著錄源流）唐陸德明《經典釋文序錄》云：「周敬王時西出關，為關令尹喜說《道》、《德》二篇，尚虛無、無為。漢文帝時，河上公作《章句》四篇以授帝，言治身、治國之要。」宋葉夢得曰：「老氏之書，其與孔子異者皆矯世之辭，而所同者皆合於《易》。」明宋濂《諸子辨》曰：「《老子》二卷，《道經》、《德經》各一，凡八十一章，五千七百四十八言。周柱下史李耳撰。……大抵斂守退藏，不為物先，而壹返於自然。由其所訪者甚廣，故後世多尊之行之。」顧實《漢書藝文志講疏》曰：「大抵老子本領，盡於首章觀妙、觀徼二事，妙者虛無也，徼者因循也。故司馬談曰：『道家以虛無為本，因循為用也。』自王弼陰用佛說『群有以至虛為宗，萬品以終滅為驗』，誤解徼曰『歸終也』，不知虛無為本，則老、佛同也。而因循為用，則老、佛一積極，一消

〔註24〕今按：孫德謙深諳諸子相通之理，所論極有啟發意義。

極，迥殊也。爾後《老子》注家甚眾，大抵疏陋不足觀。畢沅《老子考異》，考眾本異同，猶多未盡。」張舜徽《漢書藝文志通釋》：「老子其人其書自來考辨紛紜，莫之能一。餘則以為世遠年湮，宜遵多聞闕疑之義。於所不知，不必深探而廣索也。……至於其人是否為楚苦縣人、姓李名耳？是否為老萊子？或太史儋？或老彭？均宜姑置弗論。但就其書靜心讀之，以窺道論之要，斯亦可矣。……《老子》之學，繼承前人緒論，至為廣泛也。此書二篇，特其緒論之較精要者耳。由於不出於一時，不成於一手，故前後不免有復見字句，且雜入後人附加之辭，學者宜明辨之。」（以上論學術大旨）

〔二〕《史記・老莊申韓列傳》：「老子者，楚苦縣厲鄉曲仁里人也。姓李氏，名耳，字聃，周守藏室之史也。孔子適周，將問禮於老子……老子修道德，其學以自隱無名為務。居周久之，見周之衰，乃遂去。至關，關令尹喜曰：『子將隱矣，強為我著書。』於是老子乃著書上下篇，言道德之意五千餘言而去，莫知其所終。……李耳無為自化，清靜自正。」

《老子傅氏經說》三十七篇〔一〕。述老子學。

【集釋】

〔一〕全書亡佚。顧實《漢書藝文志講疏》曰：「《傅氏說》亡。今《老子經》不詳何本。牟融曰：『吾覽佛經之要有三十七品，老氏《道經》亦三十七篇。』（《理惑論》）則東漢之末，《傅氏經》猶存也。或云：『即今《老子》上經三十七章。』（孫詒讓《箚移》）然章篇不侔，蓋非也。」（以上論著錄源流）張舜徽《漢書藝文志通釋》：「《經說》之體，與為原書作注解者有所不同。《漢志》著錄《老子傅氏經說》三十七篇，乃講說道家義蘊之文，固非注述之體。故班氏自注云：『述老子學』也。講說老子之學，而發為論著，其文可多可少。故傅氏、徐氏所為《經說》，篇數不一，其明徵也。此處所云三十七篇，乃傅氏所撰《經說》論文之實數，自不得傅會為《道經》之三十七章，意固明甚。」（以上論學術大旨）

《老子徐氏經說》六篇〔一〕。字少季，臨淮人，傳《老子》。

【集釋】

〔一〕其書亡佚。姚振宗《漢書藝文志條理》曰：「本書《外戚傳》：『竇太后好黃

老言，景帝及諸竇不得不讀《老子》，尊其術。」是當文、景、武帝之初，黃老之學最盛。此鄰氏、傅氏、徐氏三家，當在其時，蓋蓋公之後、劉向之前有此三家之學，《釋文》及《隋志》皆不著錄。」

劉向《說老子》四篇〔一〕。

【集釋】

〔一〕其書亡佚。宋董思靖《道德經集解・序說》曰：「《老子》，劉向定著二篇八十一章，上經三十四章，下經四十七章。葛洪等又加損益，乃云天以四時成，故上經四九三十六章；地以五行成，故下經五九四十五章，通應九九之數。而從此分章，遂失中壘舊制矣。」梁章鉅《退庵隨筆》卷十七：「唐玄宗《御注道德經》分『老子道經卷上』、『德經卷下』，陸放翁題跋云：晁以道謂王輔嗣本《老子》曰：『《道德經》不析乎道德而上下之，猶近於古，今此本已久離析。』然則在宋時已失輔嗣定本矣。」張舜徽《漢書藝文志通釋》：「《志》著錄《老子鄰氏經傳》四篇，實包《老子》本書在內。明其中有《經》二篇、《傳》二篇，故為四篇也。班志《藝文》時，蓋未見《老子》經文單行之本，故合《鄰氏經傳》以著錄之耳。河上公，乃漢文帝時人。史稱其深於老子之學，不必曾注書。後世有河上公注本，乃好事者所依託。唐玄宗開元七年，詔令儒官詳定注《老》諸家得失，劉知幾即議《河上公注》之偽。且言王弼所注，義旨為優（見《唐會要》）。故自唐以下，王《注》盛行，而《河上注》黜矣。」顧實《漢書藝文志講疏》：「亡。今《說苑》、《新序》有述老子語，當即其說。」

《文子》九篇〔一〕。老子弟子，與孔子並時〔二〕。而稱周平王問，似依託者也〔三〕。

【集釋】

〔一〕《隋志》：「《文子》十二卷，《七略》有九篇，梁《七錄》十卷，亡。」顧實《漢書藝文志講疏》曰：「豈《七略》本亡，而十二卷偽本行耶？」章炳麟《菿漢微言》云：「今之《文子》，半襲《淮南》；所引《老子》，亦多怪異；其為依託甚明。」蔣伯潛《諸子通考》：「其書當亦戰國時好事者所編造。至於今存之本，則文原書亡後，六朝人偽撰，故更駁雜不足觀耳。……故今存之《文子》，雖未能考定其偽造之人為誰，其為偽造書已無可疑。江瑔乃以為文種所著，且推崇之以比《老子》，誤矣。」今按：1973年，在河北

省定州發掘一座西漢後期中山懷王墓，出土大批簡書，其中有《文子》，證明在西漢時期《文子》已在社會上傳播，至於《文子》與《淮南子》誰抄撮誰，今亦尚難論定。簡書《文子》的出土，證明傳世本《文子》不偽，也證明傳世本《文子》並非古本《文子》之原貌，曾經後人竄改。歷代學者關於《文子》之辨偽意見，由於簡書《文子》的出土，多已不攻自破。（以上論著錄源流）唐柳宗元《辨文子》曰：「其旨意皆本《老子》。然考其書，蓋駁書也。其渾而類者少，其竊他書以合之者多。凡《孟子》等數家，皆見剽竊，嶢然而出其類；其意緒文辭，又互相牴牾而不合。不知人之增益之歟？或者眾為聚斂以成其書歟？」元馬端臨《文獻通考》卷二百十一《經籍考》三十八：「《周氏涉筆》曰：《文子》一書，誠如柳子厚所云駁書也。然不獨其文聚斂而成，亦黃、老、名、法、儒、墨諸家各以其說入之，氣脈皆不相應。其稱平王者，往往是楚平王。序者以為周平王時人，非也。」明宋濂《諸子辨》曰：「予嘗考其書，壹祖老聃。大概《道德經》之義疏爾……蓋《老子》之言宏而博，故是書雜以黃、老、名、法、儒、墨之言明之，無怪其駁雜也。……黃氏屢發其偽；以為唐徐靈府作，亦不然也。其殆文姓之人，祖老聃而託之者歟？」明胡應麟《四部正譌》曰：「柳宗元以為駁書，而黃東發直以為注者唐人徐靈府所撰。余以為柳謂駁書是也；黃謂徐靈府撰，則失於深考。……惟中有漢後字面，而篇數屢增，則或李暹輩潤益於散亂之後歟？」清孫星衍《問字堂集·文子序》曰：「黃老之學存於《文子》，西漢用以治世，當時諸臣皆能稱道其說，故其書最顯。諸子散佚，獨此有完本在《道藏》中，其傳不絕，亦其力也。今《文子》十二卷，實《七略》舊本，《藝文志》稱九篇者，疑古以《上仁》、《上義》、《上禮》三篇為一篇，以配《下德》耳。注蓋謂文子生不與周平王同時，而書中稱之，乃託為問答，非謂其書由後人偽託。宋人誤會其言，遂疑此書出於後世也。」（以上論學術大旨）王叔岷《文子斠證序》曰：「今所見最早之本，有敦煌唐寫本，惜僅存《道德篇》百五十六行；蔣鳳藻《鐵華館叢書》有景宋本徐靈府注十二卷，靈府號默希子，惟與《道藏》本默希子注十二卷勘驗，《道藏》本實優於景宋本（景宋本有極繁之錯簡）。因據《道藏》本參核群籍，成《斠證》一卷云。」〔註25〕（以上論校讎源流）

〔二〕《漢書·古今人表》文子列第五等中中。梁玉繩曰：「文子不傳其名字，《困

〔註25〕王叔岷《諸子斠證》所撰各序言簡意賅，確為斫輪老手。

學紀聞》十辨文子非周平王時人。檢《文子‧道德篇》平王問一條，無『周』
字，末云寡人敬聞命，其非周王甚審。《通考》引周氏《涉筆》以為楚平王，
極確。《士仁篇》有王良，更足驗為楚平王時人。班氏所見之《文子》，或
是誤本，遂疑《文子》書有依託，而於此表仍列周平時，蓋疑以傳疑之意
也。」

〔三〕王應麟《漢藝文志考證》曰：「《志》注謂『似依託』，晁氏曰：『三代之書，
經秦火之後幸而存者，錯亂參差，如《爾雅》，周公作，而有張仲孝友是也。』
柳宗元以為駁書。曹子建表引《文子》，李善注以為計然。今其書一以老子
為宗，略無與范蠡謀議之事。」清沈欽韓《漢書藝文志疏證》曰：「書為《淮
南》襲取殆盡，《莊》、《列》亦時與之同。十二篇並引老子之言而推衍之。」
陶方琦《漢孳室文鈔》卷二《文子非古書說》曰：「《文子》非古書。今屬
於雜家之《文子》，與《漢志》屬道家之《文子》不同。《文子》雖冠以『老
子曰』，中間有『故曰』，實引《淮南》作為老子之語。又《淮南》作為戰
國時人問答者，《文子》亦作為《老子》之語。詳細考之，《文子》首章之
《道原》，即《淮南》之《原道》；《精誠》即《精神》；《上德》即《說林》；
《上義》即《兵略》；實相一致。而割裂矛盾之跡顯然。」張舜徽《漢書藝
文志通釋》：「此蓋漢人雜抄道家之言以為一編，欲以疏釋《老子》者。雜
而不醇，故柳宗元直斥之為駁書也。自後世尊之為《通玄真經》，始成為道
觀之秘籍，而儒者罕習。宋季當塗杜道堅撰《文子纘義》十二卷，暢發其
旨，道堅亦道士也。」

《蜎子》十三篇〔一〕。名淵，楚人，老子弟子〔二〕。○師古曰：「蜎，姓也，音
一元反。」

【集釋】

〔一〕其書亡佚。張舜徽《漢書藝文志通釋》：「史言『著上下篇』，著之言猶注
也，謂為《老子》上下篇解說，使其義著明也。其解說之文有十三篇，故
《漢志》如實以著錄之。」

〔二〕《史記‧孟荀列傳》：「環淵，楚人，學黃老道德之術，著上下篇。」《史記
索隱》、《史記正義》皆無注釋。劉歆《七略》曰：「蜎子，名淵，楚人也。」
王應麟《漢藝文志考證》曰：「今按《文選》枚乘《七發》『便蜎、詹何之
倫』，注云：『《淮南子》雖有鉤針芳餌，加以詹何、蜎蠉之數，猶不能與

罔罟爭得也，宋玉與登徒子偕受鉤於玄淵，《七略》蜎子名淵。三文雖殊，其人一也。」王仁俊《漢藝文志考證校補》：「環、蜎同音，通假字。」張舜徽《漢書藝文志通釋》：「環、蜎古字通。《楚策》范環，《史記·甘茂傳》作范蜎，可證也。《史記·孟軻荀卿列傳》云：『環淵，楚人。學黃老道德之術，著上下篇。』即其人也。」清沈欽韓《漢書藝文志疏證》曰：「愚謂玄淵似非人名，李善蓋誤。」

《關尹子》九篇。〔一〕名喜。為關吏，老子過關，喜去吏而從之。〔二〕

【集釋】

〔一〕今存，疑偽。或題《文始真經》。劉向《關尹子敘錄》云：「校中秘書九篇（太常存七篇，臣向本九篇），蓋公授曹相國參。相國薨，書葬。至孝武時，有方士來以七篇上，上以仙處之。淮南王安好道聚書，有此不出。臣向父德因治淮南王事得之。」〔註26〕陳振孫《直齋書錄解題》云：「徐藏子禮得之於永嘉孫定，首載劉向校定序，末有葛洪後序。未知孫定從何得之，殆皆依託也。」《四庫簡明目錄》曰：「《關尹子》一卷，舊本題周尹喜撰。《漢志》著錄，而《隋》、《唐志》皆不載，知原本久佚，此本出宋人依託。然在偽書之中，頗有理致有詞采，猶能文者所為。」梁啟超《漢書藝文志諸子略考釋》曰：「《隋》、《唐志》皆不著錄。原書久佚。今存一卷本，偽品也。今本之偽，陳振孫、宋濂及《四庫提要》辨之已詳。」（以上論著錄源流）梁啟超《漢書藝文志諸子略考釋》又曰：「文筆頗類唐人所譯佛經，辭理雜剿釋、道皮毛，蓋唐以後作品也。《莊子·天下篇》以關尹與老聃並稱，且名列聃前，似非聃弟子。《呂覽》言：『老聃貴柔，關尹貴清。』其學似亦不與老氏全同也。」蔣伯潛《諸子通考》：「《史記·老子傳》所載老子過關，為關尹著書之故事，當出於戰國時《老子》已成書，且已流行之後。關尹名喜，去吏從老子西遊之故事，則由老子過關而增益變化以成；關尹自著《關尹子》之傳說，則又由老子為關尹著書而增益變化以成；故《漢志》所錄之《關尹子》，已是秦漢間方士所撰之偽書。偽劉向《敘錄》謂此書由方士上淮南王安。言雖無徵不信，已露蛛絲馬蹟矣。是書不見錄於《隋志》，蓋以本無足觀，早已亡佚歟？至於今存之本，則確為唐五代間方士之所撰，更為偽中之偽矣。」張舜徽《漢書藝文志通釋》：「今本之偽，

〔註26〕嚴可均《全漢文編》曰：「《關尹子敘錄》疑宋人依記。」

固眾所周知矣。即著錄於《漢志》之九篇，亦難保其非依託。且『關尹』二字，乃稱其人之職守，而非其姓也。劉向入之《列仙傳》中，又名關令子。彼既為神仙中人，豈復下筆著書？紀其事最早者，莫如《史記》。但言老子『見周之衰，乃遂去。至關，關令尹喜曰：子將隱矣，強為我著書。於是老子乃著書上下篇，言道德之意五千餘言而去』。而未嘗言關尹亦著書。況《史記》所云『關令尹喜曰』，乃言關令尹見老子至而心喜悅也。司馬遷以後之人，誤讀《史記》，遽以『喜』為其名，或直稱之為『尹喜』，自劉向、劉歆已然，班氏自注，亦沿其誤。他如高誘注《呂覽》，陸氏撰《釋文》，皆謂其人名喜。名之不正，孰甚於此。後世對其人之姓名，不免以訛傳訛，則其人之有無，自難遽加論斷。遑論其著述乎？《漢志》著錄九篇之書，殆秦、漢間人所撰記，託名於關尹耳。」（以上論辨偽源流）

〔二〕劉向《列仙傳》云：「關令尹喜者，周大夫也。善內學星宿，服精華，隱德行仁，時人莫知。老子西遊，喜先見其氣，知真人當過，候物色而跡之，果得老子。老子亦知其奇，為著書。與老子俱至流沙之西，服具勝實，莫知其所終。亦著書九篇，名《關令子》。」

《莊子》五十二篇。〔一〕名周，宋人。〔二〕

【集釋】

〔一〕《史記·老莊申韓傳》索隱引《別錄》曰：「作人姓名，使相與語，是寄辭於其人，故有《寓言篇》。」陸德明《經典釋文敘錄》云：「《漢志》《莊子》五十二篇，即司馬彪、孟氏所注是也。言多詭誕，或似《山海經》，或類占夢書，故注者以意去取。其《內篇》眾家並同。自余或有《外》而無《雜》，唯郭子玄所注，特會莊生之旨，故為世所貴。」（以上論著錄源流）宋李石《方舟集》卷十三《列子辯上》：「劉向以《列子》《湯問》、《穆王》二篇非君子之言，《湯問》則《莊子》湯之問棘以大椿、鯤鵬變化，《列子》作夏革，晉張湛注《莊子》以革作棘。《穆王》篇論西極有化人來。又《仲尼》篇稱孔子答商太宰稱西方之聖意，其說佛也。然佛出漢明帝時，湛乃謂列子語與佛相參，蓋指其幻學也。豈西方之佛幻已肇於列子時，為穆王化人事乎？必有能辯之者。」呂思勉《經子解題·莊子》：「《莊子》與《老子》，同屬道家，而學術宗旨實異，……《莊子》之旨，主於委心任運，頗近頹廢自甘；然其說理實極精深。……先秦諸子中，善言名理，有今純理哲學

之意者，則莫《莊子》若矣。章太炎於先秦諸子中，最服膺《莊子》，良有由也。今《莊子書》分內篇、外篇及雜篇。昔人多重內篇，然外篇實亦精絕，唯雜篇中有數篇無謂耳。」顧實《漢書藝文志講疏》引王樹柟曰：「其書《內篇》即內聖之道，《外篇》即外王之道。所謂靜而聖，動而王也。《雜篇》者，雜述內聖外王之事，篇各為意，猶今人之雜記也。」張舜徽《漢書藝文志通釋》：「今本定著三十三篇，亦非郭氏所始創。《淮南·修務篇》高誘《注》云：『莊周作書三十三篇，為道家之言。』是漢末已有三十三篇之本矣。郭象特據是本作注耳。考《史記·老莊申韓列傳》稱莊周『與梁惠王、齊宣王同時，其學無所不窺，然其要本歸於老子之言。故其著書十餘萬言，大抵率寓言也』。……其學雖歸本於老子，而實有廣狹之不同。故戰國、秦、漢以黃、老並稱，實施之於政治；魏、晉以來，始稱老、莊，已流於曠達放任，此又二者之殊也。」（以上論學術大旨）

〔二〕《史記·老子韓非列傳》：「莊子者，蒙人也，名周。周嘗為蒙漆園吏，與梁惠王、齊宣王同時。其學無所不窺，然其要本歸於老子之言。故其著書十餘萬言，大抵率寓言也。作《漁父》、《盜跖》、《胠篋》，以詆訿孔子之徒，以明老子之術。《畏累虛》、《亢桑子》之屬，皆空語，無事實。然善屬書離辭，指事類情，用剽剝儒、墨，雖當世宿學不能自解免也。其言汪洋自恣以適己，故自王公大人不能器之。」

《列子》八篇。〔一〕名圄寇，先莊子，莊子稱之。〔二〕

【集釋】

〔一〕今本《列子》八篇（《四庫全書》道家類著錄），前有劉向敘曰「《列子》內外書，凡二十篇，以校，除複重十二篇，定著八篇」云云。馬敘倫曰：「劉向《敘錄》亦依託。蓋《列子》書早亡，故不甚稱於作者。」（以上論著錄源流）唐柳宗元《辨列子》曰：「劉向古稱博極群書，然其錄《列子》獨曰『鄭穆公時人』。穆公在孔子前幾百歲，《列子》書言鄭國皆云子產、鄧析，不知向何以言之如此。……文辭類《莊子》，而尤質厚。少偽作，好文者可廢耶？其《楊朱》、《力命》疑其楊子書。其言魏牟、孔穿，皆出列子後，不可信。然觀其辭，亦足通知古之多異術也。」宋李石《方舟集》卷十三《列子辯下》：「孟子距楊、墨，以楊近墨遠為序於儒，以楊為為我之學，一毫不拔，於天下可也。如禽滑釐對朱之言，則以墨翟、大禹為為人之學，

老聃、關尹為為己之學，似以朱況於黃帝、關尹，此列子之有取也。劉向云《楊子》之篇唯貴放逸，與《力命》篇乖背，豈放逸近道乎？其何以近於儒？不然，力命自力命，放逸自放逸耳，必有能辯之者。」宋葉夢得曰：「《天瑞》、《黃帝篇》與佛書相表裏。」呂氏曰：「《列子》多引黃帝書，蓋古之微言，傳久而差者。《玄牝》一章，今見《老子》。此戰國、秦、漢所以並言『黃老』也。」宋趙希弁《讀書附志》云：「政和中，宜春彭俞積石軍倅，聞高麗國《列子》十卷，得其第九篇曰《元端》於青唐卜者。」清陸次雲《尚論持平》卷二「列子」條：「《莊》、《列》之書同出於老，其高曠一也，其奇誕一也，而章法不一。《南華》之言，起伏斷續，不可端倪；《沖虛》之言，長篇之中各為短篇，而意自貫串。然《南華》之言近於墨，為釋氏之宗；《沖虛》之言近於楊，皆道家之旨。論欲齊物，大秋毫而小泰山，壽殤子而夭彭祖，夢為蝴蝶，誰蝶誰周，幾欲空諸所有矣；若夫笑杞人之憂天，多引楊朱之說，謂矜一時之毀譽，焦苦神形，要數百年之餘名，豈足潤枯骨哉？獨善獨修，期於清靜，異委同源，兩家之所至，不昭然見乎？」清吳肅公《街南文集》卷十八《讀列子書後跋》：「《列子》書所稱生死幻化，其皆二氏嚆矢乎？大旨與《莊》略同。《莊》本道德，而極之無為為治；《列》本沖虛，而歸之達化自修。《莊子》精深浩蕩，《列》則瞠乎後已……彼何異夢中語也，泥於其說，以誣我夫子。泥書，陋也；誣聖，悖也。」清姚際恒《古今偽書考》曰：「戰國時本有其書，或莊子之徒所依託為之者，但自無多；其餘盡後人所附益也。……至其言西方聖人，則直指佛氏，殆屬明帝後人所附益無疑。夫向博極群書，不應有鄭穆公之謬，此亦可證其為非向所作也。後人不察，咸以《莊子》中有《列子》，謂《莊子》用《列子》，不知實《列子》用《莊子》也。《莊子》之書洸洋自恣，獨有千古，豈蹈襲人作者！其為文，舒徐曼衍中仍寓拗折奇變，不可方物。《列子》則明媚近人，氣脈降矣。又《莊子》敘事迴環鬱勃，不即了了，故為真古文。《列子》敘事簡淨有法，是名作家耳。」清鄭光祖《一斑錄》雜述七「列子」條：「列子，鄭人，學本老氏，著《沖虛經》八篇，主清虛無為，其思幻，其言誕，其識偏，多寓言，近似莊生，號道家。即小有可取，終非君子之言也。」蔣伯潛《諸子通考》：「今存《列子》，確如姚氏所言。」清沈欽韓《漢書藝文志疏證》曰：「若然，高麗所得本傳在向校書之前邪？其妄明矣。」馬敘倫《列子偽書考》曰：「世傳《列子》書八篇，非《漢志》

著錄之舊，較然可知。況其文不出前書者，率不似周、秦人詞氣，頗綴裂不條貫。……汪繼培謂其會萃補綴之跡，諸書見在者，可覆按也。知言哉！蓋《列子》書出晚而亡早，故不甚稱於作者。魏、晉以來，好事之徒，聚斂《管子》、《晏子》、《論語》、《山海經》、《墨子》、《莊子》、《尸佼》、《韓非》、《呂氏春秋》、《韓詩外傳》、《淮南》、《說苑》、《新序》、《新論》之言，附益晚說，成此八篇，假為向敘以見重。」呂思勉《經子解題·列子》：「此書前列張湛序，述得書源流，殊不可信。而云『所明往往與佛經相參，大同歸於老、莊』、『屬辭引類，特與《莊子》相似。莊子、慎到、韓非、尸子、淮南子，玄示指歸，多稱其言』，則不啻自寫供招。佛經初入中國時，原有以其言與老、莊相參者；一以為同，一以為異，兩派頗有爭論。湛蓋亦以佛與老、莊之道為可通，乃偽造此書，以通兩者之郵也。其雲莊子、慎到等多稱其言，蓋即湛造此書時所取材。汪繼培謂『後人依採諸子而稍附益之』，最得其實。然此固不獨《列子》。凡先秦諸子，大都不自著書；其書皆後人採綴而成；採綴時豈能略無附益，特其書出有早晚耳。故此書中除思想與佛經相同，非中國所固有者外，仍可認為古書也。（篇首劉向校語，更不可信。凡古書劉向序，大都偽物。姚姬傳唯信《戰國策序》為真，予則並此而疑之。）……此書大旨與《莊子》相類。精義不逮《莊子》之多，而其文較《莊子》易解，殊足與《莊子》相參證。（讀《莊子》不能解者，先讀此書最好。）其陳義有視前人為有進者，如《湯問篇》……已深入認識論之堂奧矣。蓋佛學輸入後始有之義也。」嚴北溟、嚴捷《列子譯注·前言》曰：「從《列子》文氣簡勁宏妙、內容首尾呼應自成一體的特點看，似乎不可能在這樣一個長時期內經過多人多次的增竄而成，而只能出於一家之手筆。倘此說成立，便可將成書時間縮到一個小的範圍。根據《周穆王篇》本自《穆天子傳》，而後者係西晉太康二年與《竹書紀年》等冊簡同出於魏襄王或魏安釐王冢，可定其成書最早不會超過公元二八一年，至遲不晚於永嘉南渡（公元三一五年）前後。至於偽作者誰，在沒有可靠資料證明之前，最好不要捕風捉影。」馬達認為《列子》不偽，詳見氏著《列子真偽考辨》一書（其說得到孫欽善先生支持）。（以上論真偽）張舜徽《漢書藝文志通釋》：「列子之學，與莊周近，而不顯於當時。故《莊子·天下篇》論及墨翟、宋鈃、尹文、田駢、慎到、惠施諸家，復贊許關尹、老聃，獨不及列禦寇。《荀子·非十二子篇》亦不提列子。司馬遷撰《史記》時，

不特不為之列傳，且無一字語及之。是以後之論者，多疑其人之有無，更不論其書之真偽矣。顧其名數數見於莊周書中，甚至尊之為子列子，且有《列禦寇》專篇以紀之。《樂雅‧釋詁》邢昺《疏》引《尸子‧廣澤篇》及《呂氏春秋‧不二篇》皆云『列子貴虛』，與《莊子‧應帝王篇》所言相合。則當時實有其人，特非世之顯學耳。顧其書非自著，亡佚亦早。今之八篇，又後人之偽作也。自東晉張湛為之《注》，唐殷敬順撰《釋文》，晚出《列子》，得傳至今。楊伯峻為《列子集釋》，疏證而條理之，遠勝舊注。」（以上論學術大旨）

〔二〕皇甫謐《高士傳》：「列禦寇者，鄭人也，隱居不仕。鄭穆公時，子陽為相，專任刑。列禦寇乃絕跡窮巷，面有饑色。或告子陽曰：『列禦寇蓋有道之士也，居君之國而窮，君無乃不好士乎？』子陽使官載粟數十乘以與之。禦寇出見使，再拜而辭之。居一年，鄭人殺子陽，其黨皆死，禦寇安然獨全，終身不仕。著書八篇，言道家之意，號曰《列子》。」

《老成子》十八篇。〔一〕

【集釋】

〔一〕其書已亡佚。《列子》曰：「老成子學幻於尹文先生。」姚振宗《漢書藝文志條理》「《姓纂》及《廣韻》、《氏族略》別出老成氏，並言老成方仕宋，為大夫，著書十篇，言黃老之道。豈著書者即為老成方乎？其言十篇與此十八篇不合，不可知己。」顧實《漢書藝文志講疏》曰：「老、考古字通，今本《列子‧周穆王篇》，《釋文》作考成子。」張舜徽《漢書藝文志通釋》：「《通志‧氏族略》有老成氏一條云：『古賢人老成子之裔孫也。老成方為宋大夫，著書十篇，言黃老之道。』又別出考成子一條云：『古有考成子，著書述黃老之道。列子有考成子，幼學於尹先生。』《通志》所言，蓋據《世本‧氏姓篇》、《元和姓纂》諸書。老成方著書十篇，未知即著錄於《漢志》之十八篇否？篇數不符，殆非一書。」

《長盧子》九篇。楚人。〔一〕

【集釋】

〔一〕其書亡佚。《史記‧孟荀列傳》：「楚有尸子、長盧，……世多有其書，故不論其傳。」《索引》云：「長盧，未詳。」《正義》云：「《長盧》九篇，楚

人。」張舜徽《漢書藝文志通釋》:「《正義》之言，蓋本《漢志》。《通志·氏族略》有長盧氏，列於複姓不知其詳本者之類云:『《列子》楚賢者長盧氏著書。』蓋已不能盡考矣。」

《王狄子》一篇。〔一〕

【集釋】

〔一〕其書亡佚。姚振宗《漢書藝文志條理》曰:「王狄子未詳。按:氏姓諸書，亦無王狄氏，豈姓王名狄，如韓非、鄧析之稱子者歟?」

《公子牟》四篇。〔一〕魏之公子也，先莊子，莊子稱之。〔二〕

【集釋】

〔一〕其書亡佚。馬國翰有輯本，序曰:「《漢志》道家《公子牟》四篇，魏之公子也。其書《隋》、《唐志》皆不著目，佚已久。茲從《莊子》、《戰國策》、《呂氏春秋》、《說苑》所引捃摭，粗可補四篇之缺，理見其大，清辯滔滔，宜乎折《堅白》、《異同》之論，使公孫龍口呿而舌舉也。」（以上論著錄源流）張舜徽《漢書藝文志通釋》:「《荀子·十二子篇》云:『縱情性，安恣睢，禽獸行，不足以合文通治。然而其持之有故，其言之成理，足以欺惑愚眾，是它囂、魏牟也。』楊倞《注》云:『魏牟，魏公子，封於中山。今《莊子》有公子牟稱莊子之言以折公孫龍，據即與莊子同時也。又《列子》稱公子牟解公孫龍之言。』可知其人在周末，放任自適，與蒙莊為近;而又通於名理，能以善辯勝人者也。」《戰國策》卷二十:「公子牟遊於秦，且東，而辭應侯。應侯曰:公子將行矣，獨無以教之乎?曰:且微君之命命之也，臣固且有效於君。夫貴不與富期而富至，富不與梁肉期而梁肉至，梁肉不與驕奢期而驕奢至，驕奢不與死亡期而死亡至，累世以前，坐此者多矣。」應侯曰:『公子之所以教之者厚矣』」（以上論學術大旨）

〔二〕《列子·仲尼篇》:「中山公子牟，魏國賢公子。而悅趙人公孫龍。」張湛云:「文侯子，作書四篇，號曰道家。」清沈欽韓《漢書藝文志疏證》曰:「按平原君時，文侯歿且百年，不得為文侯子也。」《荀子·非十二子》注:「魏牟，魏公子，封於中山。」清錢大昭《漢書辨疑》卷十六曰:「高誘注《呂覽》云:『子牟，魏公子也，作書四篇。魏伐中山得之，以封子牟，因曰中山公子牟也。』」

《田子》二十五篇。〔一〕名駢，齊人，遊稷下，號「天口駢」。〔二〕師古曰：「駢，音步田反。」

【集釋】

〔一〕其書亡佚。馬國翰有輯本。（以上論存佚）《呂氏春秋》曰：「老聃貴柔，孔子貴仁，墨翟貴廉，關尹貴清，子列子貴虛，陳駢貴齊，陽朱貴己，孫臏貴勢，王廖貴先，兒良貴後。」今按，陳駢即田駢。《尸子·廣澤篇》曰：「墨子貴兼，孔子貴公，皇子貴衷，田子貴均，列子貴虛，料子貴別。」唐楊倞《荀子·非十二子篇》注：「田駢，齊人，遊稷下，著書（二）十五篇。其學本黃老，大歸名法。」（以上論學術大旨）

〔二〕《史記·孟荀列傳》云：「田駢，齊人。環淵，楚人。皆學黃老道德之術。」《莊子·天下篇》：「田駢學於彭蒙。」《七略》曰：「齊田駢好談論，故齊人為語曰『天口駢』。天口者，言田駢子不可窮其口若事天。」清羅惇衍《集義軒詠史詩鈔》卷三《田駢》：「天口驚人粲齒牙，名齊髠奭自成家。生徒養得千鍾富，陶冶思周六合遐。手著新書關治亂，身居高第鬥聲華。精純果似鍾山玉，道德憑教稷下誇。」

《老萊子》十六篇。〔一〕楚人，與孔子同時。〔二〕

【集釋】

〔一〕其書已亡佚。馬國翰有輯本。《史記·老子列傳》：「老萊子，亦楚人也。著書十五篇，言道家之用。與孔子同時云。」清周壽昌《漢書注校補》卷二十八：「《隋》、《唐志》不著錄，久佚。《文選》孫綽《天台賦》注引《七略別錄》云：『老萊子，古之壽者。』」（以上論著錄源流）張舜徽《漢書藝文志通釋》：「《史記·仲尼弟子列傳》云：『孔子之所嚴事，於周，則老子；於衛，蘧伯玉；於齊，晏平仲；於楚，老萊子。』……《史記·老子列傳》云：『或曰老萊子亦楚人，著書十五篇，言道家之用，與孔子同時云。』」（以上論學術大旨）

〔二〕《大戴禮記·衛將軍文子篇》云：「德恭而行信，終日言，不在尤之內，在尤之外，貧而能樂，蓋老萊子之行也。」盧辯注：「楚人，隱者也。」《戰國策》云：「不聞老萊子之教孔子事君乎？示之其齒之堅也，六十而盡，相靡也。」清洪頤煊《讀書叢錄》卷二十「老萊子」條：「《老萊子》十六篇，楚人，與孔子同時。頤煊案：老萊子見《大戴禮·衛將軍文子篇》。《史記·

仲尼弟子列傳》序云：……故附見於老子傳中。《禮記・曾子問》引老聃云，當是適周問禮之老子。《莊子・天運篇》：『孔子行年五十有一而不聞道，乃南之沛見老聃。』沛地屬楚，疑是老萊子也。」清羅惇衍《集義軒詠史詩鈔》卷一：「何必書傳世外篇，蓬蒿為室兩三椽。舞衣終日斑斕慶，投畚高風伉儷賢。每語無尤身壽考，在貧能樂趣神仙。蒙陽耕耨江南隱，宣聖同時豈偶然。」

《黔婁子》四篇。〔一〕齊隱士，守道不詘，威王下之。〔二〕○師古曰：「黔，音其炎反。下，音胡稼反。」

【集釋】

〔一〕其書早亡，《隋志》已不著錄。馬國翰有輯本，序曰：「《漢志》道家《黔婁子》四篇，《隋》、《唐志》不著目，佚已久。諸家亦無引述之者，惟曹氏庭棟搜採孔子及群弟子言行，仿薛據《孔子集語》作《逸語》，中引黔婁子述聖言一節，記原憲事一節。所據之書當為不傳秘本，既不可考，姑依錄之，並附考為卷。」張舜徽《漢書藝文志通釋》：「皇甫謐《高士傳》稱『黔婁先生齊人，修身清節，不求進於諸侯。著書四篇，言道家之務，號《黔婁子》。終身不屈，以壽終。』」

〔二〕劉向《列女傳》：「魯黔婁先生死，曾子與門人往弔。哭之曰：『嗟乎！先生之終也，何以為謚？』其妻曰：『以康為謚。』曾子曰：『先生在時，食不充口，衣不蓋形，死則手足不斂，旁無酒肉。生不得其美，死不得其榮，何樂於此而謚為康乎？』其妻曰：『昔先生君嘗欲授之政，以為國相，辭而不為，是有餘貴也；君嘗賜之粟三十鍾，先生辭而不受，是有餘富也。彼先生者，甘天下之淡味，安天下之卑位，不戚戚於貧賤，不忻忻於富貴，求仁得仁，求義得義，其謚為康，不亦宜乎？』曾子曰：『唯斯人也而有斯婦。』君子謂黔婁妻為樂貧行道。」晉皇甫謐《高士傳》卷中黔婁先生：「黔婁先生者，齊人也，修身清節，不求進於諸侯。魯恭公聞其賢，遣使致禮，賜粟三千鍾，欲以為相，辭不受。齊王又禮之以黃金百斤，聘為卿，又不就。著書四篇，言道家之務，號《黔婁子》。終身不屈，以壽終。」晉陶潛《詠貧士》之四：「安貧守賤者，自古有黔婁。」清沈欽韓《漢書藝文志疏證》曰：「當為魯人，先曾子死，亦不當威王時。」

《宮孫子》二篇。〔一〕○師古曰：「宮孫，姓也，不知名。」

【集釋】

〔一〕鄭樵《通志・氏族略》云：「室孫氏，王室之孫也。古有室孫子著書。」姚振宗《漢書藝文志條理》：「《氏族略》有室孫氏，無宮孫氏。據鄧名世言，則室孫氏即宮孫氏。」

《鶡冠子》一篇。〔一〕楚人，居深山，以鶡為冠。〔二〕師古曰：「以鶡鳥羽為冠。」

【集釋】

〔一〕呂思勉《經子解題・鶡冠子》曰：「按《漢志》止一篇，韓愈時增至十六，陸佃注時又增至十九，則後人時有增加，已絕非《漢志》之舊。」（以上論著錄源流）唐柳宗元《柳河東集》卷四《辯鶡冠子》：「余讀賈誼《鵩賦》，嘉其辭，而學者以為盡出《鶡冠子》。余往來京師，求《鶡冠子》，無所見，至長沙，始得其書讀之，盡鄙淺言也。唯誼所引用為美，余無可者。吾意好事者偽為其書，反用《鵩賦》，以文飾之非。誼有所取之，決也。太史公《伯夷列傳》稱賈子曰『貪夫殉財，烈士殉名，誇者死權』，不稱鶡冠子。遷號為博極群書。假令當時有其書，遷豈不見耶？假令真有鶡冠子書，亦必不取《鵩賦》以充入之者。何以知其然耶？曰：不類。」唐韓愈《讀鶡冠子》：「《鶡冠子》十有六篇，其詞雜黃老刑名。其《博選篇》『四稽』、『五至』之說，當矣。使其人遇其時，援其道而施於國家，功德豈少哉？《學問篇》稱『賤生於無所用』、『中流失船，一壺千金』者，余三讀其辭而悲之。文字脫謬，為之正三十有五字，乙者三，減者二十有二，注十有二字云。」宋陸佃《陶山集》卷十一《鶡冠子序》曰：「鶡冠子，楚人也，居於深山，以鶡為冠，號曰鶡冠子。其道踸駮，著書初本黃、老，而末流迪於刑名。傳曰：『申、韓厲名，實切事情。』其極慘礉少恩，而原於道德之意。蓋學之弊，有如此者也。故曰：『孔、墨之後，儒分為八，墨離為三。』嗚呼，可不慎哉！此書雖雜黃老刑名，而要其宿時若散亂而無家者，然其奇言奧旨，亦每每而有也。自《博選篇》至《武靈王問》，凡十有九篇，而退之讀此云十有六篇者，非全書也。今其書雖具在，然文字脫繆不可考者多矣。」明羅明祖《羅紋山全集》卷四：「讀《鶡冠》文，詞格巇峭，而旨義玄微，如對深山道流，穆然不與人接一語，迨其徵音一宣，千重冥關，單騎而破。大凡用陡句者多雋，《鶡冠》句愈陡，味愈厚，非六朝士所辨。」清黃中堅《蓄齋

二集》卷三《讀鶡冠子》：「傳言鶡冠子楚人，居深山，好聚鶡羽為冠，而未詳其制。按《後漢書‧輿服志》：『鶡，勇雉也，其鬥對一死乃止。故趙武靈王以表武士，冠首環纓，以青絲為緄，加雙鶡尾，豎左右，曰鶡冠，蓋武冠也。』鶡冠子喜言兵，而其書載有武靈王、卓襄王，豈嘗仕於趙而服其冠歟？其著書大旨亦彷彿黃、老，而流入於申、韓，頗踳駁，不可用。韓退之以為施於國家功德不少者，非也。其文字句多脫誤，不免生澀艱晦，然而峭刻之思，古奧之致，奇雋之語，有足耐人尋味者。玩其氣格，自是戰國人手筆。柳子厚以為淺鄙，而疑其偽者，亦非也。」楊大瓢評之曰：「平允切實，可補似孫《子略》。」清方濬頤《二知軒文存》卷十三《讀鶡冠子》：「《學問篇》最為明暢簡括，宜乎昌黎賞其文而悲其不遇也。……故為奇奧之語，以驚世駭俗，而實則黃老之學，雜以刑名，未能入乎聖賢之域也。觀其首戴鳥羽，卻聘幽棲，蓋石隱之流，甘心行怪者，奚足尚乎？」清沈欽韓《漢書藝文志疏證》曰：「宋陸佃所注，自《博選》至《武靈王》十九篇，然其中龐煖論兵法，《漢志》本在兵家，為後人傅合耳。其多有可採。柳宗元謂惟賈生《鵬賦》所引用者為美，餘無可者。彼信遍觀之而定論邪？何其粗疏也！韓子之言，當矣。」呂思勉《經子解題‧鶡冠子》認為其書不偽：「今所傳十九篇，皆詞古義茂，絕非漢以後人所能為。蓋雖非《漢志》之舊，而又確為古書也。〔註27〕……全書宗旨，原本道德，以為一切治法，皆當隨順自然。所言多明堂陰陽之遺，儒、道、名、法之書，皆資參證，實為子部瑰寶。張舜徽《漢書藝文志通釋》：「《漢志》：《鶡冠子》一篇，在道家；又《龐煖》二篇，在縱橫家。《隋志》但著錄《鶡冠子》三卷，無《龐煖》書。清末王闓運《湘綺樓集》有《鶡冠子序》，疑《隋志》之三卷，乃合《龐煖》二篇在內，揆之其實，理或然也。即以今本十九篇觀之，言多名理，且饒古訓，似非魏晉以下人所能為。以視其他偽書，固不同矣。要之上世美言雋辭，流佈甚夥。周秦諸子，各有所取，載之篇籍，雖非出之己口，自有存古之功。此書可寶者，亦在是耳。」（以上論學術大旨）

〔二〕劉向《別錄》曰：「鶡冠子常居深山，以鶡為冠，故號鶡冠子。」應劭《風俗通‧姓氏篇》：「鶡冠氏，楚賢人，以鶡為冠，因氏焉。鶡冠子著書。」《太

〔註27〕蔣伯潛《諸子通考》曰：「此書卷篇，後增於前，相去懸殊，其為偽書，皎然可知。……今按其書文晦意澀，又出《列子》之下，決非周秦之書也。」蔣氏認為此書為偽書，未能提供真憑實據，不足為憑。

平御覽・逸民部》：「袁淑《真隱傳》：鶡冠子，或曰楚人，隱居幽山，衣弊履穿，以鶡為冠，莫測其名，因服成號。著書言道家事，馮暖常師事之。暖後顯於趙，鶡冠子懼其薦己也，乃與暖絕。」

《周訓》十四篇。〔一〕師古曰：「劉向《別錄》云：人間小書，其言俗薄。」〔二〕

【集釋】

〔一〕其書亡佚。清沈欽韓《漢書藝文志疏證》曰：「《隋志》有《周書陰符》九卷。《初學記》（十七）引云：『凡治國有三常，一曰君以舉賢為常，二曰官以任賢為常，三曰士以敬賢為常。』蓋即此類。《御覽》亦引之。」

〔二〕「人間」，姚振宗《漢書藝文志條理》：「《別錄》本文當是『民間』，此蓋顏監避諱所改也。」陳朝爵《漢書藝文志約說》：「『人間』即『民間』，猶鄉曲也。」

《黃帝四經》四篇。〔一〕

【集釋】

〔一〕其書亡佚，《隋志》已不著錄。（以上論著錄源流）顧實《漢書藝文志講疏》曰：「《隋志》云：『漢時諸子道書之流，有三十七家。大旨皆去健羨，處沖虛而已。其《黃帝》四篇、《老子》二篇，最得深旨。』《道經篇》蓋懸揣之談。」張舜徽《漢書藝文志通釋》：「黃帝之世，荒遠難稽。故司馬遷在《五帝本紀贊》中早已歎喟：『百家言黃帝，其文不雅馴，薦紳先生難言之。』然世俗之人，多尊古卑今，貴遠賤近。故為道者必託之神農、黃帝，以高遠其所從來。此《淮南・修務篇》所為致慨也。言道論之必託本於黃帝，猶治《本草》之必推始於神農耳。黃老並稱，為時已久。學者習焉不察，遂以黃帝為道家之祖，目為無所不知、無所不能之神聖人物。因之述道德之意以為書者，遂託名於黃帝也。即使漢世果有其書，亦必出六國時人之手。此乃著書託古之慣技，不足怪也。」（以上論學術大旨）

《黃帝銘》六篇。〔一〕

【集釋】

〔一〕顧實《漢書藝文志講疏》：「殘。《黃帝金人銘》見於《荀子》、《太公金匱》、劉向《說苑》，《黃帝巾幾銘》見於《路史》，是《六銘》尚存其二也。」（以上論著錄源流）張舜徽《漢書藝文志通釋》：「黃帝之世，荒渺遙遠，其時

尚無文字，更何有於銘辭？所謂《黃帝銘》者，亦後世依託之作耳。」陳朝爵《漢書藝文志約說》引李大防曰：「班以黃帝書次《老》、《莊》後者，以其書多出後人所撰述，非自著也。」今按：張、李二氏之說頗為有理。

《黃帝君臣》十篇。〔一〕起六國時，與《老子》相似也。

【集釋】

〔一〕其書亡佚。清沈欽韓《漢書藝文志疏證》曰：「《五帝紀》：『舉風后、力牧、常先、大鴻以治民，順天地之紀、幽明之占、死生之說、存亡之難。』《御覽》（七十九）《尸子》曰：『子貢曰：「古者黃帝四面，信乎？」孔子曰：「黃帝取合己者四人，使治四方。不計而耕，不約而成，此之謂四面。」』按：此蓋雜記其君臣事蹟，為後來言風后、力牧、大山稽等所本。」

《雜黃帝》五十八篇。〔一〕六國時賢者所作。

【集釋】

〔一〕其書亡佚。張舜徽《漢書藝文志通釋》：「凡云雜者，謂其不純一也。此蓋六國時人治道德之術者，雜集眾說，兼採異論以成一編。篇幅較多，又託為黃帝遺教，故名之曰《雜黃帝》。班氏自注云：『六國時賢者所作。』斯一語也，實可上貫此四種書。」

《力牧》二十二篇。〔一〕六國時所作，託之力牧。力牧，黃帝相。〔二〕

【集釋】

〔一〕其書亡佚。顧實《漢書藝文志講疏》曰：「兵陰陽家有《力牧》十五篇，班《注》語意略同，然未必同書。《淮南子》曰：『黃帝治天下，而力牧、太山稽輔之。』《覽冥訓》或據此書。劉勰曰：『《風后》、《力牧》篇述者，蓋上古遺語，而戰代所記。』（《文心雕龍·諸子篇》）其詞亦視班《注》為恕。故班注於道家《文子》、《力牧》之外，又如農家《神農》注云『六國時，諸子託之神農』，小說家《師廣》注云『其言淺薄，似因託』，《天乙》注云『其言非殷時，皆依託』，《黃帝說》注云『迂誕依託』，兵家《封胡》、《風后》、《力牧》、《鬼容區》注皆云『依託』。此類語絕不施之於六藝，是其攻諸子甚矣。」

〔二〕《史記·五帝本紀》：「舉風后、力牧、常先、大鴻以治民。」裴駰《集解》引班固曰：「力牧，黃帝相也。」《淮南·覽冥訓》：「黃帝治天下，而力牧、

大山稽輔之，以日月之行，律治陰陽之氣，節四時之度，正律曆之數。」

《先天紀》：「帝問張若謀敵之事。張若曰：『不如力牧能於推步之術。』」

《孫子》十六篇。六國時。

【集釋】

〔一〕《漢志》道家著錄之《孫子》十六篇，亡佚甚早，《隋志》已不著錄。清沈欽韓《漢書藝文志疏證》曰：「《鹽鐵論・論功篇》：『孫子曰：今夫國家之事，一日更百變，然而不亡者，可得而革也。逮出兵乎平原廣牧，鼓鳴矢流，雖有堯、舜之知，不能更也。』不稱兵法而言孫子，似是道家之孫子。」明朱之瑜《舜水先生文集》卷十三《孫子兵法論》：「世以孫武子為戰將者，皆非也，何以明其然也？其曰：『道天地將法者，治國之良謨也。』何謂天？陰陽、寒暑、時制也。何謂地？遠近、險易、廣狹、死生也。何謂將？智、信、仁、勇、嚴也。何謂法？曲制、官道、主用也。至於所謂道者，令民與上同意，可與之死，可與之生，而不畏危也。夫可與之死，可與之生，而不畏危，以攻則取，以守則固，是人君立國，捨此又何求焉。若不得已，而以正於天下，夫孰有逆其顏行者哉？王者之師不過如斯而已。而謂孫子為戰將哉？北宮黝者，萬人之敵，撫劍疾視，人莫敢迕，至今名湮滅不傳。孫子曰：全國、全城、全卒為上，破國、破城、破卒次之。又曰：不戰而屈人之兵，善之善者也。又曰：屈人之兵而非戰，是果以戰陳為先乎？……若孫子者，可謂大將也矣。不特孫子也，咎犯之用於晉文，管仲之用於齊桓，皆此道也。孫子，齊人，只不過修明管子內政而已。即太公為千古兵家之祖，其所以用於武王，一戎衣而天下定，及其著書立言，亦不過如是而止耳。」

〔二〕姚振宗《漢書藝文志條理》曰：「《人表》於吳孫武之外，列此孫子於田太公和魏武侯之時，與春秋時孫武自別，亦與此言六國時相合，蓋即此孫子。《莊子・達生篇》引其語當出是書。然自司馬彪以來，注《莊子》書者皆略而不言，其始末不可考。」清梁學昌《庭立記聞》卷一曰：「孫子惟見《莊子・達生篇》，名休。《藝文志》道家《孫子》十六篇，當即其人。」

《捷子》二篇。齊人。武帝時說。〔一〕

【集釋】

〔一〕張舜徽《漢書藝文志通釋》：「《史記・孟荀列傳》云：『慎到，趙人；田駢、

接子，齊人；環淵，楚人；皆學黃老道德之術。」《漢志》著錄之《捷子》二篇，乃其自得之言也。其書早佚，《隋志》已不著錄。」清梁學昌《庭立記聞》卷一曰：「捷子又作接子，始見《莊子・則陽》、《田完世家》、《孟荀傳》。《藝文志注》謂『武帝時說』，恐誤，接、捷古通。」清沈濤《銅熨斗齋隨筆》卷四「捷子」條曰：《捷子》二篇，齊人，武帝時說。濤案：捷，當作接。《史記・孟荀列傳》：『接子，齊人，學黃老道德之術，因發明序其指意。』《正義》云：『《接子》二篇，道家。』則張守節所見本作接，不作捷。《元和姓纂》引《三輔決錄》：『接昕子著書十篇，當即其後。』然《姓纂》引《漢志》亦作捷，不作接，是林氏所見本與顏氏同。《史記》又言田駢、接子皆有所論，則接子著書在戰國時，而此云『武帝時說』，疑誤。案下文『《曹羽》二篇，楚人。武帝時說於齊王。』則四字乃涉下而誤衍耳。」清沈欽韓《漢書藝文志疏證》亦曰：「原注『武帝時說』四字，涉下《曹羽》而誤錯。」

《楚子》三篇。〔一〕

【集釋】

〔一〕其書亡佚。姚振宗《漢書藝文志條理》：「楚子無考。案：臣姓而稱為君子，鄭人而號為長者，則此殆以楚人而尊為子者歟？」張舜徽《漢書藝文志通釋》：「戰國時百家競興，諸子之言，紛然淆亂。而大半出於好事者之所纂錄。既已成書，則各以美名題之。或取其壽考，如《老子》，《老萊子》是也；或取其賢德，如《臣君子》、《鄭長者》是也；或著其官爵，如《郎中嬰齊》是也；或直稱之為子，如《孫子》《楚子》之類是也。觀其標題之例不一，可以知其書之高下淺深，惜多不傳於後耳。」

《鄒子》四十九篇。〔一〕名衍，齊人，為燕昭王師，居稷下，號談天衍。〔二〕

【集釋】

〔一〕其書亡佚。馬國翰有輯本。按葉昌熾《綠督廬日記抄》卷二曰：「《問道篇》：『鄒言有取乎曰自持。』吳秘注衍之書十餘萬言，然要其歸必止乎仁義節儉。考《漢書・藝文志》，《鄒子》四十九篇、《鄒子終始》五十六篇，並列陰陽家。吳秘在溫公之前，能言其書，則宋初尚未散逸，而《隋》、《唐志》皆不著錄，豈當時民間習之，而秘府轉闕歟？」（以上論著錄源流）《史記・

孟子列傳》：「（鄒衍）深觀陰陽消息，而作怪迂之變，《終始》、《大聖》之篇十餘萬言。其語閎大不經，必先驗小物，推而大之，至於無垠。先序今以上至黃帝，學者所共術，大並世盛衰。因載其禨祥度制，推而遠之。至天地未生……及海外人之所不能睹。稱引天地剖判以來，五德轉移，治各有宜，而符應若茲。」《史記・封禪書》言：「騶子著終始五德之運，及秦帝而齊人奏之，始皇採用。文帝時，公孫臣上書，推漢當土德。」《漢書・郊祀志》同。劉勰《文心雕龍・諸子篇》曰：「騶子養政於天文。」《鹽鐵論》以為「鄒衍惑六國之君」，《論衡》更是斥之為「浮妄虛偽」。至晚清陳澧《東塾讀書記》卷十二則大加讚賞：「《漢書・藝文志》：陰陽家《鄒子》四十九篇、《鄒子終始》五十六篇，惜其書亡矣。《史記》云：『騶衍深觀陰陽消息，而作怪迂之變，《終始》、《大聖》之篇十餘萬言。其語閎大不經，必先驗小物，推而大之，至於無垠。先序今以上至黃帝，學者所共術，大並世盛衰。因載其禨祥度制，推而遠之。至天地未生，窈冥不可考而原也，稱引天地剖判以來，五德轉移，治各有宜，而符應若茲。』（《孟荀列傳》）此蓋與後世邵康節《皇極》之書相似，其所謂九州島，每一州有裨海環之，如此者九，乃有大瀛海環其外，此與近時外國所繪地圖相似，但外國所繪者有四五區，無九區耳。騶衍冥心懸想，而能知此，亦奇矣哉！」顧實《漢書藝文志講疏》亦云：「鄒子曰：『政教文質者，所以云救也，當時則用，過則捨之，有易則易也，故守一而不變者，未睹治之至也。』（《漢書・嚴安傳》引）則與《易》言『一陰一陽之謂道』無不合，而與董仲舒言『天不變，道亦不變』者大相徑庭也。說者謂鄒子疾晚世之儒墨，守一隅而欲知萬方（《鹽鐵論・論鄒篇》）。觀其與淳于髡微言，實長於游說。故揚雄曰：『鄒衍以頡亢而取世資。』（《解嘲》）蓋陰陽家固與縱橫家之陰陽捭闔相通歟？」顧氏之論亦有所會通，可謂卓見。張舜徽《漢書藝文志通釋》：「鄒衍始見《燕策》。亦或作騶。《史記・孟子傳》稱：『騶子重於齊。適梁，梁惠王郊迎，執賓主之禮；適趙，平原君側行襒席；如燕，昭王擁彗先驅，請列弟子之座而受業；築碣石宮，身親往師之，作《主運》。其遊諸侯，見尊禮如此。豈與仲尼菜色陳蔡、孟軻困於齊梁同乎哉！』又《荀卿傳》稱：『騶衍之術，迂大而閎辯。故齊人頌之曰：談天衍。』……觀其論政有曰：『政教文質者，所以云救也。當時則用，過則捨之，有易則易也。故守一而不變者，未睹治之至也。』（見《漢書・嚴安傳》引）是

豈則古稱先之儒者所逮知！」（以上論學術大旨）

〔二〕李白《鄒衍谷》：「燕谷無暖氣，窮岩閉嚴陰。鄒子一吹律，能回天地心。」

《容成子》十四篇。〔一〕

【集釋】

〔一〕其書亡佚。《世本》曰：「黃帝使容成作調曆。」《呂氏春秋·勿躬篇》「容成作曆」。《莊子·則陽篇》：「容成氏曰：『除日無歲，無內無外。』」清郭慶藩《莊子集釋》卷八下引俞樾曰：「《莊子·則陽篇》嘗引容成氏語，《釋文》云：『老子師也。』《漢志》陰陽家有《容成子》十四篇，房中家又有《容成陰道》二十六卷，此即老子之師也。」又曰：「合諸說觀之，容成氏有三：上古之君，一也；黃帝之臣，二也；老子之師，三也。然老子生年亦究不可考，其師或即黃帝之臣乎？未可知矣。」姚振宗《漢書藝文志條理》云：「此書列在《南公》之次、《張倉》之前。南公，楚懷王時人。張倉，秦漢時人。謂為老子之師，似不然矣。或六國之末別有其人號容成子，著書言陰陽律曆終始五行者歟？」王先謙《漢書補注》引朱一新云：「《志》次於《南公》後，當是六國時人，言陰陽以為容成之道，如《黃帝泰素》之比。」〔註28〕顧實《漢書藝文志講疏》：「此抑次於《南公》之後，當亦如道家之黃帝矣。朱一新曰『疑六國時人作』，非也。」陳朝爵《漢書藝文志約說》曰：「朱說是也。凡諸子術數，皆依託前哲，如《孟子》所稱『有為神農之言者許行』之類，後房中術亦有《容成陰道》。」

《張蒼》十六篇。丞相、北平侯。〔一〕

【集釋】

〔一〕其書亡佚。宋王應麟《漢藝文志考證》卷六曰：「本傳：『著書十八篇，言陰陽律曆事。』篇數不同。」姚振宗《漢書藝文志條理》：「其餘二篇，疑在曆譜家《律曆數法》三卷中。」顧實《漢書藝文志講疏》：「篇數不同，蓋『八』、『六』字形近易訛。」張舜徽《漢書藝文志通釋》：「書經傳寫，記數之字多舛，六八形近易言化，必有一誤。」清沈欽韓《漢書藝文志疏證》曰：「《年表》云：『張蒼曆譜五德。』按：蒼不數亡秦當五運者是也。」

〔註28〕張舜徽《漢書藝文志通釋》亦云：「《漢志》著錄之《容成子》十四篇，列於《南公》之次、《張蒼》之前，必非老子之師無疑。此書蓋出六國時人之手，而託名於容成子者也。」

《李子》三十二篇。〔一〕名悝，相魏文侯，富國強兵。〔二〕

【集釋】

〔一〕其書亡佚。顧實《漢書藝文志講疏》：「儒家《李克》七篇，兵權謀家《李子》十篇，蓋俱非同書。《食貨志》言『李悝為魏文侯作盡地力之教』，與《史記·貨殖傳》言『當魏文侯時，李克務盡地力』正合。故知克、悝一人，而此其法家言也，蓋自著之書。《晉書·刑法志》言悝撰次諸國法，著《法經》六篇，商鞅受之以相秦。」孫星衍《嘉穀堂集·李子法經序》曰：「李悝《法經》六篇存唐律中，即《藝文志》之《李子》三十二篇在法家者〔註29〕。後人援其書入律令，故隋以後志經籍者不載。」清沈欽韓《漢書藝文志疏證》曰：「今按李悝為律家之祖，三十二篇，則其自著書。」而梁啟超《漢書藝文志諸子略考釋》曰：「《法經》為漢律九章所本，近人黃奭有輯本，或即在《李子》三十二篇中，但其書疑亦後人誦法李悝者為之，未必悝自撰也。」

〔二〕《漢書·食貨志》：「陵夷至於戰國，貴詐力而賤仁義，先富有而後禮讓。是時李悝為魏文侯作盡地力之教，……行之魏國，國以富強。」唐房玄齡《晉書·刑法志》：「是時承用秦漢舊律，其文起自魏文侯師李悝，悝撰次諸國法，著《法經》。以為王者之政莫急於盜賊，故其律始《盜》、《賊》。盜賊須劾捕，故著《網捕》二篇。其輕狡、越城、博戲、借假、不廉、淫侈、逾制，以為《雜律》一篇。又以《具律》具其加減，是故所著六篇而已，然皆罪名之制也。商君受之以相秦。」孫德謙《諸子通考》卷三：「古人之學，最重師承。《史·鼂錯列傳》云：『錯學申、商刑名於軹張恢生所，與洛陽宋孟及劉帶同師。』則法家之術世有傳授矣。《晉書·刑法志》：『……商君受之以相秦。』如其說，鞅之為秦立法，則師事李悝矣。至韓非學於荀卿而自成法家，尉繚學於商君而別為雜家（謙注：劉向《別錄》云：「繚為商君學。」），雖互有出入，要可見法家一流未嘗無師傳也。後人但知儒者釋經，確守師說，而孰知法家者亦若是乎？然此第刑法一家耳。」

《商君》二十九篇。〔一〕名鞅，姬姓，衛后也。相秦孝公，有列傳。〔二〕

〔註29〕孫星衍謂即《漢志》之《李子》三十二篇，顧實《漢書藝文志講疏》認為似失之。

【集釋】

〔一〕《四庫全書總目》著錄五卷。太史公曰：「嘗讀《商君‧開塞》、《耕戰書》，與其人行事相類。」《隋志》作五卷，《新唐志》或作《商子》。《讀書志》云宋時亡三篇，又佚其二，凡二十四篇。張舜徽《漢書藝文志通釋》：「晁公武《郡齋讀書志》云：『二十九篇今亡三篇。』是宋時已二十六篇矣。今所傳本，目凡二十有六，而有目無書者二篇。《刑約》第十六篇亡，第二十一篇並目亦亡，實存止二十四篇耳。其書涉及魏襄王事及長平之勝，皆在鞅死後數十年，其非鞅所自著無疑。……蓋其初本有遺文傳世，至六國時，又有人掇拾餘論以補充之也。」（以上論著錄源流）孫德謙《諸子通考》卷三：「商君者，法家也，乃農家《神農》二十篇，劉向則云：『李悝及商君所說。』若然，鞅以法家而通於農矣。抑吾嘗讀其《戰法》、《兵守》諸篇，初不解鞅以法術聞於後世，而於戰守之道何以論之極精。及觀《志》兵書一略，於權謀家有《公孫鞅》二十七篇，然後知鞅又通於兵家者也。班氏所以互見之者，非以其長於兵謀哉？夫道與兵、農皆專家之業也，豈知法家者流，無不通其學，則治其書者，苟能明辨乎此，庶不疑宗旨之雜入矣。」又曰：「如法家者，使能於明法之後，而更以德禮行之，則為純王之治，不復有殘刻之患也。顧百家學術各有所宗，刻者所為，雖專任刑法，抑知惟為法家，故以刑法為主，況商、韓二子又能相地制宜，因時濟變者乎？夫天下有治世之學術，有亂世之學術。昔者武侯之相蜀也，信賞必罰，綜覈名實，於用人行政，皆斷之於法。在武侯以王佐之才，彼豈不知教化仁愛之為美哉？反謂《商君書》益人意志，而以法為歸。蓋三國之世，適當離亂故耳。余故謂治諸子者當尚論其世，又貴審乎所處之時，善為用之。必以法家蔽失而詆排之，是真所云因噎廢食矣。」呂思勉《經子解題‧商君書》：「今《商君書》精義雖不逮《管》、《韓》之多，然要為古書，非偽撰；全書宗旨，盡於『一民於農戰』一語。其中可考古制及古代社會情形處頗多，亦可貴也。」（以上論學術大旨）王叔岷《管子斠證序》曰：「商君為人雖刻薄少恩，然其書實有裨於法治。惜前賢討治者少，鈔刊舛誤，研習匪易。自清儒嚴可均校本出，乃稍可讀；俞樾、孫詒讓、陶鴻慶諸儒相繼校理，發正漸多；時賢朱師轍《商君書解詁》定本，疏釋讎校，益臻完善。朱氏治《商君書》垂四十年，《解詁》之作，初印於滬，再印於蜀，最後寫成定本，刊入《中山大學叢書》，其工苦如此！然岷細

讀一過，尚覺多可商榷補正者，因於講習之暇，作《商君書斠補》云。」
（以上論校讎源流）

〔二〕《史記》本傳：「商君者，衛之諸庶孽公子也，名鞅，姓公孫氏，其祖本姬姓
也。鞅少好刑名之學，事魏相公叔痤為中庶子。……公叔既死……遂西入
秦，……為左庶長，卒定變法之令。……商君相秦十年，宗室貴戚多怨望
者。……秦孝公卒，太子立。公子虔之徒告商君欲反，發兵攻商君。……秦
惠王車裂商君以徇，曰：『莫如商鞅反者！』遂滅商君之家。」

《申子》六篇。〔一〕名不害，京人。相韓昭侯，終其身諸侯不敢侵韓。〔二〕○
師古曰：「京，河南京縣。」

【集釋】

〔一〕劉向《別錄》曰：「今民間所有上下二篇、中書六篇，皆合。二篇已備，六
篇過太史公所記。」《史記》但言申子著書二篇，而著錄於《漢志》者為六
篇。《七錄》：「《申子》二卷。」《隋志》：「梁有《申子》三卷，亡。」新、
舊《唐志》仍三卷。而《通志·藝文略》、《文獻通考·經籍考》均不之及，
殆亡於南宋。《群書治要》載《大體篇》，蓋亦不完。凡六篇目，《三符》、
《君臣》、《大體》三篇目可徵而已。馬國翰有輯本，未盡。（以上論著錄源
流）《荀子》曰：「申子蔽於勢而不知知。」《韓非子》曰：「申不害徒術而
無法，公孫鞅徒法而無術。」清沈欽韓《漢書藝文志疏證》曰：「其云：『妒
妻不難破家，亂臣不難破國。智均不相使，力均不相勝。百世有聖人猶隨
踵，千里有賢者是比肩。』大抵為韓非之所本。」張舜徽《漢書藝文志通
釋》：「《史記·老莊申韓列傳》云：『……申子之學，本於黃老，而主刑名。
著書二篇，號曰《申子》。』玩繹此末句八字，可知申子之書，乃自著而自
題之。百家著述，自名為子，蓋以此為最早。餘則率由時人或後世所補題，
目之為某子耳。」（以上論學術大旨）

〔二〕《史記·老莊申韓列傳》：「申不害者，京人也，故鄭之賤臣。學術以干韓
昭侯，昭侯用為相，內修政教，外應諸侯，十五年。終申子之身，國治兵
強，無侵韓者。申子之學，本於黃老而主刑名，著書二篇，號《申子》。」
孫德謙《諸子通考》卷三：「戰國之世，學校已衰，故士之奮志功名者不
得不出於游說。即以孟子大賢，亦從者數百，後車數十以傳食於諸侯，蓋
時勢使然也。《史記·申子列傳》曰：『……』是申子嘗挾其說以干世主矣。

然卒能使國治兵強，則其功亦甚巨。況其進身之始，雖近於立談取卿相，而不知當時取士之法，實由於此乎？」

《處子》九篇。師古曰：「《史記》云趙有處子。」〔一〕

【集釋】

〔一〕其書亡佚。清姚振宗《漢書藝文志條理》曰：「《史》、《漢》舊本或作劇，或作處。唐、宋人已莫衷一是，今更無得而詳矣。」王應麟《漢藝文志考證》：「《風俗通》『漢有北海太守處興』，蓋處子之後。《史記正義》『趙有劇孟、劇辛』，是有劇姓。」陳朝爵《漢書藝文志約說》曰：「王氏於處、劇二說未證其孰是。考《廣韻》，處、劇實為二姓，而字形相似，故傳寫有異。顧實云『處即是劇』，似為失考。」

《慎子》四十二篇。〔一〕名到，先申、韓，申、韓稱之。〔二〕

【集釋】

〔一〕宋王應麟《漢藝文志考證》曰：「《漢志》四十二篇，今三十七篇亡，惟有《威德》、《因循》、《民雜》、《德立》、《君人》五篇，滕輔注。」清嚴可均《鐵橋漫稿》卷五《慎子敘》：「《漢志》法家：《慎子》四十二篇。名到，先申、韓，申、韓稱之。《隋志》、《舊》《新唐志》皆十卷，滕輔注。《崇文總目》三十七篇，《書錄解題》稱麻沙刻本纔五篇，余所見明刻本亦皆五篇。今從《群書治要》寫出七篇，有注，即滕輔注，其多出之篇曰《知忠》，曰《君臣》。其《威德篇》又多出二百五十三字，雖亦節本，視陳振孫所見本為勝。因刺取各書引見之文，校補訛脫，其遺文短段不能成篇者凡四十四事，附於後。滕輔，東漢人。《藝文類聚》六十有漢滕輔《祭牙文》，亦作滕撫，又作騰撫。《後漢書》：滕撫，字叔輔，有傳。《元和姓纂》：騰本滕氏，因避難改為騰氏。後漢相騰撫，蓋滕、騰一姓，輔、撫一聲，故二文隨作矣。東晉亦有滕輔，《隋志》梁有晉太學博士《滕輔集》五卷、《錄》一卷，亡。《舊》、《新唐志》皆五卷，《慎子注》為漢為晉，未敢定之。」（以上論著錄源流）《荀子·非十二子篇》曰：「慎子蔽於法而不知賢。」又曰：「慎子有見於後，無見於先。」《史記》注引徐廣曰：「劉向所定，有四十二篇。」《荀子》注：「其術本黃老，歸刑名，多明不尚賢、不使能之道。」明方孝孺《遜志齋集》卷四《讀慎子》：「世以慎到與鄧析、韓非之

流並稱。到雖刑名家，然其言有中理者，非若彼之深刻也。其謂『立天子以為天下，非立天下以為天子』，不猶儒者所謂君為輕之意乎？其謂『役不得逾時』，不猶不違農時之意乎？其謂『用人之自為，不用人之為我』，不猶舍己從人之意乎？其謂『不設一方以求於人』，不猶無求備之意乎？其謂『人君任人而勿自躬』，不猶任賢勿疑之意乎？但到不聞聖人之道，不知仁義之治，墮於曲學，而流於卑陋爾夫。豈其性然哉！」明羅明祖《羅紋山全集》卷四《讀慎子》：「典則嚴謹，與《尚書》無異。所異者，以其氣格奇駿，故不及耳。」清方潛頤《二知軒文存》卷十三《讀慎子》：「雖法家言，而簡括純粹，無一枝辭蔓語，以少勝多，稷下固推巨擘。其曰：『明君動事分官由慧，定賞分財由法，行德制中由禮。』又曰：『天道因則大，化則細。』又曰：『臣疑君而無不危國，孼疑宗而無不危家。』警動名貴，可入奏疏。吾讀到之文，深惜其不為世用也。本道而附於情，主法而責於上，夫豈在繁稱博引、累牘連篇哉？若到之善言名法，在當時能有幾人耶？覺賈生之策治安尚嫌辭費也。」孫德謙《諸子通考》卷三：「今《志》入之法家，誠得其當矣。《史·孟荀列傳》云：『慎到，趙人，學黃、老道德之術，著十二論。』則慎子雖為法家，又通於道家者也。」呂思勉《經子解題·慎子》：「此書亦法家者流，而闕佚殊甚。……觀荀、莊二子之論，其學實合道、法為一家。故《史記》謂其學黃、老道德之術，《漢志》以其書隸法家也。」張舜徽《漢書藝文志通釋》：「《史記·孟荀列傳》：『慎到，趙人；田駢，接子，齊人；環淵，楚人；皆學黃、老道德之術。因發明序其指意，故慎到著十二論。』《集解》引徐廣云：『今《慎子》，劉向所定有四十一篇。』觀史公所論，則慎子所著十二論，乃道家言。疑十二論原在已佚之三十七篇中，今則不可考矣。」（以上論學術大旨）

〔二〕《史記·孟荀列傳》：「慎到，趙人。田駢、接子，齊人。環淵，楚人。皆學黃老道德之術。因發明序其指意。故慎到著《十二論》，環淵著《上下篇》，而田駢、接子，皆有所論焉。」《荀子·修身篇》楊倞注：「齊宣王時處士慎到，其術本黃老而歸刑名，先申韓，其意相似，多明不尚賢、不使能之道，著書四十一篇。」明張萱《疑耀》卷二「慎子名姓辨」：「《孟子》：『魯欲使慎子為將軍。』趙岐注：『慎子名滑釐。』正義同，朱考亭從之。又按《史記》：慎到，趙人。謂慎子即慎到，是到又慎子之名，諸書皆同，但下文此則滑釐所不識也，為慎子自呼。余按：古人自呼皆呼名，未有呼字者，豈慎

子以滑釐為名，而以到為字耶？皆不可曉。《莊子・天下篇》又曰：慎子與彭蒙、田駢為友，學墨子弟子禽滑釐之術。故薛仲常應旗著《四書人物考》，遂以慎子所云滑釐乃述其師非自呼其名也，豈師弟同名耶？《姓譜》諸書又以滑釐字慎子，其後以字為氏，而以滑釐為慎氏所自出，則益誤矣。慎子之先，當有慎氏，慎之姓非自滑釐始也。」

《韓子》五十五篇。〔一〕名非，韓諸公子。使秦，李斯害而殺之。〔二〕

【集釋】

〔一〕《史記・老莊申韓列傳》：「韓非者，韓之諸公子也。喜刑名法術之學，而其歸本於黃、老。……作《孤憤》、《五蠹》、《內外儲》、《說林》、《說難》十餘萬言。」注：「《新序》曰：『申子書言人主當執術無刑，因循以督責臣下，其責深刻，故號曰術。商鞅所為書號曰法。皆曰刑名，故號曰刑名法術之書。』」東萊呂氏曰：「太史公謂非喜刑名法術之學，則兼治之也。」《索隱》：「按《韓子》書有《解老》、《喻老》二篇，是大抵亦崇黃老之學耳。」孫德謙《諸子通考》卷三：「法家派別，余於前篇已詳言之，而其相通之理則學者又不可不知也。太史公以申、韓二子合老、莊為一傳，並為之說曰：『申子之學本於黃老，而主刑名。』『韓非者，韓之諸公子，喜刑名法術之學，而其歸本於黃老。』則法家皆通於道矣。申子書已亡，《韓非子》不有《解老》、《喻老》兩篇乎？其為《老子》作注，是非固深於《老子》者也。」（第131頁）劉咸炘《子疏》論韓非學問之變曰：「非之術蓋多變矣。初學於荀卿，必不如是也。觀《外儲》引孔子盂圓水圓之說，是荀卿所述（《君道》），而非聞之者也。乃以孔為不知，其背師明矣。繼而學於黃老，故書常稱引道家鄭長者說（《外儲說右》）。《解老》一篇，義頗純正，與後世誤解而訿老者大殊，雖亦有淺陋誤解，固不害也。其言寧有與其所謂法術相合者邪？此其所學而非所執也。又繼乃為管、慎、申之說，故《主道》二篇，純為申義，《現行》以下諸篇，雜慎、申之說，其說皆與其後之說相反，如《安危》言有信無詐，而《外儲說左下》則言恃勢恃術而不恃信矣。《難三篇》駁管子賞罰信於所見，不求所不見之說，以為好說在所見，則群下必飾奸罔君矣。《用人篇》詳申子治不逾官之說，《難三篇》亦申之，而《定法篇》則謂治不逾官為非矣。是皆後益深刻之之驗也。且不獨於前人之說也，《內儲說》戒兩用，而《難一篇》則言有術不患兩

用;《難四篇》皆自難而自駁,則其自為之說亦駁之矣。大氏其初雜申、慎語,尚有純者,如《功名篇》稱堯舜,《有度篇》言先王,皆管、慎、申之所同;其後之自為說者,大氏宗商而兼慎,用申之術而去其無為自然法之說,純為嚴刑立法、密術察奸矣。極詆私行私意,以尊公功,尊主威,則商鞅之本旨也。故韓非子之於商極近,而於申稍遠焉。」呂思勉《經子解題·韓子》:「刑名法術,世每連稱,不加分別,其實非也。刑名之刑,本當作形,形者,謂事物之實狀,名則就事物之實狀,加以稱謂之謂也。凡言理者,名實相應則是,名實不相應則非;言治者名實相應則治,不相應則亂;就通常之言論,察其名實是否相應,以求知識之精確,是為名家之學。操是術以用諸政治,以綜覈名實,則法家之學也。故『形名』二字,實為名、法家所共審;而『名法』二字,亦可連稱。『法術』二字,自廣義言之,法蓋可以該術,故治是學者,但稱法家。若分別言之,則仍各有其義。法者,所以治民;術者,所以治治民之人。言法者宗商君,言術者祖申子。見本書《定法篇》。法家之學,世多以刻薄訾之。其實當東周之世,競爭既烈,求存其國,固不得不以嚴肅之法,整齊其民。且後世政治,放任既久;君主之威權,不能逮下;民俗亦日益澆漓。故往往法令滋章,則奸詐益甚;國家愈多所興作,官吏亦愈可藉以虐民。在古代國小民寡、風氣醇樸之時,固不如是。天下無政治則已,既有政治,即不能無治人者與治於人者之分;然同是人也,治於人者固須治,豈得謂治人者,即皆自善而無待於治?今世界各國,莫不以治人者別成一階級為患。其所謂利,上不與國合,下不與民同。行政之官吏然,民選立法之議會,亦未嘗不然。世界之紛擾,由於治於人者之蠢愚者,固不能免;出於治人者之狡詐昏愚,嗜利無恥者,殆有甚焉。術家之言,固猶不可不深長思也。《韓非》謂言法者宗商君,言術者祖申子。今《申子書》已不傳。世所傳《商君書》,雖未必偽,然偏激太甚,而精義顧少,遠不逮《管》、《韓》二書。道、法二家,關係最切。原本道德之論,《管子》最精;發揮法術之義,《韓非》尤切。二書實名、法家之大宗也。」(以上論學術大旨)王叔岷《韓非子斠證序》曰:「王先慎《韓非子集解》,搜輯舊詮,附益己見,勝義紛陳,頗便初學。惟其疏舛處,亦間有之。陶鴻慶《讀韓非子扎記》二卷,所見已多溢出《集解》者。惜其立說,好憑臆斷,《韓子》舊觀,仍多未復。因據宋乾道本讎斠一過,匡謬拾遺,冀存其真,好古之士,或有取焉。」(以上論校讎源流)

〔二〕《四庫提要》曰:「非之著書,當在未入秦前。……為非撰,實非非所手定也。」梁啟超《漢書藝文志諸子略考釋》曰:「今存,凡十二卷,篇數同《漢志》。開卷《初見秦》一篇,據《戰國策》,乃范雎之辭,然則本書明有他人著作錯入矣。」張舜徽《漢書藝文志通釋》:「《史記‧老莊申韓列傳》:『韓非者,韓之諸公子也。……人或傳其書至秦,秦王見《孤憤》、《五蠹》之書曰:「嗟乎!寡人得見此人與之遊,死不恨矣。」李斯曰:「此韓非之所著書也。」秦因急攻韓。韓王始不用非,及急,乃遣非使秦。秦王悅之,未信用。李斯、姚賈害之,毀之曰:「韓非,韓之諸公子也。今王欲並諸侯,非終為韓不為秦,此人之情也。今王不能用,久留而歸之,此自遺患也,不如以過法誅之。」秦王以為然,下吏治非。李斯使人遺非藥,使自殺。韓非欲自陳,不得見。秦王後悔之,使人赦之,非已死矣。』非以高才不遇,竟遭人嫉忌以死,然終不失為六國時一大政治理論家也。李斯取其術相秦皇以治天下,卒能成一統之業,則其效可睹矣。非之學雖為法家之集大成者,而實深於黃老無為之旨。今觀其書,《主道》、《大體》、《揚權》諸篇,皆道論之精英也。史公稱其『喜刑名法術之學,而其歸本於黃老』,可謂諦當。」

《遊棣子》一篇。師古曰:「棣,音徒計反。」〔一〕

【集釋】

〔一〕其書亡佚。清沈欽韓《漢書藝文志疏證》曰:「《鼂錯傳》:『與洛陽宋孟及劉帶同師軹張恢生』,此『遊棣』與『劉帶』聲同。」張舜徽《漢書藝文志通釋》:「此二人姓名俱異,不可視為一人。且《史記‧鼂錯傳》作劉禮,沈氏據《漢書》耳。」

《鼂錯》三十一篇。〔一〕

【集釋】

〔一〕其書亡佚。清周壽昌《漢書注校補》卷二十八:「案本傳云三十篇。《隋志》云:梁有《鼂氏集》三卷,漢御史大夫鼂錯撰,亡。《唐志》復有鼂氏《新書》十卷,今佚。鄭樵《通志》作三卷,馬總《意林》三卷。而《通考》無之,亡久矣。」(以上論著錄源流)司馬遷曰:「賈生、鼂錯明申、商。」王應麟《漢藝文志考證》:「錯學申、商刑名於軹張恢生所,與洛陽宋孟及劉帶同師。呂氏曰:『申、商之學,亦世有傳授。』」《文選注》四十五《答賓戲》引《鼂錯新書》曰:「臣聞帝王之道,包之如海,養之如春。」《御覽》九百

四十四《朝子》曰：「以火去蛾，蛾愈多；以魚毆蠅，蠅愈至。」張舜徽《漢書藝文志通釋》：「《史記·鼂錯傳》言錯『數上書，孝文時，言削諸侯事及法令可更定者，書數十上。孝文不聽，然奇其材。』又言『錯所更令三十章，諸侯皆喧嘩』。《漢書》本傳則云：『錯又言宜削諸侯事，及法令可更定者，書凡三十篇。孝文雖不盡聽，然奇其材。』《漢書》所云『書凡三十篇』，即《史記》所言『書數十上』也。此所謂『書』，乃指當時上之於朝之章奏，故《史記》直作『三十章』。與《漢志》著錄之三十一篇書，似非一物。《史記》稱錯『學申商刑名於軹張恢先所』。則其於法家之學，素養自深。法家主於因時立法，因事制禮。錯亦敢於昌言變易舊制，卒致吳楚七國之反，身死東市。古之法家，若商鞅、李斯，莫不以身殉道，乃事之常，無足怪者。史公竟以『變古亂常，不死則亡』譏錯，豈知言哉！」（以上論學術大旨）

《鄧析》 二篇。〔一〕鄭人，與子產並時。〔二〕○師古曰：「《列子》及《孫卿》並云子產殺鄧析，據《左傳·召公二十年》『子產卒』、《定公九年》『駟歂殺鄧析而用其竹刑』，則非子產所殺也。」

【集釋】

〔一〕其書疑偽。劉向序云：「臣所校讎中《鄧析書》四篇，臣敘書一篇，凡中外書五篇，以相校，除複重為一篇。……子產卒後二十年而鄧析死，傳說或稱子產誅鄧析，非也。其論無厚者，言之異同，與公孫龍同類。」嚴可均《鐵橋漫稿》卷五《鄧析子敘》：「《漢志》名家：《鄧析》二篇，鄭人，與子產並時。《隋志》、《舊》、《新唐志》皆一卷，《意林》一卷二篇，《崇文總目》言劉歆校為二篇，今本二篇即歆所分，而前有劉向奏稱除複重為一篇者，蓋歆冠以向奏，唐本相承如此也。或言此奏當為歆作，知不然者，《意林》及楊倞注《荀子》皆云向，不云歆也。……因據各書引見，改補五十餘事，疑者闕之。舊三十二章，今合併為三十一章，節次或不相屬，而詞悄完具。各書徵用，鮮出此外。惟《御覽》八十《符子》引鄧析言曰：『古詩云：堯、舜至聖，身如脯臘。桀、紂無道，肌膚二尺。』今本無之，當是佚脫。」（以上論著錄源流）晁公武《郡齋讀書志》卷三上：「班固錄析書於名家之首，則析之學，蓋兼名、法家。今其書大旨訐而刻，真其言也，無可疑者。而其間時剿取他書，頗駁雜不倫，豈後人附益之與？」明方孝孺《遜志齋集》卷四《讀鄧析子》：「鄭人鄧析所著《無厚》、《轉辭》二篇，

其言皆嚴酷督責之行，韓非、李斯之徒也。嗚呼！先王之澤竭，而仁義道德之說不振，刑名者流著書以干諸侯，用之而亡國者何限？其遺毒餘焰蔓延於天下，生民受其害，至今而未已，不亦哀哉！予擇其可取者二百言著於篇，餘皆焚之。夫水濁則無掉尾之魚，政苛則無逸樂之士。故令煩則民詐，政擾則民不定。不治其本而務其末，譬如拯溺錘之以石，救火投之以薪。為君當若冬日之陽，夏日之陰，萬物自歸，莫之使也。恬臥而功自成，優游而政自治，豈在振目扼腕，手據鞭樸而後為治歟？心欲安靜，慮欲深遠。心安靜則神策生，慮深遠則計謀成。心不欲躁，慮不欲淺。心躁則精神滑，慮淺則萬事傾。怠生於宦成，病始於少瘳，（偏）〔禍〕生於懈慢，孝衰於妻子。目貴明，耳貴聰，心貴公。以天下之目視則無不見，以天下之耳聽則無不聞，以天下之知慮則無不知。」孫德謙《諸子通考》卷四：「名家之學，原本禮官。禮官則以人之名位既各不同，而禮數亦因之而異，故重在辨名。及後官失其守，遂為名家之業。……後世名家《鄧析》、《尹文子》書中，誰不條禮？其於異同之故，則言之最詳，蓋猶得禮官之意矣。」又曰：「（鄧）析之本書，綜覈名實，確乎其為名家。凡讀古人書，知其為某家，則探研乎此書之真，不可因他說而致疑於此。析，名家也，其書循名責實，宗旨既得其真，則就名家以求之，析自有一家之長也。即書中言及於法，如『奉法宣令，臣之職也』，『民一於君，事斷於法』諸語，未嘗不涉及於法，然在析不過辨名實耳。後世以析曾造竹刑，遂因其首篇《無厚》，謂析之用刑，失忠厚之道，此大不然。夫名之與法，學可相通，而要其區別，使名、法無分，古人亦何必析之為二家哉？故讀其書者，以名為歸可耳。」梁啟超《漢書藝文志諸子略考釋》曰：「已佚。今所傳者蓋偽書。……全書皆膚廓粗淺，摭拾道家言，與名家根本精神絕相反，蓋唐、宋後妄人所為，決非《漢志》舊本也。鄧析有無著書，本屬疑問。無厚、同異諸論，皆起自《墨經》以後，疑原書已屬戰國末年人依託，今本又偽中出偽也。」呂思勉《經子解題·鄧析子》：「此書有採掇先秦古書處，又有後人以己意竄入處。覈其詞意，似係南北朝人所為。如『在己為哀，在他為悲』，『患生於宦成，病始於少瘳，禍生於懈慢，孝衰於妻子』等，皆絕非周、秦人語也。偽竄處固已淺薄，採掇古書處亦無精論，無甚可觀。」陳朝爵《漢書藝文志約說》：「老子薄仁義，又云天地、聖人不仁，故其變為申、韓。而鄧析在春秋時即有此學說，是又申、韓之先河，真老之別子。

當時儒、道兩家，分道揚鑣可見已。」張舜徽《漢書藝文志通釋》：「鄧析為鄭大夫，與子產同時，子產治鄭，而鄧析務難之。子產嘗鑄刑書於鼎，鄧析則別造竹刑，用以教人，宣揚法治。『從之學訟者，不可勝數』（見《呂氏春秋·離謂篇》）。是固春秋末期法家先驅也。然而『操兩可之說，設無窮之辭』（劉向《敘錄》語）。長於辯論，故漢人又列入名家。考《荀子·不苟篇》云：『山淵平，天地比，齊秦襲，入乎耳，出乎口，鉤有鬚，卵有毛，是說之難持者也，而惠施、鄧析能之。』《非十二子篇》又云：『不法先王，不是禮義，而好治怪說，玩琦辭，甚察而不惠，辯而無用，是惠施、鄧析也。』《淮南子·詮言篇》亦云：『鄧析巧辯而亂法。』今觀傳世之《鄧析子》，此類言論不多，而惟掇拾黃老申韓之言以成書，知非先秦之舊無疑。今本一卷，仍分《無厚》、《轉辭》二篇。雖與《漢志》所載篇數合，然其文節次不相屬，偽跡固顯然易見也。」（以上論學術大旨與真偽）

〔二〕《列子·仲尼篇》：「鄭之圃澤多賢，東里多才。圃澤之役有伯豐子者，行過東里，遇鄧析。」張湛注曰：「鄧析，鄭國辯智之士，執兩可之說，而時無抗者，作竹書，子產用之也。」

《尹文子》一篇。〔一〕說齊宣王，先公孫龍。〔二〕○師古曰：「劉向云與宋鈃俱遊稷下。鈃，音形。」

【集釋】

〔一〕其書疑偽。《隋》、《唐志》二卷，即今本《尹文子》上下二篇，復有殘闕。呂思勉《經子解題·尹文子》：「此書言名法之義頗精，然文甚平近，疑經後人改竄矣。按《漢志》，《尹文子》一篇。《隋志》二卷。《四庫提要》云：『前有魏黃初末山陽仲長氏序，稱條次撰定，為上下篇。《文獻通考》著錄作二卷。此本亦題《大道上篇》、《下篇》，與序文相符，而通為一卷。蓋後人所合併也。序中所稱熙伯，蓋繆襲之字。其山陽仲長氏，不知為誰。李淑《邯鄲書目》以為仲長統。然統卒於建安之末，與所云黃初末者不合。晁公武因此而疑史誤，未免附會矣。』按：四庫著錄之本，與今通行本同。此序恐係偽物。《群書治要》引此書，上篇題《大道》，下篇題《聖人》，與今本不合，則今本尚定於唐以後也。今本兩篇，精要之論，多在上篇中。然上篇實包含若干短章；因排列失次，其義遂不易通。蓋條次撰定者，於此學實未深造，此篇蓋《漢志》之舊。其文字平近處，則後人所改。下篇由雜集而成，蓋後

人所附益，非漢時所有。」（以上論著錄源流）洪邁《容齋續筆》引劉歆云：「其學本於黃老，居稷下，與宋銒、彭蒙、田駢等同學於公孫龍。今其文僅五千言，亦非純本黃老者，頗流而入於兼愛。」明方孝孺《遜志齋集》卷四《讀尹文子》：「《尹文子》一卷，劉向定為刑名家書。仲長統分為上下二篇，且以劉向之論為誣。然向謂為刑名家者，誠是也，特善於鄧析、田駢者耳。其說治國之道，以為人君任道不足以治，必用法術權勢。術者，人君之所密用，群下不可妄窺。勢者，製法之利器，群下不可妄為。非刑名家而何？但其為民之心頗切，末章尤中時君之弊。使舉而行之，名實正而分數明，賞罰嚴而事功舉，亦足以善其國。然其苛刻檢柅，而難於持循蹈履，非王者之道，以故君子不取。而統獨好之，遂因以斥向，殆有所激而然耶？」明羅明祖《羅紋山全集》卷四《讀尹文子》：「太史公曰：申、韓皆原於道德之意。吾讀《尹文子》，此信矣。其造理犀利，已入木八九分，而詞色削薄，格局離披，多欠精旺。又云真質處以縱逸行之。今時作論浮縟，此可藥。」清沈欽韓《漢書藝文志疏證》曰：「《說苑》尹文對齊宣王曰：『事寡易從，法省易因。』其書言『有形者必有名，有名者未必有形。形而不名，未必失其方圓白黑之實。名而不可不尋名以檢其差，故名以檢形，形以定名，名以定事，事以檢名』，大旨為公孫龍所祖述，龍又加寃瑣焉。」孫德謙《諸子通考》卷四：「名物之名三者，其說出《尹文子·大運》上篇，曰：『名有三科：一曰命物之名，方圓白黑是也；二曰毀譽之名，善惡貴賤是也；三曰況謂之名，賢愚愛憎是也。』立此三科，正名之道，要不能外乎此。故曰：『名以檢形，形以定名；名以定事，事以檢名。察其所以然，則刑名之於事物，無能隱其理。』若是讀《尹文子》者，可以得辨名之旨，而其書之列入名家，萬無可疑。高似孫謂其『學老氏而雜申、韓』，自漢以後，於諸子之學不能識其家數，遂不足以窺其立言之指，故如《子略》之言，尹文幾不得為名家。洪容齋《隨筆》云：『詳味其言，頗流而入於兼愛。』則又以為近墨家矣。此皆不善讀書者也。夫名家未嘗不言法，所謂『以法定治亂』，『百度皆準於法』，是為其兼法而言，不知此仍綜覈名實耳，非雜申、韓者也。吾嘗謂治百家之術者，當從《漢志》。彼既列在某家，即就此家以考求之。如《尹文》為名家，但知其為名家之書可耳。道家之學，無所不包，《老子》曰：『無名天地之始，有名萬物之母。』亦及乎名之有無矣。《尹文》云：『大道治者，則名、法、儒、墨自廢。』謂之學老氏，有何不可？然《尹文》要為名家，

全書都係名家之說，而又混入道家乎？至《容齋》謂流入兼愛，卻亦有見。……諸子之書，萬變而不離其宗，此其所以為專家。名而取道、法，與墨、雜視之，猶能知尹文之家數乎？夫家數不明，丙部之學宜其絕聞於後世耳，豈不可歎哉？」呂思勉《經子解題·尹文子》：「此書之旨，蓋尊崇道德，故謂道貴於儒、墨、名、法，非法術權勢之治，所得比倫。夫所貴於道者，為其能無為而治也；無為而治，非不事事之謂，乃天下本無事可為之謂；天下所以無事可為者，以其治也；天下之所以治，以物各當其分也。蓋天下之物，固各有其分；物而各當其分，則天下固已大治矣。然此非可安坐而致，故必借法以致之。所謂『道不足以治則用法，法不足以治則用術，術不足以治則用權，權不足以治則用勢；勢用則反權，權用則反術，術用則反法，法用則反道』也。夫權與術與勢，皆所以行法；法則所以蘄致於道也。法之蘄致於道奈何？曰：使天下之物，各當其分而已。然非能舉天下之物，為之強定其分，而使之守之也。能使之各當其固有之分而已。所謂『圓者之轉，非能轉而轉，不得不轉；方者之止，非能止而止，不得不止。故因賢者之有用，使不得不用；因愚者之無用，使不得用』也。夫如是，則『形以定名，名以定事』之術，不可不講矣。……上篇之大旨如此。此篇雖經後人復位，失其次序；其文字疑亦有改易。然諸書言形名之理，未有如此篇之明切者，學者宜細觀之。又，此書上篇，陳義雖精，然亦有後人竄入之語。如『見侮不辱，見推不矜；禁暴寢兵，救世之鬥』；乃《莊子》論《尹文》語，此篇襲用之，而與上下文意義，全不相涉。即其竄附之證。蓋古人之從事輯佚者，不肯如後人之逐條分列，必以己意為之聯貫。識力不及者，遂至首尾衡決，亦非必有意作偽也。下篇則決有偽竄處。如『貧則怨人，賤則怨時』一節，斷非周、秦人語，亦全非名家之義也。」張舜徽《漢書藝文志通釋》：「然則尹文之學，與墨為近。故洪邁《容齋續筆》云：『詳味其言，頗流而入於兼愛』也。顧其言主術，悉歸本黃老。今觀《大道上》、《大道下》二篇，發明人君南面之術，時有善言，非盡後人所依託。然今本二篇，復多殘闕，亦有竄改。此殆唐、宋以來人所為，又非如《文心雕龍·諸子篇》所言『辭約而精，尹文得其要』之舊矣。」馬敘倫《莊子義證·天下篇》云：「今《尹文子》二篇，詞說庸近，不類戰國時文，陳義尤雜出，仲長統所撰定。然仲長統之序，前儒證其偽作，蓋與二篇並出偽作。」陳柱《諸子概論》云：「今人唐□（原文闕，空字當為「鉞」——引者注）謂，現行《尹文子》上下篇，

可懷疑之點甚多：甲、序之來歷可疑；乙、引用古書而故意掩晦來源；丙、用秦以後詞語；丁、文體不似先秦書；戊、剿襲別書之大段文字；己、襲用古書而疏謬；庚、一篇之中自相矛盾；辛、書中無尹文子之主張；壬、書中有與尹文主張相反者；癸、書中之錯誤與序中之錯誤相同。故決今本《尹文子》是偽書，其言蓋允。」（《陳柱講諸子》）（以上了學術大旨及真偽）

〔二〕《莊子‧天下篇》云：「不累於俗，不飾於物，不苟於人，不忮於眾。願天下之安寧，以活民命。人我之養，畢足而止。以此白心。古之道術有在於是者，宋鈃、尹文聞其風而悅之，作為華山之冠以自表。……見侮不辱，救民之鬥；禁攻寢兵，救世之戰。以此周行天下，上說下教，雖天下不取，強聒而不捨者也。……雖然，其為人太多，其自為太少。」《漢書‧古今人表》尹文子列第四等中上。

《公孫龍子》十四篇。〔一〕趙人。〔二〕○師古曰：「即為堅白之辨〔註30〕者。」
【集釋】

〔一〕顧實《漢書藝文志講疏》：「《隋志》不著錄，《舊唐志》三卷，賈公彥之子賈大隱曾為作注。《通志》一卷，亡八篇，則殘於宋矣。故今本止六篇。然首篇《跡府》，疑非原書。」清洪頤煊《讀書叢錄》卷十四「公孫龍子」條云：「《公孫龍子》，《漢書藝文志》十四篇，《新》、《舊唐志》俱作三卷，今止存一卷，凡六篇。《文苑英華》卷七百五十八有《公孫龍子論》，云咸亨二年歲次辛未十二月庚寅，有宗人王先生因出其書以示僕，凡六篇，勒成一卷。唐初所傳即是此本。」清姚際恒《古今偽書考》，以本書《漢志》所載，《隋志》無之，定為偽書。梁啟超《漢書藝文志諸子略考釋》曰：「《唐志》三卷。今所存六篇，《道藏》本分上、中、下三卷，蓋殘缺之書，卻不偽。」（以上論著錄源流與真偽）《荀子‧正名》論曰：「析辭擅作名以亂正名，使民疑惑，人多辯訟，則謂之大奸。」元吳萊《淵穎集》卷六《讀公孫龍子》：「世所傳《公孫龍子》六篇，龍蓋趙人，當平原君時，曾與孔子高論臧三耳，至其著堅白同異，欲推之天下國家，使君臣上下徇名責實，而後能治者，可謂詳矣。自太史公、劉向、班固之徒率稱其出古之禮官，及夫警者為之，然後有敝。公孫龍豈所謂訐者哉？然獨不明立一定之說，而但虛設無窮之辭，亦徒為紛更變亂而已，何其細也。」明方孝孺《遜志齋集》卷四《讀公孫龍

〔註30〕 「辨」，學津本、四部本、叢編本、四明本作「辯」。

子》：「君子無用乎辨也，豈惟無事乎辨，亦無事乎言也。充乎心，不得已而後言。正言之而理不明，不得已而後辨，辨而無所明，言而不出乎道，則亦無用乎言與辨矣。若公孫龍之辨，不亦費其辭乎？孔子所謂正名，數言而煥然矣。龍術為白馬、指物、通變、堅白、名實之論，枝蔓繁複，累數千言，然其意不越乎正名而已。傳有之曰：『有德者必有言。』有德之人，一言而有餘。不知道者，萬言而不足。故善學者必務知道。」明羅明祖《羅紋山全集》卷四《讀公孫子》：「辨才無礙，總是口舌機變，非吾儒之所謂極精微也。已開後世清談法門，然周人肆，晉人簡，蓋季末縱橫風氣也。」清方濬頤《二知軒文存》卷十三《讀公孫龍子》：「子石遊仲尼之門，作平原之客，其論堅白異同，意主循名責實，原不背於聖道，特假物取譬，離奇夭矯，翻瀾鼓舌，純以辭勝，而意為辭掩，辯則善矣，達則未也。欲冀時君之悟，徒貽警者之譏，所以言語一科，不得與宰我、子貢並列，正謂其強辭奪理，過於鑿空，毫無實際，轉令聞者生厭耳。然其用筆之妙，固不可及，鈍根人宜三服之。」呂思勉《經子解題·公孫龍子》：「今名家之書，傳者極少。《墨經》及《經說》，皆極簡質，又經錯亂，難讀。此外，唯見《莊子·天下》、《列子·仲尼》兩篇，亦東鱗西爪之談。此書雖亦難通，然既非若《墨經》之簡奧；又非如《莊》、《列》之零碎，實可寶也。《漢志》十四篇，《唐志》三卷，今僅存六篇，蓋已非完帙，《通志》載陳嗣古、賈大隱兩《注》，皆不傳。今所傳者，為宋謝希深《注》，全係門外語，絕無足觀。讀者如欲深求，當先於論理學求深造；然後參以名家之說散見他書者，熟讀而深思之也。」張舜徽《漢書藝文志通釋》：「公孫龍，戰國趙人，字子秉。為堅白同異之辯，當時《莊》、《列》、《荀卿》並著其言。相傳龍嘗乘白馬度關，關司禁曰：『馬不得過。』公孫曰：『我馬白，非馬。』遂過。故《初學記》卷七引《別錄》曰：『公孫龍持白馬之論以度關。』則其《白馬論》為尤著名也。其書《漢志》著錄十四篇，至宋僅存《跡府》、《白馬》、《指物》、《通變》、《堅白》、《名實》六篇。惟《跡府篇》疑為後人所集錄，餘皆龍之自作也。其意蓋疾名實之散亂，假物取譬，以明是非，自『白馬非馬』之論外，又有『離堅白』之說，謂石之堅與白可分為二。著重於分析感覺與概念，區分個別與一般、具體與抽象，以致過於強調事物之差別，此其所蔽也。抑公孫龍說趙惠王偃兵，見《呂覽·審應》；說燕昭王偃兵，見《呂覽·應言》，則其禁攻息戰之說，與尹文同，不徒以雄辯見稱於世矣。」陳柱《諸子概論》引欒調

甫《名家篇籍考》云：「《公孫龍子》之名《守白論》，本書《跡府篇》云：『疾名實之散亂，因資財之所長，為守白之論。假物取譬，以守白辯。』此其命名之由者。一也。《隋志》雖錄於道家，然確知其不為道家者，因老子云：『知其白，守其黑，為天下式。』道家旨在守黑，而論名守白，顯非道家之言。二也。唐成玄英《莊子疏》云：『公孫龍著守白之論，見行於世。』又云：『堅白，公孫龍《守白論》也。』此唐人猶有稱《公孫龍子》為《守白論》者。三也。復合隋、唐兩《志》考之，《隋志》道家有《守白論》，而名家無《公孫龍子》；《唐志》名家有《公孫龍子》，而道家無《守白論》。是知其本為一書，著錄家有出入互異。四也。至《隋志》著錄在道家，乃由魏、晉以來學者好治老、莊書，而因莊、列有記公孫龍堅石白馬之辯，故亦摭拾其辭，以談微理。此風已自晉人爰俞開之，而後來唐之張遊朝著《沖虛白馬非馬證》，《新唐志》列入道家。宋之陳元景錄《白馬》、《指物》二論以入其論著《南華餘錄》，亦在《道藏》。然則《隋志》之錄《守白》於道家，又何足疑？此其五也。」陳直《周秦諸子述略》云：「《跡府篇》首云『公孫龍六國時辯士』，似非其自撰。周秦諸子類此者多，不足怪也。蓋亦惟《跡府篇》為然，餘五篇則龍自著也。」（以上論學術大旨）《文苑英華》卷七百五十八有崔弘慶《擬公孫龍子論》一篇。

〔二〕《史記·孟荀列傳》：「趙亦有公孫龍，為堅白同異之辯。」又《平原君列傳》：「平原君厚待公孫龍，公孫龍善為堅白之辯。及鄒衍過趙，言至道，乃絀公孫龍。」《漢書·古今人表》公孫龍居第六等中下。清汪琬《堯峰文鈔》卷九《辨公孫龍子》：「勝國之末，吳中異學繁興，有謂孔子獨傳道於弟子公孫龍者，遂奉《公孫龍子》數篇以絀曾子。噫，何其謬也！殆《王制》所謂行偽而堅、言偽而辨者也。雖其說誕妄，或不足以惑眾，然而吾不可不論。按《史記·仲尼弟子傳》，龍字子石，《家語》以為衛人，鄭御名又以為楚人，已莫知其真。追論歲月，決非趙之辨堅白同異者也。龍少孔子五十三歲，《年表》孔子卒於魯哀公之十六年，是歲周敬王十四年也，龍年二十歲，至周赧王十七年，是歲趙惠文王元年封公子勝為平原君，距孔子卒時已一百七十九年矣，龍若尚在，當一百九十八歲，得毋為人妖？與《平原君傳》君厚待公孫龍，及鄒衍過趙言至道乃絀龍，史明言龍辨害道而顧倡為孔子傳道之說，何其謬也。又孔穿嘗辨龍所謂臧三耳者，穿則孔子六世孫，其世系明白可考，而龍與穿同時，顧得見其六世祖邪？其必不然也審矣。且孔子之門畔孔子者

眾矣，諸弟子之後，或流而為荀卿，或流而為莊周、禽滑釐，紛紛籍籍，皆異學也。龍堅白之辨，悖又甚焉。使果嘗受業孔子，果老壽二百年不死，則孔子復作，亦當不免於鳴鼓之誅，況可推為傳道者哉？莊周曰：桓團、公孫龍，辨者之徒，能勝人之口，不能服人之心。然則龍特辨士，當時不謂之知道，龍亦未嘗以道自詡也。故吾謂春秋、六國間當有兩公孫龍，決非一人，其傳道云云，此吳中無忌憚者之言，絕無據依者也。劉歆《七略》有《公孫龍子》十四篇，在名家。又莊周謂惠子曰：儒、墨、楊、秉四，與夫子為五。或謂秉即龍也。蓋其字子秉，並附之以俟考。」清凌揚藻《蠡勺編》卷二十「公孫龍子」條亦云：「蓋春秋、六國間有兩公孫龍子無疑也。」

《惠子》一篇。〔一〕名施，與莊子並時。〔二〕

【集釋】

〔一〕其書亡佚。馬國翰有輯本一卷。（以上論著錄源流）清方濬頤《二知軒文存》卷十三《讀惠子》：「惠施與公孫龍同時，龍善辯，施則善譬，人以止譬間之，王即以無譬難之施，若無譬，施復何言乎？施若徑告王：以不可無譬，王豈遂善之乎？於是以彈喻彈，而王曰：未諭。以弓喻彈，而王曰：可知。以喜譬之，王得善譬之。施雖有止譬之客，而卒不能聽無譬之言，客之口鈍，施之口利，以鈍口攻利口，鈍者敗已。至齊荊之役，群臣左右皆為張儀言，而莫為惠施言，王亦聽張儀言，而弗聽惠施言。斯時施之說不幾窮乎？乃復創為半可之論，加以劫主之名，動王之疑，而自護其短。嗚呼！此其所以為策士也。」張舜徽《漢書藝文志通釋》：「惠施多方，其書五車云云……則惠施當時述造必豐。《漢志》僅錄一篇，知漢世已散佚殆盡，今並此一篇亦亡矣。……《徐无鬼篇》稱惠施死，莊子曰：『自夫人之死也，吾無與之言矣。』可知惠施在當時，乃好辯善說之人，實名家鉅子。……自《荀子·非十二子篇》，取與鄧析並論，斥之為『不法先王，不是禮義，而好治怪說，玩琦辭，察而不惠，辯而無用，多事而寡功，足以欺惑愚眾。』於是信從其言者漸寡。其後儒學勃興，而其書悉歸亡佚，非無故也。其學說今可考見者，惟《莊子·天下篇》而已。」（以上論學術大旨）方以智《浮山集》文集後編卷一有《惠子與莊子書》一篇，跋稱「此愚者大師五老峰頭筆也」。

〔二〕《莊子·天下篇》：「惠施多方，其書五車。其道舛駁，其言也不中。」又曰：

「惠施之口談，自以為最賢。南方有畸人焉，曰黃繚，問天地所以不墜不陷，風雨雷霆之故。惠施不辭而應，不應而對。遍為萬物說，說而不休，多而無已。猶以為寡，益之以怪。」《荀子》曰：「惠子蔽於辭而不知實。」《漢書·古今人表》惠施列第六等中下。

《田俅子》三篇。〔一〕先韓子。〔二〕〇蘇林曰：「俅，音仇。」
【集釋】

〔一〕其書亡佚。《隋志》：「梁有《田俅子》一卷，亡。」《唐志》已不著錄。馬國翰有輯本一卷。勞格《讀書雜識》卷六有輯佚文數條。（以上論著錄源流）陳朝爵《漢書藝文志約說》引葉德輝曰：「《藝文類聚》、《白帖》及《文選·東京賦》注、王元長《曲水詩序》注所引多言符瑞，殆亦明鬼之意歟？」梁啟超《漢書藝文志諸子略考釋》曰：「《韓非子·問田篇》、《外儲說·左上篇》、《呂氏春秋·首時篇》、《淮南子·道應篇》皆述田鳩言行。鳩、俅音近，馬驌、梁玉繩並以為一人，是也。」張舜徽《漢書藝文志通釋》：「其書乃所以宣揚墨學者。」（以上論學術大旨）

〔二〕《呂氏春秋·首時篇》：「墨者有田鳩，欲見秦惠王，留秦三年而弗得見。客有言於楚王者，往見楚王，楚王說之，與將軍之節以如秦，至，因見惠王。」高誘注云：「田鳩，齊人，學墨子術。」《漢書·古今人表》田俅子列第四等中上。

《我子》一篇。〔一〕師古曰：「劉向《別錄》云为墨子之學。」〔二〕
【集釋】

〔一〕章學誠《校讎通義》內篇卷三：「墨家《隨巢子》六篇、《胡非子》三篇，班固俱注墨翟弟子，而敘書在《墨子》之前。《我子》一篇，劉向《別錄》云：『为墨子之學。』其時更在後矣，敘書在隨巢之前，此理之不可解者，或當日必有錯誤也。」張舜徽《漢書藝文志通釋》：「我乃其姓，見《廣韻》。其書早佚，《隋志》已不著錄。」

〔二〕唐林寶《元和姓纂》卷七「三十三哿」下「我」姓引《風俗通》云：「我子，六國時人，著書號《我子》。」《廣韻》注云：「我，姓。」

《隨巢子》六篇。〔一〕墨翟弟子。〔二〕

【集釋】

〔一〕顧實《漢書藝文志講疏》曰:「《隋》、《唐志》、《通志》咸一卷。洪邁曰:
『書今不存。』則亡於宋矣。其尚儉、明鬼,傳墨之術。馬國翰有輯本。
亦見孫詒讓《墨子閒詁》附錄。」(以上論著錄源流)《太史公自序·論六
家要指》云:「墨者儉而難遵。」《正義》引韋昭說:「墨翟之術也,尚儉。
後有隨巢子傳其術也。」宋洪邁《容齋三筆》卷十五《隨巢胡非子》:「《漢
書·藝文志》:墨家者流有《隨巢子》六篇、《胡非子》三篇,皆云墨翟弟
子也。二書今不復存,馬總《意林》所述,各有一卷。隨巢之言曰:『大聖
之行,兼愛萬民,疏而不絕,賢者欣之,不肖者憐之,賢而不欣,是賤德
也,不肖不憐,是忍人也。』又有『鬼神賢於聖人』之論,其於兼愛、明
鬼,為墨之徒可知。胡非之言曰:『勇有五等:負長劍,赴榛薄,折兇豹,
搏熊羆,此獵徒之勇也;負長劍,赴深淵,折蛟龍,搏黿鼉,此漁人之勇
也;登高危之上,鵠立四望,顏色不變,此陶岳之勇也;剔必刺,覘必殺,
此五刑之勇也;齊威公以魯為南境,魯憂之,曹劌匹夫之士,一怒而劫萬
乘之師,存千乘之國,此君子之勇也。』其說亦卑陬,無過人處。」清方
濬頤《二知軒文存》卷十三《讀隨巢子》:「有相里氏之墨,有相夫氏之墨,
有鄧陵氏之墨,墨分為三,而隨巢子在當時即隱其名,與張孟談友,惜其
書秦火燔燒未盡,尚存越蘭一問,答以鬼神賢於聖人,今之佛教蓋本於此。
夫宗墨者言鬼神,守其師說,無足怪也。乃有儒而墨者,以孔孟之徒,慕
釋氏之學,空談性理,遁入虛無,方自謂玄渺幽深,幾於神化,而不知己
捨正路而涉歧途矣。且歧之又歧,而去道日遠矣。儒與墨截然不同,顧溷
而一之,援而止之,意主中立,而實則囿於一偏也。非墨蠹儒,乃儒自蠹
耳。雖賢士大夫皆不免焉,無惑乎聖教日衰,而異端蜂起也。」陳朝爵《漢
書藝文志約說》:「《意林》一引《隨巢子》言:『鬼神為四時八節以化育之,
乘雲雨潤澤以繁長之,皆鬼神所能也。』案,隨巢論鬼神與張子所云『造
化之跡』、『天地之功用』、『二氣之良能』諸語一意,是論鬼神之最古者。」
張舜徽《漢書藝文志通釋》:「今觀諸書所引佚文,則又多言災祥禍福。可
知其傳墨之術,固以尚儉、明鬼為大矣。《文心雕龍·諸子篇》云:『墨翟、
隨巢,意顯而語質。』竟取隨巢與墨翟並論,可以窺其所至,固墨學之鉅
子也。」(以上論學術大旨)

〔二〕鄧名世《古今姓氏書辯證》:「隨巢氏,《漢·藝文志》有《隨巢子》六篇,

注云墨翟弟子。謹按：姓書未有此氏；而當時有胡非子、隨巢子皆師墨氏，則隨巢合為人氏。」

《胡非子》三篇。〔一〕墨翟弟子。〔二〕

【集釋】

〔一〕王應麟《漢藝文志考證》：「《隋》、《唐志》各一卷。洪氏曰：『二書今不復存。馬總《意林》所述隨巢兼愛、明鬼，而墨之徒可知。胡非言勇有五等，其說亦卑陋無過人處。』」張舜徽《漢書藝文志通釋》：「此疑胡姓非名，其書則稱《胡非子》，猶韓非之書稱《韓非子》耳。考《隋志》云：『《隨巢子》一卷，巢似墨翟弟子；《胡非子》一卷，非似墨翟弟子。』並以巢、非其人之名，必有所受矣。《唐志》亦一卷，久佚。馬國翰有輯本。」（以上論著錄源流）清方濬頤《二知軒文存》卷十三《讀胡非子》：「胡非為墨之徒，而論勇則上本莊、荀，下開《說苑》，其以君子之勇為勇，一言折服危冠長劍之人，非不誠勇也哉！血氣暴於外，而道義餒於中，敵萬人者，反懼一人，勇固在德，而不在力也。非雖為墨之徒，而所言則近乎聖賢，足資採擇，正不得以異端目之。靜能制動，柔能克剛，張至弱之帆，以當至強之風，風為帆用，弱者轉強，而篙櫓咸聽命焉，舟中攤卷，忽有所悟，附記於此，以見善言名理者之當前，即是無事遠求也。」清沈欽韓《漢書藝文志疏證》曰：「按其言與《說苑·善說篇》林既語齊景公同。無稽之談，彼此般演，以是名家，一錢不直！始皇烈火，惜其分皂白。若此輩，恨不盡空之！」顧實《漢書藝文志講疏》引葉德輝曰：「其書大旨與《貴義》、《尚同》相近。」孫德謙《諸子通考》卷二：「往讀《四庫提要》，見其於名、墨、縱橫，並合雜家，以為諸子之學，重在家數，而不立此三家，頗覺其非，嘗為說以辨訂之。夫名家正名，孔子亦稱為政之先。墨家之尚賢、節用，觀《魯問篇》，所謂擇務從事，蓋皆救時之術。縱橫家四方專對，以弭兵為主，亦為實用之學。即如《隋志》，名家《鄧析》、《尹文》而外，僅有《人物志》三卷；墨家則《墨子》及《隨巢》、《胡非》，只載三種；縱橫家則惟為《鬼谷子》而已。其業誠為漸滅！然不可以古之自成一家者，竟從而去之。胡氏（指胡應麟——引者注）以今又無習之者，不當獨為家，則《提要》之統入雜家，殆亦本胡氏之說，而有此失乎？」（以上論學術大旨）

〔二〕應劭《風俗通·姓氏篇》：「胡非氏，胡公之後有公子非，其後子孫因以胡

非為氏。戰國有胡非子著書。」清姚振宗《隋書經籍志考證》卷二十八引
梁玉繩曰：「胡非，複姓。《廣韻》云：胡公之後，有公子非，因以為氏，
則胡非子齊人也。」

《墨子》七十一篇。〔一〕名翟，為宋大夫，在孔子後。〔二〕

【集釋】

〔一〕《漢志》著錄七十一篇，今本亡佚十八，尚存五十三篇。晉魯勝注《墨辯》，
其敘曰：「墨子著書，作《辯經》以立名本。惠施、公孫龍祖述其學，以正
刑名顯於世。《墨辯》有上、下經，經各有說，凡四篇。與其書眾篇連第，
故獨存。」（以上論著錄源流）劉向曰：「墨子，戰國一賢士耳。其言大抵
皆平治之道，不甚悖於理，如擇務、尚賢、節用、非樂、尊天、兼愛，蓋
言之以救世主藥石耳，非執以為世主之準也。」〔註31〕《淮南・要略》：
「墨子學儒者之業，受孔子之術，以為其禮煩擾而不說，厚葬靡財而貧民，
久服傷生而害事，故背周道而用夏政。故節財、薄葬、閒服生焉。」清沈
欽韓《漢書藝文志疏證》曰：「墨翟徒能熒惑一世耳，慮不足以及後。蓋目
周衰文弊，習詐偽以鉗世，無所不至，學詭則名高，名高則榮利隨之。如
翟，則巧偽之尤者矣。不然，彼猶是人也，獨糲食苦衣，為孔、曾之所不
為，是賢於孔、曾也。使墨翟獨以堅忍刻厲為之，猶曰性。然乃其教強窮
里之罷士，數且千百，傳且數世，一聞墨子之風，而人之能糲食苦衣、摩
頂放踵，曰為天下，吾是以知其偽也。」清強汝詢《求益齋文集》卷六《墨
子跋》：「孟子距墨氏甚力，韓子則謂辨生於末學，孔、墨必相為用，其言
幾若冰炭。然又稱孟氏闢楊、墨功不在禹下，則前之說乃少年學識未定之
辭，不足據。墨子書雖存，鮮留意者。近人好先秦古書，始相與校讎刊刻，
盛有所稱說，其用心亦勤矣，幾於孟子有微辭。論者慮其張異端，眩後學，
余謂不足慮也。兼愛之術亦未易能，且彼所歆者，好古之名，所醉者，文
字之末。夫讀《孟子》而不能為益者，則讀《墨子》，亦惡能為害哉！」孫
德謙《諸子通考》卷四：「學問之道，最不可牽合附會。昔韓昌黎讀《墨子》
篇，謂孔墨必相為用，其文曰：『儒譏墨以尚同、兼愛、上賢、明鬼。而孔
子畏大人，居是邦不非其大夫之賢者，《春秋》譏專臣，不尚同哉？孔子泛
愛親仁，以博施濟眾為聖，不兼愛哉？孔子賢賢，以四科進，褒弟子，疾

〔註31〕見《諸子匯函》，孫德謙認為當為《別錄》遺說。

沒世而名不稱，不上賢哉？孔子祭如在，譏祭如不祭者，曰我祭則受福，不明鬼哉？』皆以《墨子》宗旨強合於孔子，然則孔子之大，直與墨學無異同乎？今班氏抉出『貴儉』諸義為《墨子》之宗旨，是也。然其解則牽合於儒，曰『茅屋采椽，是以貴儉』者，此猶可謂墨家取堯舜之儉，不必儒家如此。」又曰：「夫儒墨不同，必不當牽合。班氏一遵儒家之理，而為解《墨子》宗旨，何其牽合如是？然貴儉也，兼愛也，上賢也，右鬼也，非命也，上同也，此真《墨子》之宗旨所在。師古注之謂：『《墨子》有《節用》、《兼愛》、《上賢》、《明鬼神》、《非命》、《上同》等諸篇，故《志》歷序其本意。』吾謂《墨子》本意，班氏則未之知也。《漢志》諸子一略，凡儒、道諸家皆能發明其宗旨，惟於墨子亦能將宗旨標舉，而解則牽合儒家，實失之矣。然以『貴儉』五者為墨學所長，固無誤也。」又曰：「《墨子》之學，自漢以來，其不傳於世久矣，所以不傳之故，蓋有由焉。《論衡‧案書篇》：『儒家之宗，孔子也。墨家之祖，墨翟也。且案儒、道傳而墨、法廢者，儒之道義可為，而墨之法議難從也。何以驗之？墨家薄葬、右鬼，道乖相反違其實，宜以難從也。乖違如何？使鬼非死人之精也，右之未可知。今墨家謂鬼審死人之精也，厚其精而薄其尸，此於其神厚而於其體薄也。薄厚不相勝，華實不相副，則怒而降禍，雖有其鬼，終以死恨。人情慾厚惡薄，神心猶然。用墨子之法，事鬼求福，福罕至而禍常來也。以一況百，而墨家為法，皆若此類也。廢而不傳，蓋有以也。』如王充說，墨子其道自相反，遂致不傳。」呂思勉《經子解題‧墨子》：「墨家宗旨：曰尚賢，曰尚同，曰兼愛，曰天志，曰非攻，曰節用，曰節葬，曰明鬼，曰非樂，曰非命，今其書除各本篇外，《法儀》則論天志；《七患》、《辭過》，為節用之說；《三辨》亦論非樂；《公輸》闡非攻之旨；《耕柱》、《貴義》、《魯問》三篇，皆雜記墨子之言。此外《經》上下、《經說》上下、大小《取》六篇為名家言，今所謂論理學也。《備城門》以下諸篇，為古兵家言。墨翟非攻而主守，此其守禦之術也。《非儒》、《公孟》兩篇，專詰難儒家，而《修身》、《親士》、《所染》三篇，實為儒家言。因有疑其非《墨子》書者，予按《淮南‧要略》謂：『墨子學儒者之業，受孔子之術，以為其禮煩擾而不悅，厚葬靡財而貧民，服傷而害事，故背周道而用夏政。』其說實為可據。今《墨子書》引《詩》、《書》之辭最多。百家中唯儒家最重法古，故孔子之作《六經》，雖義取創制，而仍以古書為據。《墨子》多引《詩》、《書》，

既為他家所無；而其所引，又皆與儒家之說不背。即可知其學之本出於儒。或謂墨之非儒，謂其學『累世莫殫，窮年莫究』，安得躬道之而躬自蹈之。殊不知墨之非儒，僅以與其宗旨相背者為限。此外則未嘗不同。且理固有必不能異者。」張舜徽《漢書藝文志通釋》：「其學盛行於戰國之世，故《韓非子・顯學篇》曰：『世之顯學，儒墨也。儒之所至，孔丘也；墨之所至，墨翟也。』可知二家在當時，並見重於世。顧墨學實出於儒而與儒異者，《淮南・要略》云：『墨子學儒者之業，受孔子之術，以為其禮煩擾而不說，厚葬靡財而貧民，久服傷生而害事，故背周道而用夏政。』此論甚精，足以明其不同於儒之故。大抵墨學宗旨，兼愛乃其根本，而尚賢、尚同、節用、節葬、非樂、非命、尊天、事鬼、非攻諸端，皆其枝葉。自來論述其學說主張者，莫不綜斯十事，目為弘綱。而不悟其致用之際，固非取此十者施之於一時一地也。觀《魯問篇》有曰：『凡入國，必擇務而從事焉。國家昏亂，則語之尚賢、尚同；國家貧，則語之節用、節葬；國家憙音湛涵，則語之非樂、非命；國家淫僻無禮，則語之尊天、事鬼；國家務奪侵陵，則語之兼愛、非攻。』可知其所標舉之十端，乃因病制宜、對症下藥之良方，而非施之同時同地，齊舉兼行、拘泥不變之成法也。學者必明乎此，然後能知墨子救時之多術，可以讀墨子之書。自孟子兼闢楊、墨，詆為無父無君。由是誦習者少，墨學遂微。文字脫佚尤甚，不易猝理。清儒始有校注，以孫詒讓《墨子閒詁》、曹耀湘《墨子箋》後出為精。孫《注》詳於疏證文字，曹《箋》長於稱說大義，可以互參。」（以上論學術大旨）王叔岷《墨子斠證序》曰：「清儒自乾、嘉以來，校注墨子者漸多，而以高郵王氏《雜誌》最為精審；至瑞安孫詒讓，覃思十載而成《閒詁》，尤所謂後來居上者矣。近人討治墨子者益眾，當推吳毓江氏《校注》，致力極勤，程功特巨。暇時一一展讀，覺其中尚有疑義可發，餘證可稽，因據《道藏》本斟酌群言，條舉所見。」（以上論校讎源流）

〔二〕墨翟，魯人。《史記》無專傳。惟於《孟荀列傳》後附見數語曰：「蓋墨翟，宋之大夫，善守禦，為節用。或曰並孔子時，或曰在其後。」《史記索隱》引《別錄》云：「『墨子書有文子。文子，子夏之弟子，問於墨子。』如此，則墨子者，在七十子後也。」《漢書・古今人表》墨翟列第四等中上。

《蘇子》三十一篇。〔一〕名秦，有列傳。〔二〕

【集釋】

〔一〕《漢志》著錄其書三十一篇，不復見於隋、唐諸志，則其亡佚已久。馬國翰有輯本。清沈欽韓《漢書藝文志考證》曰：「今見於《史記》、《國策》，灼然為蘇秦者八篇，其短章不與。秦死後，蘇代、蘇厲等並有論說。《國策》通謂之蘇子，又誤為蘇秦。此三十一篇，容有代、厲併入。」（以上論著錄源流）《淮南・要略》：「晚世之時，六國諸侯，溪異谷別，水絕山隔。各自治其境內，守其分地，握其權柄，擅其政令。下無方伯，上無天子。力徵爭權，勝者為右，恃連與國，約重致，剖信符，結遠援，以守其國家，持其社稷，故縱橫脩短生焉。」宋葉夢得曰：「蘇秦學出於揣摩，未嘗卓然有志天下。反覆無常，不守一道，度其隙苟可入者則為之，此揣摩之術也。故始求說周，周顯王不能用，則去而之秦，再求說秦。秦孝公不能用，則去而之燕。幸燕文侯適合而從說行。其所以說周者，吾不能知。若秦孝公而聽之，則必先為衡說以噬六國，何有於周？此蘇秦所以取死也。」張舜徽《漢書藝文志通釋》：「《史記・蘇秦列傳》明云：『世言蘇秦多異。異時事有類之者，皆附之蘇秦。』可知後人增益之辭不少，初不止於代、厲論說已也。」（以上論學術大旨）

〔二〕《史記・蘇秦列傳》：蘇秦者，東周雒陽人也。東事師於齊，而習之於鬼谷先生。出遊數歲，大困而歸。……自傷，閉室不出，出其書遍觀之。……得周書《陰符》，伏而讀之。期年，以出揣摩，曰：「此可以說當世之君矣。」求說周顯王，……弗信。乃西至秦。……（秦）方誅商鞅，疾辯士，弗用。乃東之趙。……（趙）弗說之。去遊燕，歲餘而後得見。說燕文侯……於是資蘇秦車馬金帛以至趙。說趙肅侯一韓、魏、齊、楚、燕、趙從親，以畔秦。今天下之將相會於洹水之上，通質，剖白馬而盟。趙王乃飾車百乘，黃金千鎰，白璧百雙，錦繡千純，以約諸侯。於是說韓宣惠王、魏襄王、齊宣王、楚威王，六國從合而並力焉。蘇秦為從約長，並相六國。既約，歸趙，趙肅侯封為武安君，乃投從約書於秦。秦兵不敢窺函谷關十五年。

《張子》十篇。〔一〕名儀，有列傳。〔二〕

【集釋】

〔一〕其書亡佚。陳朝爵《漢書藝文志約說》：「姚明輝云佚，顧實云亡。案，儀書蓋亦即《國策》、《史記》中游說之文，並非亡佚。蘇、張以及蒯通、鄒陽諸

人，皆如是；儒家賈誼、兒寬、終軍亦皆如是。後世名臣政書、文集，實出於此。」今按：陳氏此說可謂創通之論。

〔二〕《史記・張儀列傳》云：「張儀者，魏人也。始嘗與蘇秦俱事鬼谷先生，學術。蘇秦自以不及張儀。」二人學成，各操其縱橫捭闔之術，以游說諸侯，而取捨不同。而司馬遷評之曰：「此兩人，真傾危之士哉！」張舜徽《漢書藝文志通釋》：「後之人諱學其術，非無故矣。其書亦因以早亡。」

《闕子》一篇。〔一〕

【集釋】

〔一〕其書亡佚。馬國翰有輯佚一卷，序曰：「《漢志》縱橫十二家有《闕子》一篇，在龐暖之後，秦零陵令信之前，當為六國時人。」清嚴可均《鐵橋漫稿》卷五《闕子敘》：「《漢志》縱橫家：《闕子》一篇。《隋志》注：梁有《補闕子》十卷，亡。元帝撰《金樓子・著書篇》：《補闕子》一帙十卷。金樓為序，付鮑泉東里撰。《舊》、《新唐志》著於錄。今散見於各書者凡十九事，省併複重，僅得五事。諸引皆稱《闕子》，不稱《補闕子》。劉逵注《吳都賦》、酈道元注《水經・睢水》，並採用之。當是先秦古書，非梁補也。」清沈欽韓《漢書藝文志疏證》曰：「……其詞飾，非周秦人文字，顯然可知。」

《國筮子》十七篇。〔一〕

【集釋】

〔一〕其書亡佚。清姚振宗《漢書藝文志條理》曰：「國筮子未詳。按《廣韻》二十五德『國』字下云：『國，又姓，太公之後。《左傳》齊有國氏，代為上卿。』此國筮子或為姓名，如鄧析子之類；或為別號，如關尹子之類，均無由考見矣。」宋王應麟《姓氏急就篇》卷上：「漢有議郎國由，魏有國淵，晉有國欽。《漢・藝文志》有國筮子。又百濟八姓有國氏。」

《鄒陽》七篇。〔一〕

【集釋】

〔一〕其書亡佚。馬國翰有輯本，序曰：「陽生漢文景之世，六國餘習未能盡除，故其言論雖正，而時與《戰國策》文字相近。《漢志》列之縱橫家，以此故也。書本七篇，《史記》僅載其《獄中上書》，《漢書》並載《諫吳王》及《說王長君》二篇，據錄，次蒯子之後云。」張舜徽《漢書藝文志通釋》：「鄒

陽，齊人。《史記》、《漢書》皆有傳。司馬遷稱其人『抗直不撓』；班固謂其『遊於危國，然卒免於刑戮者，以其言正也』。《漢志》著錄之七篇早亡，馬國翰有輯本。」

《主父偃》二十八篇。〔一〕

【集釋】

〔一〕其書亡佚。馬國翰輯本序曰：「偃蓋反覆傾危之士，出處大略與蘇秦相埒。嘗自言：『丈夫生不五鼎食，死則五鼎亨耳！吾日暮，故倒行逆施之。』負才任氣，卒不得其死，然則禍由自取也。《漢志》從橫家有《主父偃》二十八篇，今存本傳者四篇，上書所言九事，八事為律令，不傳，諫伐匈奴一節，可謂盡言。其說上使諸侯分封子弟，以弱其勢，亦賈誼之議。然誼不見用，偃竊之而得行焉，則乘乎時勢之既驗也。至其議徙豪民、置朔方，皆與時政有裨。茲據錄之，毋以人廢言，其可乎？」張舜徽《漢書藝文志通釋》：「主父偃，漢武帝時臨菑人。學長短縱橫之術，後乃習《易》、《春秋》、百家之言。嘗上書言九事，八事為律令，一為諫伐匈奴。拜郎中。喜揭發陰私，大臣皆畏忌之。後擢齊相，卒以事被族誅。事蹟詳《史》、《漢》本傳。」

《徐樂》一篇。〔一〕

【集釋】

〔一〕其書亡佚。馬國翰有輯本，序曰：「《藝文志》從橫家有《徐樂》一篇，今其《傳》中不敘他事，僅載上書一篇，《志》所稱者即此也。黃東發曰：『《土崩瓦解》一書，大要可觀，惜其駁處多。』真西山亦曰：『樂之告武帝也，欲明安危之機，銷未形之患，則凡幾微之際，皆所當謹也。顧乃以瓦解之勢為不必慮，而欲其自恣於游畋聲色之間，豈忠臣之言哉？大抵縱橫之士逞其高談雄辯，軌於理者絕少。』二公之論切中其病，然其言隱而危，其詞微而婉，亦足自成一家之說，故據本傳錄之。」張舜徽《漢書藝文志通釋》：「《漢書》以主父偃、徐樂、嚴安等合列一傳，敘主父偃事時又兼及二人云：『是時徐樂、嚴安，亦俱上書言世務。書奏，上召見三人謂曰：「公皆安在？何相見之晚也。」乃拜偃、樂、安皆為郎中。』徐樂上書一篇，具載傳中，是其書未亡也。」

《孔甲盤盂》二十六篇。〔一〕黃帝之史，或曰夏帝孔甲，似皆非。

【集釋】

〔一〕其書亡佚。劉歆《七略》曰：「《盤盂》書者，其傳言孔甲為之。孔甲，黃帝之史也。書盤盂中，為誠法，或於鼎，名曰銘。」《漢書·田蚡傳》「學《盤盂》諸書」，注：「應劭曰：『黃帝史孔甲所作也。書盤盂中，所以為法戒。』孟康曰：『雜家書，兼儒、墨、名、法。』」張舜徽《漢書藝文志通釋》：「盤盂為古銅器，上有刻辭。……孔甲，黃帝之史也。書盤盂中為誠法，或於鼎，名曰銘。是古銅器多有銘辭，即今所謂金文。」

《大佁》三十七篇。〔一〕傳言禹所作，其文似後世語。○師古曰：「佁，古禹字。」宋祁曰：「一作㝵。」

【集釋】

〔一〕其書亡佚。《新書·修政語》大禹曰：「民無食也，則我弗能使也。功成而不利於民，我弗能勸也。」沈欽韓《漢書疏證》卷二十五引《博物志》：「處士東鬼槐責禹亂天下事，禹退作三章。強者攻，弱者守，敵戰，城郭蓋禹始也。」姚振宗《漢書藝文志條理》曰：「後漢王逸注《離騷》引《禹大傳》……《禹大傳》及《禹本紀》，或當是此書篇目。又《岣嶁碑》文，或亦當在此書。」張舜徽《漢書藝文志通釋》：「《漢志》作㝵，即古文之變也。禹以治水有大功於生民，後世尊之，被稱為大禹，亦曰神禹。漢以前人，已有紀其行事者，如《禹本紀》、《禹大傳》之類是也；亦有刻石紀功者，如《岣嶁之碑》是也。岣嶁為衡山主峰，……凡七十七字。……目為禹碑，雖出後世附會，然固非漢以後人所能偽造也。」

《伍子胥》八篇。〔一〕名員，春秋時為吳將。忠直，遇讒死。〔二〕

【集釋】

〔一〕其書亡佚。明胡應麟《四部正訛中》曰：「《伍子胥》兩見《漢志》，一雜家八篇，一兵家十篇，今皆不傳。而《越絕書》稱子胥撰，蓋東漢人據二書潤飾為此。其遺言逸事，大率本之。其文詞氣法出東漢人手裁，故與戰國異。」清洪頤煊《讀書叢錄》卷二十「五子胥」條曰：「雜家《五子胥》八篇，兵技巧家《五子胥》十篇，圖二卷。頤煊案：……今本《越絕》無水戰法，又篇次錯亂。以末篇證之，本八篇：《太伯》一，《荊平》二，《吳》三，《計倪》四，《請糴》五，《九術》六，《兵法》七，《陳恒》八，與雜家《五子胥》篇

數正同。」張舜徽《漢書藝文志通釋》:「今所傳《越絕書》,乃後漢袁康所作(此舊說或有誤,詳見李步嘉先生《越絕書研究》——校注者)。……著錄於《漢志》之《伍子胥》八篇,不得以今本《越絕》之八篇等同之。即《漢志》之八篇,亦在伍員既死之後,時人哀錄其言論行事而成,而題為《伍子胥》也。書雖早亡,其言行見於《左傳》、《國語》、《呂氏春秋》、《吳越春秋》、《史記》吳、越世家及本傳者詳矣,固猶可稽考也。」

〔二〕《史記》本傳:「伍子胥者,楚人也,名員。員父曰伍奢,員兄曰伍尚。……楚並殺奢與尚。伍胥亡奔宋,奔鄭,至晉,復還鄭,入吳。吳王闔廬召為行人。闔廬九年,與孫武伐楚。乘勝而前,五戰,遂至郢。楚昭王出奔。隨吳王入郢,伍子胥求昭王不得,乃掘楚平王墓,出其屍,鞭之三百。夫差既立,因太宰嚭之讒,賜屬鏤之劍自刭死。吳王取其屍盛以鴟夷革,浮之江中。吳人憐之,為立祠於江上,因命曰胥山。」

《子晚子》三十五篇。〔一〕齊人,好議兵,與《司馬法》相似。〔二〕

【集釋】

〔一〕其書亡佚。清章學誠《校讎通義》內篇卷三曰:「雜家《子晚子》三十五篇。注云:『好議兵,似《司馬法》。』何以不入兵家耶?」清成瓘《(道光)濟南府志》卷六十四:「《子晚子》三十五篇,齊人好議兵者,與《司馬法》相似。」張舜徽《漢書藝文志通釋》:「《諸子略》中,有著錄其書於某家,而其術兼擅他家之長者,其例甚多。故一人既有此家之著述,亦可有他家之著述,似未能以一方一隅限之。子晚子好議兵,特其術之一耳。《漢志》著錄之三十五篇,蓋所包甚廣,故列之雜家也。其書早亡。」

〔二〕宋鄧名世《古今姓氏書辯證》卷二十五·晚:「《漢·藝文志》雜家有《子晚子》三十五篇,齊人,好議兵,與《司馬法》相似。姓書未有此氏,今增入。」清王筠《菉友蛾術編》卷下:「《漢書·藝文志》從橫家有子晚子。子晚豈字邪?而注不著其姓,何邪?若謂子晚是字,則是篇無稱字者,恐亦其徒加以子也。」清王先謙《漢書補注》卷七:「子服子。梁玉繩曰:『當是子服回,惟列於哀公時,在其子景伯之後,或傳寫失次也。』錢大昕曰:『《藝文志》有子晚子,齊人,晚與服聲相近,蓋即其人。或云魯繆公臣有子服厲伯,見《論衡·非韓篇》。』」

《蒯子》五篇。〔一〕名通。〔二〕

【集釋】

〔一〕其書亡佚。《漢書・蒯通傳》稱其書「論戰國時說士權變，亦自序其說，號曰《雋永》」。清章學誠《校讎通義》內篇卷三曰：「蒯通之書，自號《雋永》，今著錄止稱《蒯子》；且《傳》云『自序其說八十一首』，而著錄僅稱五篇。不為注語以別白之，則劉、班之疏也。」張舜徽《漢書藝文志通釋》：「蒯通自著之書甚多，而自視甚高。徒以口給不在儀、秦下，為世所輕，諱學其術，故其書早佚。著錄於《漢志》之五篇，殆時人所傳錄，如蘇張之例，題曰《蒯子》耳。自是二書，未可混同也。書亡甚早。馬國翰有輯本。」

〔二〕《史記・田儋傳》太史公曰：「蒯通者，善為長短說，論戰國之權變，為八十一首。」《索隱》云：「長短說者，言欲令此事長，則長說之；短，則短說之。故《戰國策》亦名《短長書》，是也。」

《由余》三篇。〔一〕戎人，秦穆公聘以為大夫。〔二〕

【集釋】

〔一〕其書亡佚。張舜徽《漢書藝文志通釋》：「著錄於《兵書略》形勢之二篇，乃論兵；此三篇，則論政也。……由余所論，可謂深入老聃之室。其後馬國翰搜輯佚文，即據《史記》所載對秦繆公之問，錄為一篇，復益以他文。余故但就斯篇發其旨趣云。」

〔二〕《史記・秦本紀》：「（繆公）三十四年，……戎王使由余於秦。由余，其先晉人也，亡入戎，能晉言。聞繆公賢，故使由余觀秦。秦繆公示以宮室、積聚。由余曰：『使鬼為之，則勞神矣。使人為之，亦苦民矣。』繆公怪之，問曰：『中國以詩書禮樂法度為政，然尚時亂，今戎夷無此，何以為治，不亦難乎？』由余笑曰：『此乃中國所以亂也。夫自上聖黃帝作為禮樂法度，身以先之，僅以小治。及其後世，日以驕淫。阻法度之威，以責督於下，下罷極則以仁義怨望於上，上下交爭怨而相篡弒，至於滅宗，皆以此類也。夫戎夷不然。上含淳德以遇其下，下懷忠信以事其上，一國之政猶一身之治，不知所以治，此真聖人之治也。』於是繆公退而問內史廖曰：『孤聞鄰國有聖人，敵國之憂也。今由余賢，寡人之害，將奈之何？』內史廖曰：『戎王處僻匿，未聞中國之聲。君試遺其女樂，以奪其志；為由余請，以疏其間；留而莫遣，以失其期。戎王怪之，必疑由余。君臣有間，乃可虜也。且戎王好樂，必怠於政。』繆公曰：『善。』因與由余曲席而坐，傳器

而食，問其地形與其兵勢，盡察而後令內史廖以女樂二八遺戎王。戎王受而說之，終年不還。於是秦乃歸由余。由餘數諫不聽，繆公又使人間要由余，由余遂去降秦。繆公以客禮之，問伐戎之形。……三十七年，秦用由余謀伐戎王，益國十二，開地千里，遂霸西戎。天子使召公過賀繆公以金鼓。」《韓非・十遇篇》秦穆公問由余事，比《呂覽》為詳，史遷採入《秦本紀》。《新書・禮篇》引由余語。

《尉繚〔註32〕**》**二十九篇。〔一〕六國時。○師古曰：「尉，姓。繚，名也，音了，又音聊。劉向《別錄》云：『繚為商君學。』」

【集釋】

〔一〕王應麟《漢藝文志考證》：「兵形勢又有《尉繚》三十一篇。《隋志》：《尉繚子》五卷。今二十四篇，《天官》至《兵令》，言刑政兵戰之事，其文意有附會者。首篇稱梁惠王問，意者魏人與？」顧實《漢書藝文志講疏》曰：「兵形勢家有《尉繚》三十一篇，蓋非同書。然《隋志》雜家《尉繚子》五卷，謂『梁並錄六卷，梁惠王時人』，則已合兵家《尉繚》而為一矣。《初學記》、《御覽》引《尉繚子》，並雜家言，是其書唐、宋猶存。……為商君學者，蓋不必親受業，如有為神農之言者許行，是其比也。」（以上論著錄源流）宋葉適《習學記言序目》卷四十六「尉繚子」：「『凡兵不攻無過之城，不殺無罪之人。夫殺人之父兄，利人之貨財，臣妾人之子女，皆盜也。』尉繚子言兵，猶能立此論。孫子得車十乘以上賞其先得者，而更其旌旗，車雜而乘之，卒善而養之，是謂勝敵而益強，區區乎計虜掠之多少，視尉繚此論，何其狹也！夫名為禁暴除患，而未嘗不以盜賊自居者，天下皆是也，何論兵法乎？」明方孝孺《遜志齋集》卷四《讀尉繚子》：「《尉繚子》二十三篇。尉繚子，或曰齊人，或曰梁人，以其有惠王問答語也。三山施子美稱其有三代之遺風，其然哉？三代之盛，未嘗有兵書也。非惟無兵書，而兵亦非君子之所屑談也。君子之道圖亂於未萌，防危於既安，本之以德禮，導之以教化，同之以政令，使兵無自而作，俟兵之起，而後與戰，雖孫武、吳起為將，且恐不救，而況云云之書豈足恃乎？故好言兵者，賊天下者也。著書論兵者，流禍於後世者也，皆不免於聖人之誅也。尉繚子不能明君子之道，而恣意極口稱兵以惑眾，其重刑諸令，皆嚴酷苛暴，道殺

人如道飲食常事，則其人之刻深少恩可知矣。《武議》、《原官》諸篇，雖時有中理，譬猶盜跖而誦堯言，非出其本心，是以無片簡之可取者。謂之有三代之遺風，可乎？然孫、吳之書與《尉繚子》一術，彼以兵為職，無怪其然。若《尉繚子》者，言天官、兵談、制談、戰威、守權、十二陵、武議、將理、原官、治本、戰權、重刑令、伍利令、分塞令、束伍令、經卒令、勤卒令、將令，有似乎君子而實非者也。予不得不論之。」梁玉繩《瞥記》五：「諸子中有《尉繚子》，疑即《尸子》所謂『料子貴別』者也。《漢志》雜家《尉繚》二十九篇，先《尸子》。兵家《尉繚》三十一篇，先《魏公子》，蓋兩人。尸佼所稱，非為始皇國尉者。」張舜徽《漢書藝文志通釋》：「雜家之《尉繚》，其書早亡。今所傳者，乃兵家之《尉繚》，而亦已殘缺矣。……尉繚有智有謀，固深通政理之要。此段言論，當在雜家之《尉繚》中。」（以上論學術大旨）

　　《尸子》二十篇。〔一〕名佼，魯〔註33〕人，秦相商君師之。鞅死，佼逃入蜀。〔二〕○師古曰：「佼，音絞。」

【集釋】

　　〔一〕其書亡佚。王應麟《漢藝文志考證》引劉向《別錄》曰：「楚有尸子，疑謂其在蜀。今案《尸子》書，晉人也，名佼，秦相衛鞅客也。衛鞅商君謀事畫計，立法理民，未嘗不與佼規也。商君被刑，佼恐並誅，乃亡逃入蜀，造二十篇書，凡六萬餘言。」清姚振宗《三國藝文志》卷三引清孫星衍《尸子輯本序》曰：「尸子著書於周末，凡二十篇。《藝文志》列之雜家，後亡九篇。魏黃初中續之，至南宋而全書散佚。」（以上論著錄源流）清方濬頤《二知軒文存》卷十三《讀尸子》：「佼之論君治也，歷敘五帝、堯、舜、禹、湯、文、武，而歸諸四術、四德，崇閎典博，援引孔子、子夏之言，以日譬君，訓曰明遠，所學固絕正大，乃其徒則為商君，迴與師異，豈佼之平日所教者別有道耶？抑鞅學成乃背其師，自立門戶耶？鞅死，避而之蜀，後世稱為傑士，吾則謂佼不智也。如鞅之性情學術，佼不能知之，而引為弟子則已；佼或知之，而引為弟子，佼非失言乎？佼既失言於先，猶幸全身於後，人皆服其一時之勇決，吾方咎其疇昔之昏蒙，教不擇人而授，固古今之通病也，豈獨一尸佼哉！」呂思勉《經子解題·尸子》：「此書雖

〔註33〕呂思勉《經子解題·尸子》：「晉、魯形近，今《漢志》作魯人，蓋訛字也。」

闕佚特甚，然確為先秦古籍，殊為可寶。……據今所輯存者，十之七八皆儒家言，劉向《校序》本偽物，不足信。此書蓋亦如《呂覽》，兼總各家而偏於儒。其文極樸茂，非劉勰所解耳。今雖闕佚已甚。然單詞碎義，足以取證經子者，實屬指不勝屈。……實足以通儒、道、名、法四家之郵。」張舜徽《漢書藝文志通釋》：「是此二十篇之書，既富儒家之言，復有水地之記。其學多方，本不限於一隅。……徒以其為商君師，佐之治秦，遽謂為僅長於刑名法術之學，則猶淺視之矣。其書《隋》、《唐志》皆二十卷，宋時已殘闕，後遂全佚。清儒輯本數家，以汪繼培本較勝。」孫德謙《諸子通考》卷一：「尸子之學出於雜家，其書至宋已亡，今本為近儒搜輯，雖不足窺其全，然雜家者流，兼儒、墨，合名、法，通於眾家之意，則昭然明矣。此篇謂『若使兼、公、虛、衷、平易、別囿，一實也，則無相非也』，則其意之所注，在博採兼收，將以息百家之爭，真《漢志》所謂『見王治之無不貫也』。且由其說而求之孔子之道，以公為貴，固無論已。田駢之書雖已散佚，皇子、料子雖不載班書《諸子略》，而讀《墨子》、《列子》者，其一以貴兼，一以貴虛，捨是固無以達其神恉矣，何也？……要之斯篇之意，在揭諸子之指歸，而雜家之所以博通眾家，於此蓋大可見矣。」（以上論學術大旨）

〔二〕《史記·孟荀列傳》：「楚有尸子、長盧，世多有其書，故不論其傳云。」《集解》引劉向《別錄》曰：「太史公曰『楚有尸子』，疑謂其在蜀。今案《尸子》書，晉人也，名佼，秦相衛鞅客也。衛鞅商君謀事畫計，立法理民，未嘗不與佼規也。商君被刑，佼恐並誅，乃亡逃入蜀。自為造此二十篇，凡六萬餘言，卒因葬蜀。」明鄭明選《鄭侯升集》卷三十五「尸子」條：「尸子名佼，楚人，或曰晉人，秦相衛鞅客也。鞅謀事畫策，立法理民，未嘗不與佼規也。商君被刑，佼亡逃入蜀，然則商君之惡，尸子實成之，乃商君蒙大僇，受惡名，而尸子得免。特表而出之，毋令獨罪商君焉。」

《呂氏春秋》 二十六篇。〔一〕秦相呂不韋輯，智略士作。〔二〕

【集釋】

〔一〕高誘注書序曰：「此書所尚，以道德為標的，以無為為綱紀，以忠義為品式，以公方為檢格，與孟軻、孫卿、淮南、楊雄相表裏也，是以著在《錄》、《略》。……（誘）家有此書，尋繹案省，大出諸子之右，既有脫誤，小

儒又以私意改定，……故依先師舊訓，輒乃為之解焉，以述古儒之旨。」
王應麟《漢藝文志考證》：「書以月紀為首，故以『春秋』名。」總十二《紀》、
八《覽》、六《論》也。十二《紀》，《紀》各五篇；八《覽》，《覽》各八
篇；六《論》，《論》各六篇；凡百六十篇（第一《覽》少一篇）。元陳澔
《禮記集說》卷三：「呂不韋相秦十餘年，此時已有必得天下之勢，故大
集群儒，損益先王之禮，而作此書，名曰《春秋》，將欲為一代興王之典
禮也。故其間亦多有未見與禮經合者。」明方孝孺《遜志齋集》卷四《讀
呂氏春秋》：「其書誠有足取者。其《節喪安死》篇譏厚葬之弊，其《勿躬》
篇言人君之要在任人，《用民》篇言刑罰不如德禮，《達爵分職》篇皆盡君
人之道，切中始皇之病。其後秦卒以是數者僨敗亡國，非知幾之士，豈足
以為之哉？」清沈欽韓《漢書藝文志疏證》曰：「按不韋之書，弘益良多。
以其與《淮南》並雜採諸書，故入雜家。然《呂氏》隸名，篇各有指歸，
比於《淮南》市井販賣者懸絕，且帝王舊物猶可窺尋；所惜者，秦僅處墨
之徒，本無儒者。雖極崇王道，終是旁門。王氏《考證》糾其引夏、商之
《書》，異於今偽古文者為舛謬，恐未能睍市門之金也。」孫德謙《諸子
通考》卷四：「雜家之學，以《呂氏春秋》為最正，其書於儒、墨、名、
法，有不兼綜併合者乎？試取而證之。《勸學》、《尊師》，儒家之說也。《大
樂》、《侈樂》等篇，論樂特詳。《漢書・禮樂志》云：『《六經》之道同歸，
而《禮》、《樂》之用為急。』儒家以移風易俗莫善於樂，此書深於音樂，
真儒家之旨也。《蕩兵》、《振亂》諸篇，皆論兵家之事，可知其長於兵家
矣。惟言『今世之以偃兵疾說者，終身用兵而不知悖』，似《墨子》非攻，
為呂氏所不取。然《節喪》、《安死》各有專篇，則《墨子》之節用、節葬，
不韋固用其說也。《先識覽》中，其一篇曰《正名》，正名者，名家之術也，
而鄧析、尹文、惠施、公孫龍皆載其言行，雖辨其是非，並不患宗其意，
然亦見呂氏深知名家之學者也。《義賞篇》曰：『故善教者，不以賞罰而教
成，教成而賞罰弗能禁。用賞罰不當亦然。』夫信賞必罰，法家之所尚也。
又每著商鞅、申不害之事，則又通於法家矣。其他《貴生篇》之『堯讓於
子州支父云云』，文全與《莊子》同，《去尤篇》之『人有亡鐵者』，此事
見《列子》，是皆道家言也。《上農》、《任地》四篇，多採后稷之說，則農
家也。十二月紀，為明堂、陰陽，又陰陽家之敬授民時也。然則兼儒墨，
合名法，而博貫諸子之學，如《呂覽》者，純乎其為雜家矣。今存者，後

有《尸子》、《尉繚》與《淮南鴻烈解》。《尸子》非原本，姑勿論，《尉繚》則以雜家而偏於兵，《淮南》則於雜家之中，又以道家為主，故雜家惟呂氏最正。說者謂其採莊、列之言，非莊、列之理；用韓非之說，殊韓非之旨。蓋雜家不專一家，而仍自名為一家，此其所以為雜家乎？」又曰：「不韋之人雖不足取，較李斯同為秦相，則勝焉。李斯識六藝之歸，而專以任法。不韋此書，網羅百家，道無不貫，不失為王者治天下之資也。讀其書者，但知遺文佚事，相容並收，而未知雜家既出議官。議官為議政之三公，上參天子，而統理其政，真為相者之事也。」孫德謙《諸子通考》卷三：「且吾讀《呂氏春秋》，又知儒家重學，蓋有故焉。《春秋》一書於十二月紀，並不如《禮記》之《月令》連接為編，而每一月中，必附人數篇，從來多有知其意者。余讀其春紀，則多道家言；讀其秋紀，則多兵家言；冬紀則多墨家言。嘗從而推究之。春主生，故取道家之貴生；秋主殺，故取兵家之振亂；冬主藏，故取墨家之節葬。其於夏也，勸學、論孝、論樂，無不取之儒家。其首篇則亦曰《勸學》，與《荀子》同。然則列儒於夏，而諄諄以勸學為重者，當是春為人之初生，及乎夏，則若物之已長成矣。人既長成，不可無教，故重在學。夏於五行屬火，火以其明，人之為學，亦期其明於事理耳。故於《春秋》之排次，而儒家之重學，可以悟矣。其他雜家如《呂覽》外，《尸子》則有《勵學篇》。蓋此二子者，雖列在雜家，特以兼宗儒、墨故耳。至兵、農、名、法，則不復言此矣。後之學者試用是說以求之，而儒家之旨與諸家之分別部居不相雜廁，所云可坐而定者也。顧此一義焉，班氏所未及，而儒家重學，為教化之原，讀其書者不可不知，爰為補其遺云。」呂思勉《經子解題・呂氏春秋》：「此書雖稱雜家，然其中儒家言實最多。《四庫提要》謂其『大抵皆儒家言』，實為卓識。……今此書除儒家言外，亦存道、墨、名、法、兵、農諸家之言。諸家之書，或多不傳；傳者或非其真；欲考其義，或轉賴此書之存焉；亦可謂藝林瑰寶矣。要之，不韋之為人固善惡不相掩，而其書則卓然可傳；譏其失而忘其善，已不免一曲之見；因其人而廢其書，則更耳食之流矣。」張舜徽《漢書藝文志通釋》：「《史記・呂不韋傳》稱不韋『使其客人人著所聞，集論以為八《覽》、六《論》、十二《紀》，二十餘萬言。以為備天地萬物古今之事，號曰《呂氏春秋》』。……又《十二諸侯年表》亦云：『呂不韋者，秦莊襄王相。亦上觀尚古，刪拾《春秋》，集六國時事，以為八《覽》、六

《論》、十二《紀》，為《呂氏春秋》。』……（此書）保藏先秦學說思想，至為豐贍。舉凡道德、陰陽、儒、法、名、墨、兵、農諸家遺論，悉可考見其大要。漢儒高誘，既注其書，又為之序以發其蘊奧，有云：『此書所尚，以道德為標的，以無為為綱紀。』……今觀其中《圜道》、《君守》諸篇，尤其彰明較著，悉道論之精英也。」（以上論學術大旨）

〔二〕《史記》本傳：「呂不韋者，陽翟大賈也。往來販賤賣貴，家累千金。秦昭王……以其次子安國君為太子。……安國君中男名子楚，……為秦質子於趙。……不韋聞安國君愛幸華陽夫人，華陽夫人無子。不韋乃行千金入秦，說華陽夫人姊立子楚為嫡嗣。昭王薨，太子安國君立為王，華陽夫人為王後，子楚為太子。秦王立一年，薨，為孝文王。太子子楚代立，是為莊襄王。莊襄王元年，以不韋為丞相，封為文信侯，食河南洛陽十萬戶。……是時諸侯多辯士，如荀卿之徒，著書佈天下。呂不韋乃使其客人人著所聞，集論以為八《覽》、六《論》、十二《紀》，二十餘萬言。以為備天地萬物古今之事，號曰《呂氏春秋》。布咸陽市門，懸千金其上，延諸侯遊士賓客有能增損一字者予千金。……始皇十年十月，以嫪毐事免，就國河南。歲餘，諸侯賓客使者相望於道，請文信侯。秦王恐其為變，乃賜文信侯書曰：『君何功於秦？秦封君河南，食十萬戶。君何親於秦？號稱仲父。其與家屬徙處蜀。』與家屬徙處蜀。呂不韋自度稍侵，恐誅，乃飲酖而死。」

《淮南內》二十一篇。〔一〕王安。〔二〕

【集釋】

〔一〕高誘注書序曰：「初，安為辯達，善屬文。……天下方術之士多往歸焉。於是遂與蘇飛、李尚、左吳、田由、雷被、毛被、伍被、晉昌等八人，及諸儒大山、小山之徒，共講論道德，總統仁義，而著此書。其旨近《老子》，淡泊無為，蹈虛守靜，出入經道。言其大也，則燾天載地，說其細也，則淪於無垠，及古今治亂、存亡禍福、世間詭異瓌奇之事。其義也著，其文也富。物事之類，無所不載，然其大較，歸之於道。號曰『鴻烈』。鴻，大也。烈，明也。以為大明道之言也。故夫學者不論《淮南》，則不知大道之深也。是以先賢通儒、述作之士，莫不援採，以驗經傳。……劉向校定撰具，名之《淮南》。又有十九篇，謂之外篇。」《淮南·要略》曰：「言道而不言事，則無以與世浮沉；言事而不言道，則無以與化遊息。」又曰：「若

劉氏之書，觀天地之象，通古今之事，權事而立制，度形而施宜，原道之心，合三王之風，以儲與扈冶，玄眇之中，精搖靡覽，棄其畛挈，斟其淑靜，以統天下，理萬物，應變化，通殊類，非循一跡之路，守一隅之指，拘繫牽連之物，而不與世推移也。故置之尋常而不塞，布之天下而不窕。」《西京雜記》卷三：「安著《鴻烈》二十一篇。鴻，大也；烈，明也。言大明禮教，號為《淮南子》，一曰《劉安子》。自云字中皆挾風霜。楊子雲以為一出一入。」清沈欽韓《漢書藝文志疏證》曰：「其《要略》一篇，自敘也。《隋志》許慎、高誘兩家注並列，今惟存高注。《景十三王傳》云：『淮南王安好書，所招致率多浮辯。』則是書之定論也。」呂思勉《經子解題‧淮南子》：「《淮南》雖號雜家，然道家言實最多；其意亦主於道；故有謂此書實可稱道家言者。予則謂儒、道二家哲學之說，本無大異同。自《易》之大義亡，而儒家之哲學，不可得見。魏、晉以後，神仙家又竊儒、道二家公有之說，而自附於道。於是儒家哲學之說，與道家相類者，儒家遂不敢自有，悉舉而歸諸道家；稍一援引，即指為援儒入道矣。其實九流之學，流異原同。凡今所指為道家言者，十九固儒家所有之義也。魏、晉間人談玄者率以《易》、《老》並稱，即其一證。其時言《易》者皆棄數而言理，果使漢人言《易》，悉皆數術之談，當時之人，豈易創通其理，與《老》相比。」張舜徽《漢書藝文志通釋》：「高誘注其書，且為之序，有云：『其旨近《老子》，淡泊無為。蹈虛守靜，出入經道，號曰《鴻烈》。鴻，大也；烈，明也；以為大明道之言也。光祿大夫劉向校定撰具，名之《淮南》。』是此書本名《鴻烈》，後由劉向校書時改名《淮南》，今則通稱《淮南子》矣。」孫德謙《諸子通考》卷四：「雜家之雜，乃兼合諸家，而非駁雜之謂〔註34〕。自《淮南》以後，漫羨無歸，不能考其宗旨，於是雜纂、雜記之作，編目錄者，概取而列入其中。甚至名、墨之書，以家學不傳，雜廁於此。故後人於諸子之術，不復知有家數也久矣。即如《隋志》，未嘗不達乎雜家兼儒、墨之道，通眾家之意，乃其所載者，雜事鈔也，雜書鈔也。並庾仲容、沈約之《子鈔》，悉徑而著錄焉，夫雜家豈雜鈔之無述哉？蓋雜家以百家之學，我為進退之，以成其一家言，而《子鈔》何能與之並論乎？《隋志‧雜家》又錄《皇覽》、《類苑》、《華林遍略》，此直為類書矣。後世

〔註34〕江瑔《讀子卮言》第十五章題為《論雜家非駁雜不純》，與此同調，可以合觀。

以類書一種，歸之子部，別標為類書類，其不明諸子專家之學，已不然矣。
《隋志》以《皇覽》諸類書即附雜家之後，斯實其作俑之過也。故後世為
雜家者，既失其家，而此一家中皆為駁雜之書而已。」（以上論學術大旨）
王叔岷《淮南子斠證序》曰：「《淮南子》一書，援采繁富，含大領微。復
能秉其要歸，渾而為一。漢儒注解於前，清儒斠理於後，近人劉文典復有
《集解》之作，已頗便於研讀。惟劉書功在綜緝，殊少勝義，疵病雜陳，
猶待針灸。……因據《道藏》本寫定積稿，成《淮南子斠證》一卷。前賢
於許慎、高誘二家注，搜輯剖晰，用力已勤，偶有遺略，尚可補苴，因斠
證正文之便，兼及注文云。」（以上論校讎源流）

〔二〕《漢書・淮南王傳》：「淮南王安為人好書，鼓琴，不喜弋獵狗馬馳騁，亦欲
以行陰德，拊循百姓，流名譽。招致賓客方術之士數千人，作為《內書》二
十一篇，《外書》甚眾，又有《中篇》八卷，言神仙黃白之術，亦二十餘萬
言。時武帝方好藝文，以安屬為諸父，辯博善為文辭，甚尊重之。每為報書
及賜，常召司馬相如等視草乃遣。初，安入朝，獻所作《內篇》，新出，上
愛秘之。」

《淮南外》三十三年篇。〔一〕○師古曰：「《內篇》論道，《外篇》雜說。」宋
祁曰：「雜，邵本作新。」

【集釋】

〔一〕張舜徽《漢書藝文志通釋》：「內篇議論詳博，實集道家學說之大成，本可
列入道家。《淮南內篇》及《呂氏春秋》，至今日猶完好無缺，亦賴有高誘
之注以永其傳也。高誘，漢末涿郡人，為盧植弟子。學有本原，長於注述。
大抵古書之得以永存，實以有漢注羽翼之。漢末鄭玄之注經，高誘之注子，
皆大有功於典籍者。《淮南外篇》無人為之注，故亡佚最早，《隋志》已不
著錄矣。」

《東方朔》二十篇。〔一〕

【集釋】

〔一〕其書著錄於《漢志》之二十篇書，既已早佚；而《隋志》有《東方朔集》二
卷，乃後人所哀輯，殆真偽相雜，其他類書所引，亦未可全信。張舜徽《漢
書藝文志通釋》：「東方朔，字曼倩，西漢厭次人。長於文辭，喜詼諧滑稽。

武帝時，累官侍中、太中大夫。時以滑稽之談，寓諷諫之意，帝常為所感悟。元成間，褚少孫嘗敘其行事，附入《史記‧滑稽列傳》。其後班固，復為立專傳於《漢書》中，紀述尤詳，稱其嘗『上書陳農戰強國之計』，『其言專商鞅、韓非之語』。可知朔實精通治術，不徒詼諧放蕩而已。」

《荊軻論》五篇。〔一〕軻為燕刺秦王，不成而死，司馬相如等論之。

【集釋】

〔一〕其書亡佚。《文章緣起》曰：「司馬相如作《荊軻贊》。」章學誠《校讎通義》曰：「雜家《荊軻論》五篇，大抵史贊之類也。」陳朝爵《漢書藝文志約說》：「此論贊之文，與前《盤盂書》、後臣說所作賦，皆有韻之文，似皆宜入雜賦類，不當入雜家。」張舜徽《漢書藝文志通釋》：「《漢志》著錄之《荊軻論》五篇，班氏自注明云：『司馬相如等論之。』則其為論文無疑。五篇蓋五人所作，故云『相如等』也。非止一人一論，而裒為一書，梁啟超謂『此乃總集嚆矢。《漢志》無集部，故以附雜家』。其說是已。其書早佚，《隋志》已不著錄。」

《吳子》一篇。〔一〕

【集釋】

〔一〕清姚振宗《漢書藝文志條理》曰：「吳子未詳。按此吳子列在公孫尼之前，則頗似吳起。同為七十子之弟子。別見兵權謀家。」顧實《漢書藝文志講疏》則持反對意見：「兵權謀家有《吳起》四十八篇，蓋非同書。」張舜徽《漢書藝文志通釋》：「《兵書略》權謀有《吳起》四十八篇，皆論用兵之事；此一篇，蓋其論政之文也。其書早亡。」

《公孫尼》一篇。〔一〕

【集釋】

〔一〕其書亡佚。清姚振宗《漢書藝文志條理》曰：「公孫尼，似即公孫尼子。別有書二十八篇，見前儒家。」顧實《漢書藝文志講疏》則持反對意見：「儒家《公孫尼子》二十八篇，蓋非同書。」張舜徽《漢書藝文志通釋》曰：「此一篇書，蓋其雜論也。而亦早亡。」

《伊尹說》二十七篇。其語淺薄，似依託也。〔一〕

【集釋】

〔一〕其書亡佚。《呂氏春秋》:「伊尹說湯以至味。」《史記・殷本紀》「伊尹從湯言素王及九主之事」,注引劉向《別錄》曰:「九主者,有法君、專君、授君、勞君、寄君、等君、破君、國君、三歲任君,凡九品,圖畫其形。」清何焯《義門讀書記》卷三:「小說家《伊尹說》二十七篇,依託之書,皆入小說,弗為弗滅,斯舉衷矣。」嚴可均《全上古三代秦漢三國六朝文》全上古三代文卷一《說湯》注:「《呂氏春秋・本味篇》,疑即小說家之一篇。《孟子》『伊尹以割烹要湯』,謂此篇也。」沈欽韓《漢書藝文志疏證》曰:「《說苑・君道》、《臣術》並有湯問伊尹答,其語誠淺薄。」顧實《漢書藝文志講疏》曰:「道家名《伊尹》,名《鬻子》,此名《伊尹說》、《鬻子說》,必非一書。然亦可明道家、小說一本矣。」陳朝爵《漢書藝文志約說》:「顧說甚確,但『一本』二字尚未安。大抵古之小說家,多託於道家神仙之事,傅會詭異;以動人觀聽。所謂某某說者,即如近世所謂『演義』。其事既託於古,仍號為伊尹、鬻子、天乙、黃帝。班氏云『淺薄似依託』、云『後世所加』、云『迂誕』,於小說深察其本矣。」張舜徽《漢書藝文志通釋》:「伊尹有書五十一篇,見前道家。與此不同者,一則發擴道論,一則薈萃叢談也。所記皆割烹要湯一類傳說故事,及其他雜說異聞。書乃偽託,早亡。」

《鬻子說》十九篇。後世所加。〔一〕

【集釋】

〔一〕《四庫全書總目》卷一百十七《鬻子提要》:「《漢書・藝文志》道家《鬻子》二十二篇,又小說家《鬻子說》十九篇,是當時本有二書。《列子》引《鬻子》凡三條,皆黃老清靜之說,與今本不類,疑即道家二十二篇之文。今本所載與賈誼《新書》所引六條,文格略同,疑即小說家之《鬻子說》也。」清嚴可均《鐵橋漫稿》卷五《鬻子敘》曰:「《隋志》道家:《鬻子》一卷。《舊唐志》改入小說家。案:隋、唐人所見,皆道家殘本;其小說家本梁時已佚失,劉昫移道家本當之,非也。」顧實《漢書藝文志講疏》:「道家名《鬻子》,此名《鬻子說》,必非一書。《伊尹說》與此同例。」姚明輝《漢書藝文志注解》:「禮家之《明堂陰陽》與《明堂陰陽說》為二書,可比證。」張舜徽《漢書藝文志通釋》:「鬻子有書二十二篇,見前道家。此與《伊尹說》一書同例,皆後世所綴集,託之古人也。書亦不傳。」

《周考》七十六篇。〔一〕考周事也。〔二〕

【集釋】

〔一〕其書亡佚。張舜徽《漢書藝文志通釋》：「蓋雜記叢殘小語、短淺瑣事以成一編，故為書至七十六篇之多。」

〔二〕清章學誠《校讎通義》內篇卷三曰：「小說家之《周考》七十六篇，其書雖不可知，然班固注《周考》云：『考周事也。』注《青史子》云：『古史官紀事也。』則其書非《尚書》所部，即《春秋》所次矣。觀《大戴禮‧保傅篇》引《青史氏之記》，則其書亦不儕於小說也。」姚振宗《漢書藝文志條理》駁斥章氏之說曰：「以為當部於《尚書》家，不可為訓。」

《青史子》五十七篇。古史官記事也。〔一〕

【集釋】

〔一〕其書亡佚。《隋志》：「梁有《青史子》一卷。」馬國翰有輯本。（以上論著錄源流）《大戴禮‧保傅篇》：「《青史氏之記》曰：古者胎教。」《新書‧胎教篇》：「青史氏記胎教。」劉勰《文心雕龍‧諸子篇》云：「青史曲綴以街談。」清何琇《樵香小記》卷上「青史子」條：「賈誼《新書》引《青史氏之記》，言太子生事，其文與禮經相表裏。《漢志》《青史子》五十七篇，乃列小說家，疑其他文駁雜也。」清姚振宗《漢書藝文志條理》駁章學誠「其書亦不儕於小說」之說曰：「此其所以為小說家言，安得以殘文斷其全書乎！」（以上論學術源流）明楊慎《升菴集》卷四十六《青史子》：「《青史子》載：古禮，男子生而射天地四方，其文云：『東方之弧以梧。梧者，東方之草，春木也。南方之弧以柳。柳者，南方之草，夏木也。中央之弧以桑。桑者，中央之木也。西方之弧以棘。棘者，西方之草，秋木也。北方之弧以棗。棗者，北方之草，冬木也。是木亦可稱草也。』《青史子》，《漢志》五十三篇，今存者《胎教》一篇而已。其首曰：『古者胎教之道，王后有身，瑞七月而就蔞室。太師持銅而御戶左，太宰持升而御戶右，此三月者，王后所求聲音，非禮樂，則太師撫樂縕瑟，而稱不習，所求滋味，非正味，則太宰荷斗倚升，而不敢煎調』云云。其文義古雅。嗚呼，古書之不傳者何限惜哉！」

《師曠》六篇。見《春秋》，其言淺薄，本與此同，似因託也。〔一〕

【集釋】

〔一〕其書亡佚。《說苑・君道》首載平公問師曠人君之道。顧實《漢書藝文志講疏》曰：「兵陰陽家《師曠》八篇，蓋非同書。」（以上論著錄源流）張舜徽《漢書藝文志通釋》曰：「師曠有書八篇，在《兵書略》陰陽家。標題雖同，所言各異也。……行事散見於《左傳》、《周書》、《國語》、《韓非》、《呂覽》者尚多，是固周末聞人也，故造偽書者依託之。書亦早亡。」《唐文粹》卷三十三有袁皓《書師曠廟文》一篇。（以上論學術大旨）《琴史》卷二《師曠》：「師曠，字子野，晉人也。生而失明，然博通前古，以道自將，諫諍無隱。或云嘗為晉太宰，晉國以治。蓋非止工師之流也。其於樂無所不通，休咎勝敗，可以逆知。晉人聞有楚師，師曠曰：『不害，吾驟歌北風，又歌南風，南風不競，多死聲，楚必無功。』已而果然。至於鼓琴感通神明，萬世之下，言樂者必稱師曠。始衛靈公將之晉，舍於濮水之上，夜半聞鼓琴聲，問左右，皆不聞，乃召師涓，問其故，且曰：其狀似鬼神，為我聽而寫之。師涓曰：諾。明日曰：臣得之矣，然未習也。請宿習之。因復宿，明日報曰：習矣。即去之晉，見平公。平公置酒於施惠之臺，酒酣，靈公曰：今者來，聞新聲，請奏之。即令師涓援琴鼓之，未終，師曠撫而止之曰：此亡國之聲，不可聽。平公曰：曷知之？師曠曰：師延所作也。商紂為靡靡之樂，武王伐紂，師延東走，自投濮水而死，故聞此聲，必於濮水之上。平公曰：願遂聞之，師涓鼓而終之。平公曰：此何聲也？師曠曰：此謂清商者，不如清徵公，使為清徵一奏之，有玄鶴二八集於廊門，再奏之，延頸而鳴，舒翼而舞。平公大喜，問曰：音無此最悲乎？師曠曰：不如清角。昔者黃帝以大合鬼神，今君德義薄，不足以聽，聽之將敗。平公曰：願遂聞之。師曠不得已，援琴而鼓之，一奏之有白雲從西北起，再奏之風至而雨隨，飛墮廊瓦，左右皆奔走，平公恐懼，晉國大旱，赤地三年。然則琴者，樂之一器耳，夫何致物而感祥也，曰：治平之世，民心熙悅，作樂足以格和氣；暴亂之世，民心愁蹙，作樂可以速禍災，可不誠哉！世衰樂廢，在位者舉不知樂，然去三代未遠，工師之間時有其人。若師曠者，可不謂賢哉！及夫亂久而極，雖工師亦稍奔竄，是以摯干、繚缺之儔，相繼亡散，而孔子惜之也。」（以上論作者事蹟）

《務成子》十一篇。稱堯問，非古語。〔一〕

【集釋】

〔一〕其書亡佚。《隋志》已不著錄。（以上論著錄源流）清錢大昭《漢書辨疑》卷十六：「《荀子·大略篇》云：『舜學於務成昭。』楊倞《注》引《尸子》曰：『務成昭之教舜曰：「避天下之逆，從天下之順，天下不足取也；避天下之順，從天下之逆，天下不足失也。」』又五行家有《務成子災異應》十四卷，房中家有《務成子陰道》三十六卷。」張舜徽《漢書藝文志通釋》：「務成子乃遠古傳說中之人物。《荀子·大略篇》以為舜師，而《韓詩外傳五》又云：『堯學於務成子。』是堯、舜之師，集於一人，蓋上世之有道術者。故言五行、房中者皆得為書以依託之。此書十一篇，列在小說，蓋叢談雜論之類。」元趙道一《歷世真仙體道通鑒》卷二《務成子》：「務成子在唐堯時，降於姑射山，說《玄德經》，教以謙遜之道。一云，作《政事宣化經》四十卷。」

《宋子》十八篇。孫卿道宋子，其言黃老意。〔一〕

【集釋】

〔一〕其書亡佚。清馬國翰有輯本，序曰：「宋鈃，《孟子》作宋牼，《韓非》作宋榮子，要皆是一人也。《漢志》小說家《宋子》十八篇，《隋》、《唐志》不著目，佚已久。」（以上論著錄源流）《荀子》云「宋子有見於少無見於多」，注：「宋鈃，宋人也，與孟子同時。」又云：「宋子蔽於欲而不知得。」又引「子宋子曰：明見侮之不辱，使人不鬥」，又云：「子宋子曰：『人之情慾寡，而皆以己之情慾為多，是過也。』」張舜徽《漢書藝文志通釋》：「《孟子·告子篇》：『宋牼將之楚，孟子遇於古丘。』趙《注》云：『宋牼，宋人，名鈃。』……殆後人所撰集而託名於宋子者，其言淺薄雜亂，不主一家，故歸諸小說家耳。使果如班《注》所云『言黃老意』而甚專深，則必入道家矣。此書早佚，馬國翰有輯本。」（以上論學術大旨）

隋書經籍志

　　隋代群書，始開皇〔一〕三年，牛弘〔註35〕〔二〕表請搜訪，於是異書〔三〕間出。平陳後，經籍稍該〔四〕。召工書者於秘書〔五〕補續殘闕，為正副本，一藏宮中，一入秘府〔六〕。煬帝〔七〕立，別錄副本，分三品：

〔註35〕「弘」，學津本、四部本、叢編本作「宏」。下同。

上軸紅琉璃、中紺琉璃、下用漆，東都〔八〕及觀文殿〔九〕藏焉。又聚魏以來古蹟名畫於二閣，此為奇矣。而唐舟沉於砥柱〔十〕，存不一二，為之嗟惜。《隋志》之作，盡出瀛洲學士〔十一〕之手，可謂極一時史筆〔十二〕之妙。而《志》甚淆雜，乏詮匯之工，因為輯之，難哉！

【集釋】

〔一〕開皇：隋文帝楊堅的年號，即公元 581～600，歷時 19 年。

〔二〕牛弘：（545～610），字里仁，隋安定鶉觚（今甘肅靈臺一帶）人。其先世本姓寮，父允仕西魏，賜姓牛。弘性寬和，好學博聞。入隋為秘書監，嘗請開獻書之路。

〔三〕異書：珍貴或罕見的書籍。《後漢書‧王充傳》「著《論衡》八十五篇」李賢注引晉袁山松《後漢書》：「充所作《論衡》，中土未有傳者，蔡邕入吳始得之，恒秘玩以為談助。其後王朗為會稽太守，又得其書，及還許下，時人稱其才進。或曰：『不見異人，當得異書。』」

〔四〕該：具備；充足。《管子‧小問》：「凡牧民者，必知其疾，而憂之以德，勿懼以罪，勿止以力……昔者天子中立，地方千里，四言者該焉。」尹知章注：「該，備也。謂四言足以備千里之化。」

〔五〕秘書：即秘書省的省稱，為古代國家藏書處。

〔六〕秘府：古代稱禁中藏圖書秘記之所。《漢書‧藝文志》：「於是建藏書之策，置寫書之官，下及諸子傳說，皆充秘府。」顏師古注引如淳曰：「外則有太常太史博士之藏，內則有延閣廣內秘室之府。」

〔七〕煬帝：即隋煬帝楊廣（569～618），一名英，小字阿　，隋文帝楊堅次子。開皇二年（582）封晉王，九年（589）統軍滅陣，二十年（600）奪取太子位。仁壽四年（604）殺父即皇帝位。他在位期間修建大運河，營造東都洛陽城，開拓疆土暢通絲綢之路，推動大建設，開創科舉，三征高麗等。但因用民過重，急功近利，兼之暴虐多疑，終致亡國。

〔八〕東都：隋唐時指洛陽。時京都在長安。

〔九〕觀文殿：隋煬帝殿名。

〔十〕砥柱：山名。又稱底柱山、三門山。在今河南省三門峽市，當黃河中流。以山在激流中矗立如柱，故名。

〔十一〕瀛洲學士：唐太宗為網羅人才，設置文學館，任命杜如晦、房玄齡等十八名文官為學士，輪流宿於館中，暇日，訪以政事，討論典籍。又命閻立本畫像，

褚亮作贊，題名字爵里，號「十八學士」。時人慕之，謂「登瀛洲」。後來詩
文中常用「登瀛洲」、「瀛洲」比喻士人獲得殊榮，如入仙境。

〔十二〕史筆：史家記敘史實的筆法。唐岑參《佐郡思舊遊》詩：「史筆眾推直，諫
書人莫窺。」

《晏子春秋》七卷，齊大夫晏嬰撰。

《曾子》二卷，《目》一卷，魯國曾參撰。

《子思子》七卷，魯穆公師孔伋撰。

《公孫尼子》一卷。□〔註36〕，似孔子弟子。

《孟子》十四卷，齊卿孟軻撰。趙岐注。鄭玄注七卷。劉熙注七卷。綦母邃
注，亡。

《孫卿子》十二卷，楚蘭陵令荀況撰。梁有《王孫子》一卷，亡。

《董子》一卷，戰國時董無心撰。

《魯連子》五卷，《錄》一卷。魯連，齊人，不仕，稱為先生。

《賈子》一卷，漢梁太傅賈誼撰。十卷《錄》。〔註37〕

《揚子法言》十五卷，揚雄撰。李軌注六卷。宋衷注十三卷。侯苞注，亡。

《揚子太玄經》十卷〔註38〕。揚雄自作章句，亡。宋衷注九卷。王肅注，亡。
陸績、宋衷注十卷。虞翻注十三卷。蔡文邵注十四卷。陸凱注七卷。

《桓子新論》十七卷，後漢六安丞桓譚撰。

《魏子》三卷，後漢會稽人魏朗撰。

《牟子》二卷，後漢太尉牟融撰。

《典論》五卷，魏文帝撰。

《新語》二卷，陸賈撰。

《新序》三十卷，劉向撰。

《潛夫論》十卷，王符撰。

《申鑒》五卷，荀悅撰。

《徐氏中論》六卷，魏太子文學徐幹撰。

《王子正論》十卷，王肅撰。

〔註36〕「□」，學津本、四部本、叢編本、四明本作「尼」。
〔註37〕此條學津本、四部本、叢編本、四明本作「《賈子》十卷，《錄》一卷。漢梁太
傅賈誼撰」。
〔註38〕「十卷」，學津本、四部本、叢編本、四明本作「九卷」。

《杜恕體論》四卷，魏幽州刺史杜恕撰。

《顧子新語》十二卷，吳太常顧譚撰。

《譙子法訓》八卷，譙周撰。

《袁子正論》十九卷，袁准撰。

《新論》十卷，晉散騎常侍夏侯湛撰。

《志林新書》三十卷，虞喜撰。梁有《廣林》二十四卷，又《後林》十卷，虞喜撰。

《要覽》十卷，晉郡儒林祭酒呂竦撰。〔註39〕

《鬻子》周文王師鬻熊撰，一卷〔註40〕。

《老子》河上丈人注二卷。張嗣注二卷。蜀才注，亡。鍾會注二卷。羊祜注二卷。王尚述注二卷。邯鄲氏注二卷。劉仲融注二卷〔註41〕。巨生注二卷。袁真注二卷。張憑注二卷。釋慧琳注二卷。盧景裕注二卷。梁曠注二卷。嚴遵《指歸》十一卷。毋丘望之《指趣》三卷。顧歡《義綱》一卷。孟智周《義疏》五卷。韋處玄《義疏》四卷。梁武帝《講疏》六卷。戴詵《義疏》九卷。何晏《序訣〔註42〕》一卷。葛仙翁《雜論》一卷。何、王等《私記》十卷。梁簡文帝《玄示》一卷。韓壯〔註43〕《玄譜》一卷。劉遺民《玄機》三卷。宗塞《幽易》五卷。山琮《志》一卷，並亡。孫登《音》一卷。李軌《音》一卷。戴逵《音》，亡。

《鶡冠子》三卷。楚之隱人。

《列子》八卷，鄭之隱人列圄寇撰，東晉光祿勳張湛注。

《莊子》李叔之《義疏》，亡。周弘正《講疏》八卷。郭象注三十卷。李頤注十八卷。梁簡文《講疏》十卷。嚴〔註44〕機《講疏》二卷。戴詵《義疏》八卷。梁曠《南

〔註39〕 清姚振宗《隋書經籍志考證》卷二十四子部一：「『晉』下似有敓文。案：兩《唐志》雜家並有陸士衡《要覽》三卷，《玉海・藝文》《中興書目》曰陸機《要覽》一卷，機自序云：『直省之暇，乃集要術三篇，上曰連璧，集其嘉名，取其連類，中曰述聞，實述予之所聞，下曰析名，乃搜同辨異也。』其書至南宋猶傳。呂竦《要覽》，兩《唐志》止五卷，此十卷，疑有陸氏《要覽》在內，或呂氏集合諸家，通名之曰要覽，以勖郡文學諸生者。《宋志》類事家。」

〔註40〕 「一卷」二字，學津本、四部本、四明本在「周」字上。

〔註41〕 清無名氏《唐書藝文志注》卷三：「《晉書・劉隗傳》：隗，彭城人。伯父訥，訥子疇，疇兄子劭，劭族子黃老，太元中注老子、慎子，行於世，此或其書。黃老亦非名，恐有脫字。」

〔註42〕 「訣」，學津本、四部本、叢編本作「決」，四明本作「次」。

〔註43〕 「壯」，學津本、四部本、叢編本、四明本作「莊」。

〔註44〕 「嚴」，學津本、四部本、叢編本、四明本作「張」。

華論》二十五卷。李軌《音》一卷。徐邈《音》三卷。又徐邈《集音》三卷〔註45〕。
郭象《音》一卷。向秀《音》一卷〔註46〕。梁曠《音》三卷。

《莊成子》十二卷，梁《蹇子》一卷，今亡。

《任子》十卷，魏河東太守任嘏撰。梁有《渾輿經》一卷，魏安成令桓威撰，
亡。

《唐子》十卷，吳唐滂撰。

《抱朴子》葛洪撰。《外》、《內篇》共五十一卷。

《孫子》十二卷，孫綽撰。

《符〔註47〕子》二十卷，東晉員外郎符朗撰。

《廣成子》十三卷，商洛公撰。張太衡注，疑近人作。

《管子》十九卷，齊相管夷吾撰。

《商君書》五卷，秦相衛鞅撰。

《慎子》十卷，慎到撰。

《韓子》二十卷，韓非撰。

《墨子》十五卷，宋大夫墨翟撰。

《隨巢子》一卷。巢，似墨翟弟子。

《昌言》十二卷，仲長統撰。

《蔣子萬機論》八卷，蔣濟撰。

《胡非子》一卷。墨翟弟子。

《尸子》二十卷，尸佼撰。

《呂氏春秋》二十六卷，呂不韋撰。

《淮南子》二十一卷，王劉安撰。

《論衡》三十九〔註48〕卷，王充撰。

《風俗通義》三十一卷，應劭撰。

《傅子》一百二十卷，傅玄撰。

《鬼谷子》三卷。皇甫謐注。又有樂一注一卷〔註49〕。

〔註45〕 此條四部本、叢編本在「郭象《音》一卷」條下。
〔註46〕 此條四部本、叢編本在「郭象《音》一卷」條上。
〔註47〕 「符」，學津本、四部本、叢編本、四明本作「苻」，下同。
〔註48〕 「三十九」，學津本、四部本、叢編本、四明本作「二十九」。
〔註49〕 「又有樂一注一卷」，百川本作「又有《樂注》三卷，《占氣》一卷」，學津本、
　　　　四部本、叢編本作「又有□樂一注一卷」，四明本作「又有樂一注三卷」。

《金樓子》十卷〔註50〕，梁元帝撰。

《子抄〔註51〕》三十卷，庾仲容撰。沈約二十卷，亡。

《燕丹子》一卷。

《世說》八卷，宋劉義慶撰。梁劉孝標注。

《亢桑子》二卷。天寶元年，詔《莊子》為《南華真經》，《列子》為《沖虛真經》，《文子》為《通玄真經》，然《亢桑子》求之不獲，襄陽處士王士元謂《莊子》作「庚桑子」，太史公、《列子》作「亢倉子」，其實一也。取諸子文義類者補其亡。〔註52〕

《牟子》一〔註53〕卷，牟融〔註54〕。

《太公六韜》五卷。

《太公金匱》二卷。

《司馬兵法》齊將田穰苴〔註55〕，三卷。

《孫子》二卷。

《尉繚子》五卷。梁惠王遊〔註56〕人。

唐書藝文志

　　唐因漢《略》，類經、史、子、集為四，至開元尤盛，凡五萬四千卷，唐學者自為書二萬八千五百卷。初，隋嘉則殿〔一〕書卷三十七萬，太府卿〔二〕宋遵貴〔三〕運入京，覆於砥柱。正觀〔註57〕中，魏徵〔四〕、虞世南〔五〕、顏師古〔六〕繼為秘書監〔七〕，請構書，選五品以上子孫工書者書，藏於內，以宮人〔八〕掌之。宮人任籤帙之責，繆矣。玄宗〔九〕詔馬懷素〔十〕、褚無量〔十一〕整比於乾元殿〔十二〕東序，請相宋璟〔十三〕、蘇頲〔十四〕同署，如貞觀故事。後大明宮〔十五〕、東都各創集賢書院，學士通籍〔十六〕，支月給蜀郡〔十七〕麻紙，季給上谷〔十八〕墨，歲給河間〔十九〕、景城〔二十〕、清河〔二一〕、博平〔二二〕四郡兔千五百皮為筆材。各聚四部，本有正副。軸帶帙籤亦異色。安祿山〔二三〕反，尺簡不藏。元

〔註50〕「十」，學津本、四部本、叢編本、四明本作「二十」。

〔註51〕「抄」，學津本、四部本、叢編本、四明本作「鈔」。

〔註52〕學津本、四部本、叢編本、四明本無此條。

〔註53〕「一」，四部本、叢編本、四明本作「二」。

〔註54〕此條學津本、四部本、叢編本、四明本「融」下有「撰」字。

〔註55〕學津本、四部本、叢編本、四明本「田穰苴」下有「撰」字。

〔註56〕「遊」，百川本、學津本、四部本、叢編本、四明本作「時」。

〔註57〕「正觀」，學津本、四部本、叢編本、四明本作「貞觀」。

載〔二四〕相奏以錢一千購一卷。文宗〔二五〕時，侍講〔二六〕鄭覃〔二七〕言經籍未備，詔秘閣〔二八〕搜訪，乃復完。黃巢〔二九〕亂，又益少。昭宗〔三十〕播遷，在京制置使〔三一〕孫惟晟〔三二〕斂書，寓教坊於秘閣，詔以書還。既徙洛，蕩無遺矣。今稽《藝志〔註58〕》，殊虧詮敘，書之涉於瑣瑣，有不可以入子類者，合分別錄。若不可淆錯如此也，裁之。

【集釋】

〔一〕嘉則殿：隋代宮殿名。

〔二〕太府卿：官名。南朝梁武帝置，掌金帛財帑。陳沿置。北魏依南朝制度設置。從北齊經隋、唐至宋，均以太府卿為太府寺主官遼、金、元改寺為監，主官亦因而改稱太府監。

〔三〕宋遵貴：唐司農少卿，京兆人。（《元和姓纂》卷八）

〔四〕魏徵：（580～643），字玄成，唐魏郡內黃人。隋末為武陽郡丞元寶藏典書記，後歸李密，又隨李密降唐。太宗即位，拜諫議大夫。貞觀二年，遷秘書監，參預朝政。奏引學者校定四部書。七年，代王珪為侍中。時令狐德棻等撰《周書》、《隋書》，徵受詔總加撰定，多所損益，時稱良史。史成，進左光祿大夫，封鄭國公。諡文貞。曾主編《群書治要》、《隋書》。

〔五〕虞世南：（558～638），字伯施，唐越州餘姚人。仕隋為起居舍人。太宗時為弘文館學士，與房玄齡對掌文翰。遷秘書監，封永興縣子。太宗重其博識，每機務之隙，引之談論，世南必存規諷，多所補益。卒諡文懿。有《北堂書鈔》及文集。

〔六〕顏師古：（581～645），唐京兆萬年人，祖籍琅邪臨沂，名籀，以字顯。顏之推孫，傳家業。高祖武德中，累擢中書舍人、專典機密，詔令一出其手。太宗立，拜中書舍人，旋坐事免。嘗受詔於秘書省考訂《五經》文字，多所釐正。貞觀七年，遷秘書少監，專典刊正所有奇書難字。官終弘文館學士。有《匡謬正俗》、《漢書注》、《急就章注》。

〔七〕秘書監：官名。東漢延熹二年（159）始置。屬太常寺，典司圖籍。後省。魏文帝又置，掌世文圖籍，初屬少府。晉初併入中書。永平（291）時又置，並統著作局，掌三閣圖書。宋與晉同。梁為秘書省長官，北朝亦置。隋煬帝時曾稱秘書省令。唐高宗時曾改稱太史，旋復舊。西夏、金秘書監為官署秘書監長官。元、明不設，遂廢。

〔註58〕「藝志」，學津本、四部本、叢編本、四明本作「藝文志」。

〔八〕宮人：負責帝王日常生活事務的人。

〔九〕元宗：唐玄宗李隆基（685～762），亦稱唐明皇。在位四十四年。

〔十〕馬懷素：字惟白，唐潤州丹徒人。擢進士第，又登文學優贍科。累遷左臺監察御史。玄宗開元初為戶部侍郎，封常山縣公，三遷秘書監，兼昭文館學士。卒諡文。

〔十一〕褚無量：（646～720），字弘度，唐鹽官臨平（今餘杭臨平）人。唐景龍三年（709），任國子司業，兼修文館學士。景雲元年（710），召拜國子司業，兼皇太子李隆基侍讀，旋授銀青光祿大夫。開元元年（713），升任左散騎常侍兼國子祭酒，封舒國公。上書請修繕錄補內府舊書，得到玄宗應允，與盧僎等在東都（洛陽）乾元殿採天下遺書以補闕文，對內府舊書分部補漏校定，大有功於經籍。著有《翼善記》、《史記至言》、《帝王要覽》等百餘篇。

〔十二〕乾元殿：唐宮殿名。

〔十三〕宋璟：（663～737），唐邢州南和人。高宗調露中，等進士第。武則天時，累除左臺御史中丞。睿宗復立，以禮部尚書同中書門下三品，力制外戚、公主干政，革除選舉流弊，選賢任才。忤太平公主，貶楚州刺史。玄宗開元初，拜刑部尚書。開元四年，繼姚崇為相，寬賦役、省刑罰。與姚崇並稱姚、宋。後罷知政事，歷京兆留守，以左丞相致仕。卒諡文貞。

〔十四〕蘇頲：（670～727），字廷碩，唐京兆武功人。武則天時擢進士第。累遷中書舍人。襲封許國公，號「小許公」。玄宗開元間進同紫微黃門平章事，卒諡文憲。

〔十五〕大明宮：唐宮殿名。

〔十六〕通籍：謂記名於門籍，可以進出宮門。《漢書‧元帝紀》：「令從官給事宮司馬中者，得為大父母父母兄弟通籍。」顏師古注引應劭曰：「籍者，為二尺竹牒，記其年紀名字物色，縣之宮門，案省相應，乃得入也。」

〔十七〕蜀郡：秦滅古蜀國，始置蜀郡。漢仍其舊，轄境包有今四川省中部大部分，治所在成都。

〔十八〕上谷：唐時郡置，治所在今河北易縣。

〔十九〕河間：唐時郡置，治所在今河北河間市。

〔二十〕景城：唐時郡置，治所在今河北滄州市東南。

〔二一〕清河：唐時郡置，治所在今河北清河縣。

〔二二〕博平：唐時郡置，治所在今山東聊城市。

〔二三〕安祿山：（？～757），唐營州柳城胡人，本姓康，初名軋犖山，又名阿犖山。少孤，隨母嫁突厥安延偃，遂姓安，更名祿山。幽州節度使張守珪異之，拔為偏將，收為養子。積戰功為平路兵馬使、營州都尉。入朝，為玄宗、楊貴妃寵信，遷平盧、范陽、河東三鎮節度使。官至尚書左僕射。玄宗天寶十四年冬於范陽起兵叛亂，先後攻陷洛陽、長安。次年自稱雄武皇帝，國號燕，建元聖武。後為其子慶緒所殺。

〔二四〕元載：（？～777），字公輔，唐鳳翔岐山人。玄宗天寶初舉明《老子》、《莊子》、《列子》、《文子》四子學，入高第，補邠州新平尉。肅宗時，累遷戶部侍郎，充度支、江淮轉運等使。附李輔國，拜同中書門下平章事。代宗立，進拜中書侍郎、許昌縣子，判天下元帥行軍司馬。大曆五年，與代宗密謀誅殺宦官魚朝恩。載擅權不法，排擠忠良，賄賂公行。眾怒，上聞，帝賜自盡。

〔二五〕文宗：唐文宗李昂（809～840），穆宗次子，敬宗弟。敬宗寶曆二年，為宦官王守澄等擁立即位。後宦官撓權，乃用李訓、鄭注等，發動甘露之變，謀盡誅宦官。事敗，訓、注等被殺，文宗亦被軟禁。在位十四年，卒諡元聖昭獻皇帝。

〔二六〕侍講：官名。唐開元十三年（725）置集賢院侍講學士與侍讀直學士，討論文史，整理經籍，備皇帝顧問。宋咸平二年（999）置翰林侍讀學士與侍講學士，後又置侍讀、侍講，天章閣亦有侍講，皆以他官中之文學之士兼充，掌讀經史，釋疑義，備顧問應對。宋神宗後，太子官亦有侍讀、侍講。宋後各代皆有翰林侍讀學士與侍講學士。明、清翰林院另有侍讀、侍講，合稱講讀。清並於內閣置侍讀學士與侍讀，掌典領奏章，勘對公文，不用翰林出身人擔任，與翰林官不同。

〔二七〕鄭覃：（？～842），唐鄭州滎澤人。少以父蔭補弘文校書郎。文宗召為翰林侍講學士，累官至同中書門下平章事、門下侍郎、弘文館學士。以名儒領祭酒，時太學刻石經，與周墀等校定九經文字，武宗初授司空。

〔二八〕秘閣：中國古代宮禁中藏書的地方。

〔二九〕黃巢：（？～884），唐曹州冤句人。僖宗乾符初王仙芝起事，黃巢聚眾回應。王仙芝戰死，黃巢遂為全軍統帥，號衝天大將軍，建元王霸。轉戰中原及江南，眾至百萬。攻克洛陽、潼關，入長安，即位稱帝，國號大齊，年號金統。中和三年撤離長安，旋克蔡州，圍陳州不下。因腹背受敵，退至泰山狼虎谷，不屈自殺。

〔三十〕昭宗：唐昭宗李曄（867～904），唐懿宗第七子，唐僖宗弟。唐朝第十九位皇帝，在位16年。

〔三一〕制置使：官名。唐大中五年（851），始以大臣充詔討党項行營都統制置等使。北宋不常置，掌籌劃沿邊軍事。南宋設置漸多，掌本路諸州軍事，多以安撫大使兼任，可便宜制置軍事，有四川、江淮、京湖等制置使。其秩高望重者稱制置大使。

〔三二〕孫惟晟：唐時為江陵尹、荊南節度使，並加特進同平章事。見《舊唐書》卷二十。

《晏子春秋》七卷，晏嬰。

《曾子》二卷，曾參。

《子思子》七卷，孔伋。

《公孫尼子》一卷。

《孟子》十四卷。趙岐注十四卷。鄭玄注七卷。劉熙注七卷。綦毋邃注七卷。陸善經注七卷。張鎰《音義》三卷。

《荀卿子》十二卷。楊倞注二十卷。

《董子》一卷，董無心。

《魯連子》一卷，魯仲連。

陸賈《新語》一〔註59〕卷。

賈誼《新書》一卷〔註60〕。

桓寬《鹽鐵論》十卷。

劉向《新序》三十卷。

劉向《說苑》三十卷。

《揚子法言》六卷，揚雄。宋衷注十卷。李軌注十卷。柳宗元注十三卷。

《揚子太玄經》十二卷。陸績注十二卷。虞翻注十四卷。范望注十二卷。宋仲孚注十二卷。蔡文邵注十二卷。王涯注六卷。劉緝注十四卷。員俶幽《贊》十卷。

《桓子新論》十七卷，桓譚。

王符《潛夫論》十卷。

《仲長子昌言》十卷，仲長統。

〔註59〕「一」，學津本、四部本、叢編本、四明本作「二十」。

〔註60〕「一」，學津本、四部本、叢編本、四明本作「十」。

荀悅《申鑒》五卷。

魏文帝《典論》五卷。

《徐氏中論》六卷，徐幹。

王肅《政論》十卷。

《杜氏體論》四卷，杜恕。

《顧子新論》五卷，顧譚。

《譙子法訓》八卷〔註61〕。

王嬰《通論》三卷。

夏侯湛《新論》十卷。

楊泉《物理論》十六卷。

王通《中說》五卷。

華譚《新論》十卷。

虞喜《志林》三十〔註62〕卷，又《後書》十卷。

《顧子義訓》十卷，顧夷。

干寶《正言》十卷，又《立言》十卷。

王劭《讀書記》三十二卷。

盧辯《墳典》三十卷。

《魏子》三卷，魏朗。

《譙子》五卷，譙周。

《周生烈子》五卷。

《袁子正書》三十五卷，袁准。

《崔子至言》六卷，崔靈童。

杜信《元和子》二卷。

《鶡子》一卷。鶡熊。馮行珪注。

《老子》河上公注二〔註63〕卷。王弼注二卷，又《指例〔註64〕》二卷。蜀才注二卷。鍾會注二卷。羊祜注二卷。孫登注二卷。王尚〔註65〕注二卷。袁真注二卷。

〔註61〕此條學津本、四部本、叢編本、四明本「卷」下有「譙周」二字。

〔註62〕「三十」，學津本、四部本、叢編本、四明本作「二十」。

〔註63〕「二」，學津本、四部本、叢編本、四明本作「三」。

〔註64〕學津本、四部本、叢編本、四明本「例」下有「略」字。

〔註65〕「王尚」，學津本、四部本、叢編本、四明本作「王尚楚」。

張憑注二卷。劉仲熊〔註66〕注二卷。陶弘景注四卷。樹鍾山〔註67〕注二卷。李允願注二卷。陳嗣古注二卷。僧慧琳注二卷。惠嚴注二卷。鳩摩羅什注二卷。義盈注二卷。傅奕注二卷。楊上善注二卷。辟閭仁諝注二卷。玄宗注二卷。盧藏用注二卷。刑〔註68〕南和注二卷。馮朝隱注，白履忠注，李播注，尹知章注，並亡。吳善經注二卷。成玄英注二卷。孫思邈注二卷。任真子《集解》四卷。張道〔註69〕《集注》四卷。盧景裕等注二卷。丘望之〔註70〕《章句》二卷。王肅《玄言》二卷。梁曠《經品》四卷。嚴遵《指歸》十四卷。何晏《講疏》四卷。梁武帝《講疏》十〔註71〕卷。顧歡《義疏》五卷。孟智周《義疏》五卷。戴詵《義疏》六卷。葛洪《序訣》二卷。韓莊《玄音》二卷。劉遺民《玄譜》一卷。馮廓《指歸》十三卷。賈大隱《違義〔註72〕》十卷。陳廷玉《疏》十五卷。陸希聲《經傳》四卷。成玄英《疏》七卷。李軌《音》一卷。

《鶡冠子》三卷〔註73〕。

《列子》八卷，列禦寇。張湛注〔註74〕。

《莊子》十卷。郭象注十卷。劉向注二十卷。崔譔注十卷。司馬彪注二十一卷，《音》一卷。楊上善注十卷。陸德明《文句義》十卷。李頤《集解》二十卷。王玄古《集解》二十卷。李充《釋論》二卷。梁簡文《講疏》三十卷。王穆《疏》十七卷，《音》一卷。成玄英《注疏》十四卷。張隱居《指要》三十三卷。元載《通微》十卷。孫思邈注，柳縱注，尹知章注，甘暉注，魏包注，李含光注，陳廷玉《疏》，並亡。

《廣成子》十二卷，商洛公撰。張太沖注。

《文子》十二卷。徐靈府注。

《唐子》十卷，唐滂。

《蘇子》七卷，蘇彥。

《宣子》二卷，宣騁。

《陸子》十卷，陸雲。

〔註66〕「劉仲熊」，學津本、四部本、叢編本、四明本作「劉仲融」。

〔註67〕「樹鍾山」，學津本、四部本、叢編本、四明本作「鍾樹山」。

〔註68〕「刑」，百川本、學津本、四部本、叢編本、四明本作「邢」。

〔註69〕「張道」，學津本、四部本、叢編本、四明本作「張道相」。

〔註70〕「丘望之」，學津本作「母丘望之」，四部本、叢編本、四明本作「毋丘望之」。

〔註71〕「十」，四部本、叢編本、四明本作「七」。

〔註72〕「違義」，學津本、四部本、叢編本、四明本作「述義」。

〔註73〕此條學津本、四部本、叢編本「三卷」下有「張湛注」三字。

〔註74〕此條學津本、四部本、叢編本作：「《列子》八卷，列禦寇撰。」

《抱朴子》四十卷，葛洪。

《孫子》十二〔註75〕卷，孫綽。

《符子》三十卷，符朗。

《賀子》十卷，賀道養。

《亢倉子》二卷。天寶元年，詔號《莊子》為《南華真經》，《列子》為《沖虛真經》，《文子》為《通玄真經》，《亢桑子》為《洞靈真經》。然「亢桑子」〔註76〕太史公、《列子》作「亢倉子」，其實一也。取諸子文義類者補其亡。

《牟子》一卷，牟融。

《尉繚子》六卷。

《呂氏春秋》二十六卷。

《淮南子》二十一卷。許慎注。

王充《論衡》三十卷。

應劭《風俗通義》三十卷。

王肅《政論》十卷。〔註77〕

鍾會《蒭蕘論》五卷。

《傅子》百二十卷，傅玄。

《抱朴子》二十卷。〔註78〕

《金樓子》梁元帝。

陸士衡《要覽》三卷。

崔豹《古今注》三卷。

孟儀《子林》二十卷。

薛克構《子林》三〔註79〕卷。

沈約《子鈔》三十卷。

庾仲容《子鈔》十卷。

《范子計然》十五卷。

王方慶《世說〔註80〕》十卷。

〔註75〕「十二」，百川本作「十三」。
〔註76〕學津本、四部本、叢編本、四明本此處有：「求之不獲，襄陽處士王士元謂《莊子》作《庚桑子》。」
〔註77〕學津本、四部本、叢編本、四明本無此條。
〔註78〕學津本、四部本、叢編本、四明本無此條。
〔註79〕「三」，學津本、四部本、叢編本、四明本作「三十」。
〔註80〕學津本、四部本、叢編本、四明本「世」上有「續」字。

盧藏用《子書要略》一卷。

馬總《意林》三卷。

《燕丹子》一卷。

《周書陰符》九卷。

《周呂書》一卷。

《司馬法》田穰苴，三〔註81〕卷。

《孫子》三卷。魏文帝〔註82〕注。

《唐志》有陸景《典訓》、譙子《法訓》、周舍《正覽》、劉徽《攲器圖》之類，非合登子錄。又《帝範》、《臣軌》、《政範》、《諫苑》之書，尤非其類。如此者數十家，裁之。

子 鈔

梁諮議參軍〔一〕庾仲容〔二〕，穎〔註83〕川〔三〕人。

《子鈔》百十有七家，仲容所取，或數句，或一二百言，是有以契〔四〕其意、入其用而他人不可共享者也。馬總〔五〕《意林》，一遵庾目，多者十餘句，少者一二言，比《子鈔》更為取之嚴、錄之精且約也。戴叔倫〔六〕序其書曰：「上以防守教之失，中以補比事〔七〕之闕，下以佐屬文之緒。有疏通、廣博、潔淨、符信之要，無僻放、拘刻、譏蔽〔八〕、邪蕩之患。」〔九〕亦足以發其機、寫其志矣。孔子曰：「雖小道，亦有可觀。」〔十〕是於諸子未嘗廢也。聖人既遠，承學易殊，義向之少純，言議之多詭，則百氏之為家，不能盡葉〔十一〕乎一，亦理之所必然也。當篇籍散闕、人所未見之時，而乃先識其名，又得其語，斯足以廣聞見、助發揮〔十二〕，何止嘗鼎臠、啖雞跖〔十三〕也。陸機〔十四〕氏〔註84〕曰：「傾群言之瀝液〔十五〕，漱六藝之芳潤〔十六〕。唐韋展〔十七〕《日月如合璧賦》云：「獵英華於百氏，漱芳潤於六籍。」語自此來。是庶幾焉。」〔十八〕總，唐貞元中任評事，字會元，扶風人。

【集釋】

〔一〕諮議參軍：南北朝時期官員，負責參謀軍務。

〔註81〕「三」，百川本、學津本、四部本、叢編本、四明本作「二」。

〔註82〕「魏文帝」，學津本、四部本、叢編本、四明本作「魏武帝」。

〔註83〕「穎」，四部本、叢編本、四明本作「潁」。

〔註84〕「氏」，《文獻通考》作「賦」。

〔二〕庾仲容：字子仲，南朝梁潁川鄢陵人。初為安西法曹行參軍，轉太子舍人。歷永康、錢塘、武康令。除安成王中記室，後為尚書左丞。侯景亂，遊會稽卒。

〔三〕潁川：郡名，秦王政 17 年（公元前 230 年）置。以潁水得名。治所在陽翟（今河南省禹州市）。轄境相當今河南登封市、寶豐以東，尉氏、鄢城以西，新密市以南，葉縣、舞陽以北地。

〔四〕契：相合；投合。

〔五〕馬總：（？～823），字會風，唐扶風人。德宗貞元中辟署滑州姚南仲幕府，貶泉州別駕。憲宗元和中自虔州刺史遷安南都護。後入刑部侍郎。元和十二年，兼御史大夫，副裴度宣慰淮西，尋擢淮西節度使。官至戶部尚書。卒諡懿。輯有《意林》。

〔六〕戴叔倫：（732～789），字幼公，一作次公，唐潤州金壇人。工詩，以文辭著。代宗大曆中，於鹽鐵轉運使府中任職。德宗建中中，曹王李皋領湖南觀察使、江西節度使，叔倫入其幕府。皋徵李希烈，留叔倫領府事，試守撫州刺史。貞元四年，遷容州刺史，兼御史中丞、容管經略使。

〔七〕比事：指連綴性質相同的事類以為比擬。

〔八〕譣蔽：詐偽蒙蔽。

〔九〕語見《全唐書》卷五百十《意林序》。

〔十〕語見《論語・子張》：「子夏曰：『雖小道必有可觀者焉，致遠恐泥，是以君子不為也。』」小道：禮樂政教以外的學說；技藝。何晏《論語集解》：「小道謂異端。」劉寶楠《論語正義》：「《周官・大司樂》注：『道，多才藝。』此小道亦謂才藝。鄭注云：『小道，如今諸子書也。』鄭舉一端，故云『如』以例之。」

〔十一〕葉：同「協」。

〔十二〕發揮：把內在的性質或能力表現出來。

〔十三〕雞跖：亦作「雞蹠」，雞足踵。古人視為美味。語本《呂氏春秋・用眾》：「善學者若齊王之食雞也，必食其跖數千而後足。」

〔十四〕陸機：（261～303），字士衡，西晉吳郡吳縣人。陸遜孫，陸抗子。少領父兵為牙門將。吳亡，退居勤學，作《辯亡論》。晉武帝太康末，與弟陸雲入洛，文才傾動一時。趙王司馬倫輔政，引為相國參軍。齊王司馬囧收付廷尉，賴成都王司馬穎救免，遂依之，為平原內史。從討長沙王司馬乂，後

為將軍、河北大都督，兵敗被殺。著有《陸士衡集》。

〔十五〕瀝液：水滴。

〔十六〕芳潤：芳香潤澤。亦用以喻文辭之精華。

〔十七〕韋展：唐杜陵人，官少府監主簿。

〔十八〕語見《陸士衡文集》卷一。

《鬻子》《藝文志》曰：「名熊，著《子》十二篇。」今一卷，有六篇。

《太公金匱》二卷。

《太公六韜》六卷。

《曾子》合十八卷。

《晏子》十四卷。

《子思子》七卷。

《孟子》十四卷。

《管子》十八卷。

《魯連子》五卷。

《文子》十二卷。同〔註85〕平王時人，師老子。

《鄧析子》二卷。

《范子》十二卷。

《墨子》十六卷。

《纏子》一卷。

《隨巢子》一卷。

《胡非子》一卷。

《尸子》二十卷。

《韓子》二十卷。

《列子》八卷。

《莊子》十卷。

《鶡冠子》三卷。

《王孫子》一卷。

《慎子》一卷。

《申子》三卷。

〔註85〕「同」，學津本、四部本、叢編本、四明本作「周」。

《燕丹子》三卷。

《鬼谷子》五卷。

《尹文子》二卷。

《公孫尼子》一卷。

陸賈《新語》二卷，十篇。

晁錯《新書》二卷。

賈誼《新書》九卷。

《呂氏春秋》三十六卷。

《淮南子》二十二卷。

互〔註86〕寬《鹽鐵論》十卷。

劉向《新序》三十卷。

劉向《說苑》二十卷。

《揚子法言》十五卷。

揚雄《太玄經》十五卷。

桓譚《新論》十七卷。

王充《論衡》三十卷。

崔元始《正論》五卷。

王符《潛夫論》十卷。

應劭《風俗通》

《商子》五卷。

《阮子》四卷。

姚信《士緯》十卷。

殷興《通論》八卷。

《抱朴子》五十卷。

王叔師《正部》六卷。

《牟子論》一卷。

《周生烈子》

荀悅《申鑒》

仲長〔註87〕《昌言》十二卷。

〔註86〕「互」，百川本、學津本、四部本、叢編本、四明本作「桓」。

〔註87〕「仲長」，學津本、四部本、叢編本、四明本作「仲長統」。

魏文帝《典論》五卷。

《魏子》十卷，魏朗。

劉劭《人物志》三卷。

《任子》十卷，任弈。

杜恕《篤論》四卷。

杜恕《體論》四卷。

《傅子》一百二十卷，傅咸。

《唐子》十卷，傍孚惠潤。

《秦子》二卷，菁。

《梅子新書》一卷。按其語，晉人也。

楊泉《物理論》十六卷。

楊泉《太玄經》。

《蔡氏化清經》一卷，蔡洪。

《鄒子》一卷。其書多論漢人，恐是閏甫。

孫敏《成敗志》三卷。字休明。

王嬰《通論》三卷。

徐幹《四論》八卷。

蔣濟《萬機論》八卷。

譙周《法論》八卷。

譙周《五教》五卷，並是《禮記》語。

顧譚《新言》二卷。字子默，吳太常。

鍾會《蒭蕘論》五卷。

陸景《典論》十卷。

張儼《默記》三卷。字子節，吳大鴻月〔註88〕卿。

裴玄《新言》五卷。字彥黃，吳大夫。

袁准《正書》

袁准《正論》

蘇子八卷。自云魏人。

桓範《世要》十卷。字符則。

《陸子》十卷。陸雲。

〔註88〕「月」，學津本、四部本、叢編本作「臚」。

夏侯湛《新論》十卷。

張顯《枌言》十卷。

虞喜《志林》二十四卷。

《顧子》十卷，顧夷。

《諸葛子》著略一卷。

《陳子要言》十四卷。

《符子》二十卷。符朗。

《神農本草經》六卷。

《本草經》華陀弟子吳普。六卷。

《相牛經》一卷。

《相馬經》二卷。

《相鶴經》一卷。

《周髀》三卷，趙裴，字君卿。

《司馬兵法》三卷。

《孫子兵法》三卷。

《黃石公記》三卷，上下中略。

《泛勝之書》二卷。

《夢書》十五卷。

《貝書》十卷。

《淮南萬畢術》一卷。

《九章算術》三〔註89〕卷。

張華《博物志》十卷。

戴凱之《竹譜》一卷。

《筆墨法》

通志·藝文略

樞密院編修〔一〕官莆田鄭樵〔二〕漁仲撰

本朝藏書家最稱參政蘇公〔三〕、宣獻宋公〔四〕、文忠歐陽公〔五〕，又稱丞相蘇公〔六〕、丞相宋公兄弟〔七〕，而尤盛於邯鄲李氏〔八〕。李氏其目，足以與秘府敵。

〔註89〕「三」，學津本、四部本、叢編本、四明本作「二」。

　　中興以來，垂意〔九〕收拾〔十〕，篤且富無如鄭氏〔十一〕。雖曰包括諸氏，囊括百家，厥功甚茂，然秩〔註90〕芟繁歸匯，亦欠理擇，是又失於患多者也。似孫嘗閱天祿、石渠書，無古書，一也。無異書，二也。雜以今人所作，蕪雜太甚，三也。而又考訂欠精，匯類欠確，一也。所合下□〔註91〕詔更加求訪，一也。其書無秘副，每出外輒易毀失，一也。當必有能任其事者，既採鄭氏目入予《子略》，為之太息。

【集釋】

〔一〕樞密院編修：宋官署名。屬樞密院。隨事置編修官，無定員，如以本院官兼任，即無編修官官銜。熙寧三年（1070），編修《經武要略》，兼刪定諸房例冊，則樞密院都承旨與副承旨管幹。紹聖四年（1097），編修刑部、軍馬司事，命樞密院都承旨與副承旨兼領。

〔二〕鄭樵：（1104～1162），字漁仲，宋興化軍莆田人。自號溪西逸民，學者稱夾漈先生。高宗紹興中以薦召對，授迪功郎、禮部、兵部架閣。為御史劾，改監南嶽廟。給札歸鈔所著《通志》書成，入為樞密院編修官。另有《夾漈遺稿》、《爾雅注》等。

〔三〕參政蘇公：即蘇易簡（959～997），字太簡，梓州銅山（今四川東江東南）人。少聰悟好學，風度奇秀，才思敏贍。太平興國五年，年逾弱冠，舉進士，太宗方留心儒術，貢士皆臨軒覆試，易簡所試，三千餘言立就，奏上，覽之稱賞，擢冠甲科。解褐，將作監丞，通判升州，遷左贊善大夫。八年，以右拾遺知制誥。雍熙初，以郊祀恩進秩祠部員外郎。二年，與賈黃中同知貢舉。三年充翰林學士。淳化元年丁外艱，二年同知京朝官考課，遷中書舍人。易簡續唐李肇《翰林志》二卷，以獻帝，賜詩以嘉之，帝嘗以輕綃飛白大書「玉堂之署」四字，令易簡榜於廳額。遷給事中，參知政事。時趙昌言亦參知政事，與易簡不協，至忿爭上前，上皆優容之。未幾，昌言出使劍南中路，命改知鳳翔府。明年，易簡亦以禮部侍郎出知鄧州，移陳州。至道二年卒，年三十九，贈禮部尚書。易簡外雖坦率，中有城府。由知制誥入為學士，年未滿三十。屬文初不達體要，及掌誥命，頗自刻勵。在翰林八年，眷遇夐絕倫等。李沆後入，在易簡下，先參知政事，故以易簡為承旨錫賚均焉。太宗遵舊制，且欲稔其名望，而後正台輔。易簡以親

〔註90〕「秩」，學津本、四部本、叢編本、四明本作「失」。
〔註91〕□，學津本、四部本、叢編本、四明本此處無空缺。

－147－

老急於進用，因亟言時政闕失，遂參大政。易簡常居雅善筆札，尤善談笑，旁通釋典。所著《文房四譜》、《續翰林志》及文集二十卷，藏於秘閣。三子曰宿，曰壽，曰耆，大中祥符間皆祿之以官云。事蹟具《宋史》本傳。

〔四〕宣獻宋公：宋綬（991～1040），字公垂，趙州平棘（今河北趙縣）人。父皋，尚書度支員外郎，直集賢院。綬幼聰警，額有奇骨，為外祖楊徽之所器愛。徽之無子，家藏書悉與綬。綬母亦知書，每躬自訓教，以故博通經史百家，文章為一時所尚。年十五，召試中書，真宗愛其文，遷大理評事，聽於秘閣讀書。大中祥符元年，複試學士院，為集賢校理，與父皋同職，後賜同進士出身，遷大理寺丞。及祀汾陰，召赴行在，與錢易、陳越、劉筠集所過地志、風物、故實，每舍止即以奏。將祠亳州太清宮，以簽書亳州判官事入為左正言、同判太常禮院，久之判三司憑由司。擢知制誥、判吏部流內銓兼史館修撰。累遷戶部郎中、權直學士院，同修真宗實錄，進左司郎中，遂為翰林學士兼侍讀學士，勾當三班院。同修國史，遷中書舍人。史成，遷尚書工部侍郎兼侍讀學士。以尚書左丞資政殿學士留侍講筵，權判尚書都省，歲餘加資政殿大學士，以禮部尚書知河南府。元昊反，劉平、石元孫敗沒，帝以手詔賜大臣居外者詢攻守之策，綬畫十事以獻，復召知樞密院事，遷兵部尚書、參知政事。時綬母尚在，綬既得疾，不視事，猶起居自力，區處後事，尋卒，贈司徒兼侍中，諡宣獻。綬性孝謹清介，言動有常，為兒童時手不執錢。家藏書萬餘卷，親自校讎，博通經史百家，其筆札尤精妙，朝廷大議論多綬所裁定。楊億稱其文沉壯淳麗，曰吾殆不及也。及卒，帝多取其書字藏禁中。事蹟具《宋史》本傳。

〔五〕文忠歐陽公：歐陽修（1007～1073），字永叔，號醉翁，又號六一居士。吉安永豐（今屬江西）人。仁宗時，累擢知制誥、翰林學士；英宗，官至樞密副使、參知政事；神宗朝，遷兵部尚書，以太子少師致仕。卒諡文忠。曾與宋祁合修《新唐書》，並獨撰《新五代史》。又喜收集金石文字，編為《集古錄》。另有《歐陽文忠公文集》。事蹟具《宋史》本傳。

〔六〕丞相蘇公：蘇頌（1020～1101），字子容，泉州南安（今福建廈門）人。父紳葬潤州丹陽，因徙居之。第進士，歷宿州觀察推官，知江寧縣。時杜衍老，居睢陽，見頌，深器之曰：「如君真所謂不可得而親疏者。」皇祐五年，召試館閣校勘，同知太常禮院。富弼常稱頌為古君子，及與韓琦為相，同表其廉。鄧元孚謂頌子曰：「尊公高明以政稱，豈可為一婦所紿，

但論醫如法檢自不誣矣。」頌曰：「萬事付公議，何容心焉，若言語輕重，則人有觀望，或致有悔。」既而婦死，元孚慚，曰：「我輩狹小，豈可測公之用心也？」加集賢院學士，知應天府。呂惠卿嘗語人曰：「子容吾鄉里先進，苟一詣我，執政可得也。」頌聞之，笑而不應。及修兩朝正史，轉右諫議大夫，使契丹。元豐初，權知開封府。召判尚書吏部，兼詳定官制。遷翰林學士承旨，五年擢尚書左丞，嘗行樞密事。七年拜右僕射，兼中書門下侍郎。頌為相，務在奉行故事，使百官守法遵職，量能授任。紹聖四年拜太子少師，致仕。方頌執政時，見哲宗年幼，諸臣太紛紜，常曰君長誰任其咎耶？每大臣奏事，但取決於宣仁後。哲宗有言，或無對者，惟頌奏宣仁後，必再稟哲宗，有宣諭必告諸臣，以聽聖語。及貶元祐故臣，御史周秩劾頌，哲宗曰：「頌知君臣之義，無輕議此老。」徽宗立，進太子太保，爵累趙郡公。建中靖國元年夏至，自草遺表，明日卒，年八十二。詔輟視朝二日，贈司空。頌器局閎遠，不與人校短長，以禮法自持，雖貴，奉養如寒士。自書契以來，經史、九流百家之說，至於圖緯、律呂、星官、算法、山經、本草，無所不通，尤明典故。喜為人言，亹亹不絕。朝廷有所制作，必就而正焉。事蹟具《宋史》本傳。

〔七〕丞相宋公兄弟：即宋庠、宋祁。宋庠（996～1066），字公序，安州安陸人，後徙開封之雍丘（今河南杞縣）。天聖初舉進士第一，擢大理評事、同判襄州。召試遷太子中允、直史館，歷三司戶部判官，同修起居注，再遷左正言。知制誥時，親策賢良茂才等科，兼史館修撰，知審刑院。改權判吏部流內銓，遷尚書刑部員外郎，詔為翰林學士。帝遇庠厚，行且大用矣。庠初名郊，李淑恐其先已，以奇中之言曰：宋，受命之號；郊，交也。合姓名言之為不祥。帝弗為意。他日以諭之，因改名庠。寶元中，以右諫議大夫參知政事。庠為相儒雅，練習故事，自執政遇事，輒分別是非。出知揚州，未幾，以資政殿學士徙鄆州，進給事中、參知政事。范仲淹去位，帝問宰相章得象誰可代仲淹者，得象薦宋祁，帝雅意在庠，復召為參知政事。除尚書工部侍郎，充樞密使。皇佑中拜兵部侍郎同中書門下平章事、集賢殿大學士。以檢校太尉同平章事，充樞密使，封莒國公。以司空致仕，卒贈太尉兼侍中，諡元獻。帝為篆其墓碑曰忠規德範之碑。庠自應舉時，與祁俱以文學名擅天下，儉約不好聲色，讀書至老不倦，善正訛謬，嘗校定《國語》，撰《補音》三卷，又輯《紀年通譜》，區別正閏，為十二卷，

《掖垣叢志》三卷，《尊號錄》一卷，別集四十卷。宋祁（998～1061），字子京，與兄庠同時舉進士，禮部奏祁第一，庠第三，章獻太后不欲以弟先兄，乃擢庠第一，而置祁第十人，呼曰二宋，以大小別之。釋褐復州軍事推官，孫奭薦之，改大理寺丞、國子監直講，召試授直史館，再遷太常博士、同知禮儀院。預修《廣業記》成，遷尚書工部員外郎、同修起居注、權三司度支判官。徙判鹽鐵勾院，同修禮書。次當知制誥，而庠方參知政事，乃以為天章閣待制，判太常禮院，國子監，改判太常寺。庠罷，祁亦出知壽州，徙陳州，還知制誥、權同判流內銓。以龍圖閣直學士知杭州。留為翰林學士。徙知審官院，兼侍讀學士。庠復知政事，罷祁翰林學士，改龍圖學士、史館修撰，修《唐書》，累遷右諫議大夫，充群牧使。庠為樞密使，祁復為翰林學士。出知許州，甫數月，復召為侍讀學士、史館修撰。祀明堂，遷給事中，兼龍圖閣學士。坐其子從張彥方遊，出知亳州，兼集賢殿修撰，歲餘徙知成德軍，遷尚書禮部侍郎。徙定州，加端明殿學士，特遷吏部侍郎，知益州，尋除三司使右司諫，《唐書》成，遷左丞進工部尚書，以羸疾請便醫藥入判尚書都省，逾月拜翰林學士承旨，詔遇入直，許一子主湯藥，復為群牧使，尋卒，贈尚書。祁兄弟皆以文學顯，而祁尤能文善議論，然清約莊重不及庠，論者以祁不至公輔，亦以此云。修《唐書》十餘年，自守亳州出入內外，嘗以稿自隨，為列傳百五十卷。預修《籍田記》、《集韻》，又撰《大樂圖》二卷、文集百卷。祁所至治事明峻，好作條教，其子遵治戒，不請諡。久之，學士承旨張方平言祁法應得諡，諡曰景文。事蹟具《宋史》本傳。

〔八〕李氏：李淑（1002～1059），字獻臣，號邯鄲，徐州豐縣（今屬江蘇）人，李若穀子。年十二，真宗幸亳，獻文行在所，真宗奇之，命賦詩，賜童子出身，試秘書省校書郎，寇準薦之，授校書郎館閣校勘。乾興初，遷大理評事，修真宗實錄，為檢討官，書成改光祿寺丞、集賢校理，為國史院編修官，召試賜進士及第，改秘書郎，進太常丞、直集賢院、同判太常寺。擢史館修撰。再遷尚書禮部員外郎。上時政十議，改知制誥、勾當三班院，為翰林學士，進吏部員外郎。會若穀參知政事，改侍讀學士，加端明殿學士。若穀罷，進本曹郎中，典豫王府章奏，以右諫議大夫知許州。權知開封府，復為翰林學士、中書舍人。改給事中，知鄭州，徙河陽，轉尚書禮部侍郎，復為翰林學士，罷端明殿學士，判流內銓，復加端明殿學士。除

龍圖閣學士，出知應天府，明年復端明侍讀二學士，判太常寺。復再為翰林學士，諫官包拯、吳奎等言淑性姦邪，又嘗請侍養父而不及其母，罷翰林學士，以端明龍圖閣學士奉朝請，丁母憂，服除為端明侍讀二學士，遷戶部侍郎，復為翰林學士，而御史中丞張昇等又論奏之，不拜，除兼龍圖閣學士，由是抑鬱不得志，出知河中府，暴感風眩，卒。贈尚書右丞。淑警慧過人，博習諸書，詳練朝廷典故，凡有沿革，帝多諮訪。制作誥命，為時所稱。其他文多裁取古語，務為奇險，時人不許也。……其傾側險陂類此……又獻《係訓》三篇，所著別集百餘卷。事蹟附《宋史》李若谷傳。

〔九〕垂意：注意；留意。

〔十〕收拾：收聚；收集。

〔十一〕鄭氏：鄭樵。

《晏子春秋》七卷，齊大夫晏嬰。

《曾子》二卷，魯國曾參。

《子思子》七卷。魯穆公師孔伋。

《漆雕子》十三篇。漆雕開後。

《宓子》十六篇。孔子弟子宓不齊。

《世子》名碩〔註92〕，陳人，七十子之弟子。二十一篇。

《公孫尼子》一卷。七十子〔註93〕弟子。

《孟子》十四篇，齊卿孟軻。趙岐注。鄭玄注七卷。劉熙注七卷。綦毋邃注七卷。陸喜〔註94〕經注七卷。張鎰《音》二卷。孫奭《音》二卷。

《續孟子》二卷，唐林慎思撰。

《刪孟子》一卷，馮休撰。

《荀卿子》十二卷，楚蘭陵令荀況。楊倞注三〔註95〕卷。

《芊子》十八篇。齊人芊嬰，七十子之後。

《王孫子》一卷。

《羊子》四篇，秦博士羊百章撰。

《徐子》四十二篇。宋外黃人。

〔註92〕「碩」，百川本作「預」。

〔註93〕學津本、四部本、叢編本、四明本「七十子」下有「之」字。

〔註94〕「喜」，學津本、四部本、叢編本、四明本作「善」。

〔註95〕「三」，學津本、四部本、叢編本、四明本作「二」。

《魯仲連子》五卷。齊人魯連，不仕，稱先生。

《賈子》十卷，漢梁太傅賈誼撰。

《秦子》三卷。

《何子》五卷。

《劉子》三卷，梁劉勰撰。

《揚子法言》《解》一卷，揚雄撰。李軌注十五卷。侯苞注六卷。宋衷注十卷。柳宗元注十三卷。司馬光集注十卷。

《元〔註96〕子新論》十七卷，後漢六安丞元〔註97〕譚撰。

《魏子》二〔註98〕卷，後漢會稽人魏明〔註99〕撰。

《牟子》二卷，後漢太尉牟融撰。

《王子政論》十卷，王肅撰。

《顧子新語》十二卷，吳太常顧譚撰。

《譙子法訓》八卷，譙周撰。

《譙子五教志》五卷。

《周生烈子》五卷。

《袁子正論》二十卷，袁准撰。

《袁子正語〔註100〕》二十五卷。

《顧子義訓》十卷，晉揚州主簿顧夷撰。

《崔子至言》六卷。

《賈子》一卷〔註101〕。

《元子》十卷，元結撰。

《元和子》二卷，杜信撰。

《仲蒙子》三卷，唐林慎思撰。

《冀子》五卷〔註102〕。

《傅子》五卷，晉司隸校尉傅玄撰。舊有百二十卷。

《鮿子》一卷，趙鄰機撰。

〔註96〕「元」，學津本、四部本、叢編本、四明本作「桓」。
〔註97〕「元」，學津本、四部本、叢編本、四明本作「桓」。
〔註98〕「二」，學津本、四部本、叢編本、四明本作「三」。
〔註99〕「明」，學津本、四部本、四明本作「朗」。
〔註100〕「語」，學津本、四部本、叢編本、四明本作「書」。
〔註101〕此條學津本、四部本、叢編本、四明本「卷」下有「開元中藍天尉撰」。
〔註102〕此條學津本、四部本、叢編本、四明本「卷」下有「冀重」二字。

《素履子》一卷，張弧撰。

《東莞〔註103〕子》十卷。

《商子新書》三卷，商孝逸撰。

《孫綽子》十卷。

《樊子》三十卷，樊宗師撰。

《老子》古本二卷。河上公注二卷〔註104〕。河上丈人注二卷。毌丘望之注二卷。又《章句》二卷。嚴遵注二卷。《指趣》二卷，又《指歸》十一卷。鍾會注二卷，又《解釋》四卷。羊祜注二卷。蜀才注二卷。孫登注二卷。汪尚〔註105〕注二〔註106〕卷，又《音》一卷。劉仲融注二卷。袁真注二卷。曹道沖注二卷。張憑注二卷。盧景裕注二卷。陶景〔註107〕注二卷。鍾植〔註108〕山注二卷。陳皋注二卷。李允願注二卷。陳嗣古注二卷。僧惠嚴注二卷。僧慧琳注二卷。鳩摩羅什注二卷。僧義盈注二卷。偓松子注二卷。梁曠等注四卷。李納注四卷。道士李榮注三卷。唐明皇注二卷。辟閭仁諝注二卷。傅奕注二卷。吳善經注一卷。楊上善注二卷。成元英注一卷。盧藏用注二卷。李軌《疏》一卷。李若愚注一卷。戴逵《疏》一卷。孟智周《疏》一〔註109〕卷。戴詵《疏》一〔註110〕卷。韋處玄《疏》一〔註111〕卷。趙至堅《疏》一〔註112〕卷。江徵《疏》二〔註113〕卷。王顧等《疏》二〔註114〕卷。賈青夷《疏》四卷。梁武帝《疏》八〔註115〕卷。何晏《疏》四卷，又《講疏》四卷。《政和御解》二卷。任貞〔註116〕子《集注》四卷。程韶《集注》二卷。張道相《集注》四卷。顧歡《義疏》一卷，又《義綱》一卷，又《章門》一卷〔註117〕。王弼《節解》二卷，

〔註103〕「莞」，學津本、四部本、叢編本、四明本作「管」。
〔註104〕此條叢編本在「河上丈人注二卷」條下。
〔註105〕「汪尚」，學津本、四部本、叢編本、四明本作「王尚」。
〔註106〕「二」，學津本、四部本、叢編本、四明本作「一」。
〔註107〕「陶景」，學津本、叢編本作「陶宏景」，四部本、四明本作「陶弘景」。
〔註108〕「植」，百川本、學津本、四部本、叢編本、四明本作「樹」。
〔註109〕「一」，學津本、四部本、叢編本、四明本作「五」。
〔註110〕「一」，學津本、四部本、叢編本、四明本作「九」。
〔註111〕「一」，學津本、四部本、叢編本、四明本作「四」。
〔註112〕「一」，學津本、四部本、叢編本、四明本作「四」。
〔註113〕「二」，學津本、四部本、叢編本、四明本作「十四」。
〔註114〕「二」，學津本、四部本、叢編本、四明本作「四」。
〔註115〕「八」，學津本、四部本、叢編本、四明本作「六」。
〔註116〕「貞」，學津本、四部本、叢編本、四明本作「真」。
〔註117〕此條學津本、四部本在「王弼《節解》二卷」條下。

《指例略》二卷〔註118〕。韓莊《指略》二卷〔註119〕。賈大隱《述義》十卷。又《元指》八卷〔註120〕。元景先生《簡要義》五卷。賈善翊《傳》三卷。崔少元《心鑒》一卷。《呂氏昌言》二卷。王守〔註121〕《注心鑒〔註122〕》一卷。李畋《音解》二卷。

《莊子》郭象注十卷。向秀注二十卷。崔撰注十〔註123〕卷。司馬彪注十六卷，《音〔註124〕》一卷。晉李頤注三十卷。又《疏》三卷〔註125〕。孟氏注十八卷。楊上善注十卷。道士文如晦〔註126〕注十卷。盧藏用注十二卷。道士成元英注三十卷，又《疏》十二卷。四家注十五卷。張昭《補注》十卷。徐邈《疏》三卷。王穆《疏》三〔註127〕卷。戴詵八卷〔註128〕，又《疏》十卷。周弘正《講疏》八卷。李叔之《義疏》三卷。梁簡文帝《講疏》三十卷。張機《疏》二卷，又《內音義〔註129〕》一卷，《外音義〔註130〕》一卷。陸德明《句義》三十八〔註131〕卷。馮廓〔註132〕《正義》十卷，又《句義》二十卷。張隱居《指要》三十六〔註133〕篇。陳景朝〔註134〕《內要》一卷。李充《論》二卷，又《餘事》一卷。賈參廖《統略》三卷〔註135〕，又《通真論》三卷〔註136〕。李頤《集解》二十卷，邈一卷〔註137〕。王元〔註138〕

〔註118〕 此條學津本、四部本、叢編本為「《指略例》二卷」，在「又《義綱》一卷」條下。四明本此條作「又《指略例》二卷」。
〔註119〕 此條學津本、四部本、叢編本、四明本作「何晏《指略論》二卷」。
〔註120〕 此條學津本、四部本、叢編本作「韓莊《元指》八卷」，四明本作「韓莊《玄指》八卷」。
〔註121〕 「王守」，學津本、四部本、叢編本、四明本作「王守愚」。
〔註122〕 「鑒」，學津本、四部本、叢編本、四明本作「鏡」。
〔註123〕 「十」，學津本、四部本、叢編本、四明本作「一」。
〔註124〕 學津本、四部本、叢編本、四明本「音」上有「又」字。
〔註125〕 此條學津本、四部本、叢編本作「又郭象《音》三卷」。
〔註126〕 「晦」，學津本、四部本、叢編本、四明本作「海」。
〔註127〕 「三」，學津本、四部本、叢編本、四明本作「一」。
〔註128〕 此條學津本、四部本、叢編本、四明本作「戴詵《疏》八卷」。
〔註129〕 「內音義」，學津本、四部本、叢編本、四明本作「內篇音義」。
〔註130〕 「外音義」，學津本、四部本、叢編本、四明本作「外篇雜音」。
〔註131〕 「三十八」，學津本、四部本、叢編本、四明本作「二十八」。
〔註132〕 「廓」，學津本、四部本、叢編本、四明本作「廓」。
〔註133〕 「三十六」，學津本、四部本、叢編本、四明本作「三十三」。
〔註134〕 「陳景朝」，學津本、四部本、叢編本、四明本作「陳景先」。
〔註135〕 「賈參廖」，學津本、四部本、叢編本、四明本作「張遊朝」。
〔註136〕 此條學津本、四部本、叢編本、四明本作「賈參廖《通真論》三卷」。
〔註137〕 此條學津本、四部本、叢編本、四明本作「徐邈注三卷」。
〔註138〕 「王元」，學津本、四部本、叢編本、四明本作「王元古」。

《集解》二十卷。賈善翔〔註139〕《直音》一卷。

《鬻子》一卷，周文王師楚人鬻熊。唐鄭縣尉逢行珪注。王觀注三卷。

《列子》八卷，鄭穆公時隱者列禦寇。唐加「沖虛真經」，本朝加「至德」。晉張湛注八卷。孫鵲注八卷。盧重光注八卷。《政和御注》八卷。《統略》一卷。《指歸》一卷。《釋文》一〔註140〕卷。《音義》一卷。

《文子》十二卷。老子弟子。李暹《訓法〔註141〕》十二卷。朱弁注十二卷。徐靈府《注音》一卷〔註142〕。《統略》一卷。《家語要言》一卷。

《鶡冠子》三卷。楚之隱人。

《莊成子》十二卷。

《蹇子》一卷。

《唐子》十卷，吳唐滂撰。

《蘇子》十〔註143〕卷，晉北中郎參軍蘇彥撰。

《宣子》二卷，晉宜城令宣聘撰。

《陸子》十卷，陸雲撰。

《幽求子》二十卷，杜英〔註144〕撰。

《抱朴子》葛洪撰，《內篇》二十卷，《外篇》三十卷。

《符子》二十卷，東晉員外郎符明撰。

《賀子》十卷，宋太學博士賀道養撰。

《少子》五卷，齊司徒左長史張融撰。

《無名子》一卷，張太衡撰。

《元子》五卷。

《廣成子》十三卷，商洛〔註145〕撰。張太衡注。何璨注三卷。

《亢倉子》三卷，老聃之徒庚桑楚撰。王士元注。《音略》一卷〔註146〕。

《無能子》三卷。唐光啟中隱者，不得〔註147〕名氏。

〔註139〕「翔」，學津本、四部本、叢編本、四明本作「翊」。

〔註140〕「一」，學津本、四部本、叢編本、四明本作「二」。

〔註141〕「法」，學津本、四部本、叢編本、四明本作「注」。

〔註142〕此條學津本、四部本、叢編本、四明本作「徐靈府注十二卷」。

〔註143〕「十」，學津本、四部本、叢編本、四明本作「七」。

〔註144〕「杜英」，學津本、四部本、叢編本、四明本作「杜夷」。

〔註145〕「商洛」，學津本、四部本、叢編本、四明本作「商洛公」。

〔註146〕學津本、四部本、叢編本、四明本作「又《音略》三卷」。

〔註147〕「得」，學津本、四部本、叢編本、四明本作「著」。

《同光子》八卷，劉無待撰。

《元真子》三卷，張志和撰。

《達觀子》一卷。

《淨注〔註148〕子》二十卷，蕭子良撰。

《天隱子》一卷。

《元中子》三卷，杜登暉撰。

《元筌子》一卷，珞琭子撰。

《素履子》一卷。

《任子道論》一卷，魏河東太守任嘏撰。

《赤松子》一卷，陳摶撰。

《管子》十八卷，齊相夷吾撰。漢劉向錄校，唐尹知章注。舊有三十卷，今存十九卷。房玄齡注二十一〔註149〕卷。

《慎子》二〔註150〕卷，戰國時處士慎到撰。舊有十卷，漢有四十二篇，隋、唐分為十卷，今亡九卷三十七篇。

《韓子》二十卷，韓非撰。唐有尹知章注，今亡。

《阮子政論》五卷，魏清涼〔註151〕太守阮武撰。

《陳子要言》十四卷，吳豫章太守陳融撰。

《鄧析子》一卷，戰國時鄭大夫。

《尹文子》二卷。尹文，周之處士。

《公孫龍子》一卷，戰國時人。舊十四篇，今亡八篇。陳嗣古注一卷。賈大隱注一卷。

《隨巢子》一卷。墨翟弟子。

《胡非子》一卷。墨翟弟子。

《董子》一卷，戰國時董無心撰。其說本墨氏。

《鬼谷子》三卷。皇甫謐〔註152〕注。鬼谷先生，楚人也，生於周世，隱居鬼谷。樂臺注三卷。唐尹知章注三卷。梁陶景〔註153〕注三卷。

〔註148〕「注」，學津本、四部本、叢編本、四明本作「住」。

〔註149〕「二十一」，學津本、四部本、叢編本、四明本作「二十四」。

〔註150〕「二」，學津本、四部本、叢編本、四明本作「一」。

〔註151〕「涼」，學津本、四部本、叢編本、四明本作「河」。

〔註152〕「謐」，學津本、四部本、叢編本、四明本作「謐」。

〔註153〕「陶景」，學津本、叢編本作「陶宏景」，四部本、四明本作「陶弘景」。

《補闕子》十卷，梁元帝撰。

《尸子》二十卷，秦相衛鞅上客尸佼撰。

《淮南子》二十一卷，漢淮南王劉安撰。許慎注。又高諒〔註154〕注二十一卷。

《金樓子》十卷，梁元帝撰。

《子鈔》三十卷，梁黟令庾仲容撰。云諮議參軍鈔序。

《子鈔》三十卷，沈約撰。

《子林》三十卷，薛克〔註155〕撰。

《子書要略》一卷，盧藏用撰。

《子談論》三卷。

《范子計然》十五卷。

《農子》一卷。

《燕丹子》一卷。丹，青〔註156〕王喜太子。

《青史子》一卷。

《宋玉子》一卷，楚大夫宋玉撰。

《郭子》三卷，東晉中郎郭澄之撰。賈泉注。

《猗犴〔註157〕子》一卷，元結撰。

《炙轂子》五卷，唐王睿撰。

《乾饌子》一卷，溫庭筠撰。

《太公六韜》五卷。

《太公金匱》二卷。

《司馬兵法》三卷。

《孫子》三卷。

《吳子》一卷。

《尉繚子》五卷。梁惠王時人。

〔註154〕 「諒」，百川本、學津本、四部本、叢編本、四明本作「誘」。
〔註155〕 「薛克」，學津本、四部本、叢編本、四明本作「薛克構」。
〔註156〕 「青」，學津本、四部本、叢編本、四明本作「燕」。
〔註157〕 「犴」，四部本作「玗」，學津本、叢編本、四明本作「玗」。

子略卷一

黃帝陰符經〔一〕

觀天之道，執天之行，盡矣〔二〕。故天有五賊〔三〕，見之者昌〔四〕。五賊在心，施行於天；宇宙在乎手，萬化生乎身〔五〕。天性，人也〔六〕。人心，機也〔七〕。立天之道，以定人也。天發殺機〔八〕，日月星辰。地發殺機〔九〕，龍蛇起陸〔十〕。人發殺機，天地反覆〔十一〕。〔註1〕天人合發，萬變定基〔十二〕。性〔十三〕有巧拙，可以伏藏〔十四〕。九竅〔十五〕之耶〔註2〕，在乎三要，可以動靜〔十六〕。火生於木，禍發必克；奸生於國，時動必潰〔十七〕。知之修練〔十八〕，謂之聖人〔十九〕。

天〔註3〕地，萬物之盜；萬物，人之盜；人，萬物之盜。〔二十〕三盜既宜，三才既安〔二一〕，故曰食其時，百骸理〔二二〕；動其機，萬化安〔二三〕。人知其神而神，不知不神所以神〔二四〕。日月有數，大小有定，聖功生焉，神明出焉〔二五〕。其盜機也，天下莫不見，莫能知。君子得之固窮，小人得之輕命〔二六〕。

瞽者善聽，聾者善視，絕利一源，用師十倍；三反晝夜，用師萬

〔註1〕宋朱子《陰符經考異》：「附按唐褚遂良得太極丹真人所注本於長孫趙國公家，以其書為非一人之言，如首二句注云『聖母岐伯言』，次四句注云『天皇真人言』，以下皆然。間有與諸本不同者，如云：『天發殺機，移星移宿；地發殺機，龍蛇起陸；人發殺機，天地反覆。』諸本逸『移星移宿、地發殺機』八字，當以褚氏本為正。」

〔註2〕「耶」，學津本、四庫本、四部本、叢編本作「邪」。

〔註3〕「天」字前，宋朱子《陰符經考異》尚有：「天生天殺，道之理也。」

倍〔二七〕。心生於物，死於物，機在目〔二八〕。天之無恩而大恩生，迅雷烈風，莫不蠢然〔註4〕〔二九〕。至樂性餘，至靜則廉〔三十〕。天之至私，用之至公〔三一〕。禽之制在氣〔註5〕〔三二〕。生者死之根，死者生之根；恩生於害，害生於恩〔三三〕。愚人以天地文理聖，我以時物文理哲〔註6〕〔三四〕。自然之道靜，故天地萬物生〔三五〕。天地之道浸〔三六〕，故陰陽勝，陰陽相推而變化順矣〔三七〕。至靜之道，律呂〔三八〕所不能契。愛〔註7〕有奇器，是生萬象。八卦甲子，神機鬼藏〔三九〕。陰陽相勝之術，昭昭乎進乎象矣〔四十〕。

【集釋】

〔一〕清馬驌《繹史》卷五：「《陰符》四百餘言，世傳黃帝遺書也。義蘊無所不包，或謂兵法之鼻祖，或謂道德之權輿，諸子百氏悉在環域之中矣。」唐李筌《黃帝陰符經疏序》：「少室山達觀子李筌，……至嵩山虎口岩石岩中得《陰符》。本絹素書，朱漆軸，以絳繒緘之。封云：『魏真君二年七月七日，上清道士寇謙之藏諸名山，用傳同好。』其本糜爛，應手灰滅。筌略抄記，雖誦在口，竟不能曉其義理。因入秦，至驪山下，逢一老母，……說《陰符》玄義，言竟，誡筌曰：『黃帝陰符三百餘言，百言演道，百言演法，百言演術。參演其三，混而為一，聖賢智愚各量其分，得而學之矣。上有神仙抱一之道，中有富國安民之法，下有強兵戰勝之術。聖人學之得其道，賢人學之得其法；智人學之得其術，小人學之受其殃；識分不同也。皆內出於天機，外合於人事，若巨海之朝百穀，止水之涵萬象。其機張，包宇宙、括九夷，不足以為大；其機弛，隱微塵、納芥子，不足以為小。視其精微，黃庭八景不足以為學；察其至要，經傳子史不足以為文；任其智巧，孫、吳、韓、白不足以為奇。是以動植之性，成敗之數，死生之理，無非機者，一名《黃帝天機之書》。……』……筌所注《陰符》，並依驪山母所說，非筌自能。後來同好，敬爾天機，無妄傳也。」唐張果《黃帝陰符經注序》：「《陰符》自黃帝有之，蓋聖人體天用道之機也。……其文簡，

〔註4〕宋朱子《陰符經考異》：「褚氏本此下有『制在氣』三字。」
〔註5〕宋朱子《陰符經考異》：「褚氏本無『禽之制在氣』五字。」
〔註6〕宋朱子《陰符經考異》：「驪山老母注本與蔡氏本『我以時物文理哲』為書之末句，褚氏本與張氏注本其下有二十一句百一十四字，朱子所深取者政在此內，今取褚氏本為正。」
〔註7〕「愛」，學津本、四庫本、四部本、叢編本作「爱」。

其義玄。凡有先聖數家注解，互相隱顯，後學難精，雖有所主者，若登天無階耳。……偶於道經藏中得《陰符傳》，不知何代人制，詞理玄邈，如契自然。臣遂編之附而入注，冀將來君子不失道旨。」宋黃瑞節曰：「二家皆尊向是書，而其說自不能合。張後李出，一切以李為非是，然張亦未為得也。姑舉『陰符』二字之義，張果云筌以陰為暗，以符為合，昧之至也。而其自為說曰：『觀自然之道，無所觀也。不觀之以目，而觀之以心，心深微而無所見，故能照自然之性，其斯之謂，陰執自然之行，無所執也，不執之以手，而執之以機，機變通而無所繫，故能契自然之理，其斯之謂符。』終篇大率如此。又有驪山老母注，往往後之人之託，語意殊淺，間引張解，則知其又出張後也。」（《陰符經考異序》附按）宋朱熹《陰符經考異序》：「《陰符經》三百言，李筌得於石室中，云寇謙之所藏，出於黃帝。河南邵氏以為戰國時書〔註8〕，程子以為非商末則周末，世數久遠，不得而詳知，以文字氣象言之，必非古書，然非深於道者不能作也。〔註9〕大要以至無為宗，以天地文理為數，謂天下之故皆自無而生有，人能自有以返無，則宇宙在手矣。筌之言曰：『百言演道，百言演法，百言演術。』道者，神仙抱一；法者，富國安民；術者，強兵戰勝；而不知其不相離也。一句一義，三者未嘗不備。道者得其道，法者得其法，術者得其術，三之則悖矣。或曰此書即筌之所為也，得於石室者，偽也。其詞支而晦，故人各得以其所見為說耳。筌本非深於道者也，是果然歟？吾不得而知也。吾恐人見其支而不見其一也，見其晦而不見其明也，吾亦不得而知也。是果然也，則此書為郢書，吾說為燕說矣。」

〔二〕宋朱熹《陰符經考異》：「道分而為天地，天地分而為萬物。萬物之中，人為最靈。本與天地同體，然人所受於天地有純雜不同，故必觀天之道，執天之行，則道在我矣。言天而不言地者，地在其中也。」

〔三〕五賊：謂命、物、時、功、神為五賊。《黃帝陰符經集注》引太公曰：「其一賊命，其次賊物，其次賊時，其次賊功，其次賊神。賊命以一消，天下用之以味；賊物以一急，天下用之以利；賊時以一信，天下用之以反；賊

〔註8〕邵子曰：「《陰符經》，七國時書也。」
〔註9〕程子曰：「《陰符經》何時書？非商末，則周末。若是先王之時，聖道既明，人不敢為異說。及周室下衰，道不明於天下，才智之士甚眾，既不知道所趨向，故各自以私智窺測天地，盜竊天地之機。」又曰：「老子甚雜，如《陰符經》卻不雜，然皆窺天道之未至者也。」

功以一恩，天下用之以怨；賊神以一驗，天下用之以小大。」宋朱熹《陰符經考異》：「五賊五行也。天下之善，由此五者而生，而惡亦由此五者而有，故即其反而言之曰五賊。」宋黃瑞節又附錄朱子曰：「《陰符》說那五個物事在這裡相生相剋，曰五賊在心，施行於天，用不好心去看他，便都是賊了，五賊乃言五性之德。施行於天，言五行之氣。」

〔四〕宋朱熹《陰符經考異》曰：「五賊雖天下之所有，然造天地者，亦此五者也。降而在人，則此心是也。能識其所以然，則可以施行於天地，而造化在我矣。故曰：見之者昌。」

〔五〕《黃帝陰符經集注》引太公曰：「聖人謂之五賊，天下謂之五德。人食五味而生，食五味而死，無有怨而棄之者也，心之所味也亦然。」萬化，萬事萬物，即大自然。

〔六〕宋朱熹《陰符經考異》曰：「天地之所以性者，寂然至無不可得而見也。人心之所稟，即天地之性，故曰：天性，人也。」《黃帝陰符經集注》引諸葛亮曰：「以為立天定人，其在於五賊。」

〔七〕機：事物變化之所由。《禮記・大學》：「一家仁，一國興仁；一家讓，一國興讓；一人貪戾，一國作亂；其機如此。」鄭玄注：「機，發動所由也。」宋朱熹《陰符經考異》曰：「人之心，自然而然，不知其所以然者，機也。」

〔八〕《黃帝陰符經集注》引范蠡曰：「昔伊尹佐殷，發天殺之機，克夏之命。」宋朱熹《陰符經考異》曰：「殺機者，機之過者也。」

〔九〕《黃帝陰符經集注》引太公曰：「不耕，三年大旱，不鑿，十年地壞。」

〔十〕龍蛇：喻傑出的人物。起陸：騰躍而上。形容平步青雲，大展鴻才。

〔十一〕《黃帝陰符經集注》引太公曰：「殺人過萬，往往大風暴起。」諸葛亮曰：「按楚殺漢兵數萬，大風杳冥，晝晦有若天地反覆。」

〔十二〕《黃帝陰符經集注》引李筌曰：「大荒大亂、兵水旱蝗，是天殺機也。虞舜陶甄、夏禹拯骸、殷係夏臺、周囚羑里、漢祖亭長、魏武乞丐，俱非王者之位，乘天殺之機也，起陸而帝。君子在野，小人在位，權臣擅威，百姓思亂，人殺機也。成湯放桀、周武伐紂、項籍斬嬴嬰、魏廢劉協，是乘人殺之機也。覆貴為賤，反賤為貴，有若天地反覆。天人之機合發，成敗之理宜然。萬變千化，聖人因之而定基業也。」宋朱熹《陰符經考異》：「天人合發者，道之所在，天意人情所同。」

〔十三〕性：人的本性。《易・繫辭上》：「一陰一陽之謂道。繼之者善也，成之者性

也。」孔穎達疏:「若能成就此道者,是人之本性。」

〔十四〕《黃帝陰符經集注》引張良曰:「聖人見其巧拙,彼此不利者,其計在心;彼
　　　此利者,聖哲英雄道焉,況用兵之務哉?」宋朱熹《陰符經考異》曰:「聖
　　　人之性,與天地參,而眾人不能者,以巧拙之不同也。惟知所以伏藏,則拙
　　　者可使巧也。」

〔十五〕九竅:指耳、目、口、鼻及尿道、肛門的九個孔道。《周禮·天官·疾醫》:
　　　「兩之以九竅之變。」鄭玄注:「陽竅七,陰竅二。」

〔十六〕《黃帝陰符經集注》引太公曰:「三要者,耳、目、口也。耳可鑿而塞,目可
　　　穿而眩,口可利而訥。興師動眾,萬夫莫議。其奇在三者,或可動,或可靜
　　　之。」宋朱熹《陰符經考異》曰:「竅雖九,而要者三,耳、目、口,是也。
　　　知所以動靜,則三返而九竅可以無邪矣。目必視,耳必聽,口必言,是不可
　　　必靜。惟動而未嘗離靜,靜非不動者,可以言靜也。」

〔十七〕《黃帝陰符經集注》引李筌曰:「火生於木,火發而木焚。奸生於國,奸成而
　　　國滅。木中藏火,火始於無形。國中藏奸,奸始於無象。非至聖不能修身煉
　　　行,使奸火之不發夫國,有無軍之兵,無災之禍矣。」

〔十八〕修練:亦作「修煉」,依天人之道,而修身煉行。

〔十九〕宋朱熹《陰符經考異》:「知之修煉,非聖人孰能之?修煉之法,動靜伏藏之
　　　說也。」

〔二十〕《黃帝陰符經集注》引鬼谷子曰:「三盜者,彼此不覺知,但謂之神。明此三
　　　者,況車馬金帛,棄之可以傾河填海,移山覆地,非命而動,然後應之。」
　　　李筌曰:「天地與萬物生成,盜萬物以衰老。萬物與人之服御,盜人以驕奢。
　　　人與萬物之工器,盜萬物以毀敗。皆自然而往,三盜各得其宜,三才各安其
　　　任。」宋陳直《壽親養老新書》卷一:「經曰:『天地,萬物之盜。人,萬物
　　　之盜。』人所以盜萬物,為資養之法。其水陸之物為飲食者不啻千品,其五
　　　色五味冷熱補瀉之性亦皆稟於陰陽五行,與藥無殊。大體用藥之法,以冷治
　　　熱,以熱治冷,實則瀉之,虛則補之,此用藥之大要也。人若能知其食性,
　　　調而用之,則倍勝於藥也。緣老人之性,皆厭於藥而喜於食,以食治疾,勝
　　　於用藥,況是老人之疾慎於吐利,尤宜食以治之。凡老人有患,宜先以食治。
　　　食治未愈,然後命藥。此養老人之大法也。是以善治病者,不如善慎疾。善
　　　治藥者,不如善治食。」

〔二一〕宋朱熹《陰符經考異》:「天地生萬物,而亦殺萬物者也。萬物生人,而亦殺

人者也。人生萬物，而亦殺萬物者也。以其生而為殺者也，故反而言之，謂之盜，猶曰五賊云爾。然生殺各得其當，則三盜宜。三盜宜，則天地位，萬物育矣。」

〔二二〕《黃帝陰符經集注》引鬼谷子曰：「不欲令後代人君廣斂珍寶，委積金帛。若能棄之，雖傾河填海，未足難也。食者所以治百骸，失其時而生百病。動者所以安萬物，失其機而傷萬物。故曰：時之至間不容瞬息，先之則太過，後之則不及。是以賢者守時，不肖者守命也。」

〔二三〕宋朱熹《陰符經考異》：「天地萬物主於人，人能食天地之時，則百骸理矣。動天地之機，則萬化安矣。此為盜之道也。時者，春秋早晚也。機者，生殺長養也。」湏溪劉氏曰：「食其時，猶列子所謂盜天地之和。」

〔二四〕《黃帝陰符經集注》引李筌曰：「人皆有聖人之聖，不貴聖人之愚。既睹其聖，又察其愚，復睹其聖，故《書》曰：『專用聰明，則事不成；專用晦昧，則事皆悖。一明一晦，眾之所載。』伊尹酒保，太公屠牛，管仲作革，百里奚賣粥，當衰亂之時，人皆謂之不神。及乎逢成湯，遭文王，遇齊桓，值秦穆，道濟生靈，功格宇宙，人皆謂之至神。」宋朱熹《陰符經考異》：「神者，靈怪不測也。不神者，天地日月山川動植之類也。人知靈怪之為神，天地日月山川動植，耳目所接，不知其神也。」

〔二五〕《黃帝陰符經集注》引李筌曰：「一歲三百六十五日，日之有數，月次十二，以積閏大小，餘分有定，皆稟精炁自有，不為聖功神明而生。聖功神明亦稟精炁自有，不為日月而生。是故成不貴乎天地，敗不怨乎陰陽。」聖功謂至聖之功。神明為天地間一切神靈的總稱。

〔二六〕《黃帝陰符經集注》引諸葛亮曰：「夫子、太公豈不賢於孫、吳、韓、白，所以君子小人異之。四子之勇，至於殺身，固不得其主而見殺矣。」又引李筌曰：「君子得其機，應天順人，乃固其窮；小人得其機，煩兵黷武，乃輕其性命。《易》曰：『君子見機而作，不俟終日。』又曰：『知機其神乎？』機者，易見而難知，見近知遠。」宋朱熹《陰符經考異》：「盜機者，即五賊流行天地之間，上文所謂日月之數也。見之知之，則三盜宜而三才安矣。然黃帝、堯、舜之所以得名得壽，蘇、張、申、韓之所以殺身赤族，均是道也。民可使由之，不可使知之，至哉言乎！」

〔二七〕《黃帝陰符經集注》引太公曰：「目動而心應之，見可則行，見否則止。」宋朱熹《陰符經考異》：「瞽聽聾視，用志不分也，一可以當十。三返者，

即耳、目、口也。返者，復其初也。晝夜者，陰陽之運。三者既返，則超
乎陰陽之運，而通晝夜，一死生矣。一可以當萬，《易》所謂神武而不殺也。」
宋黃瑞節於《陰符經考異》此條下附錄朱子曰：「瞽者善聽，聾者善視，則
其專一可知。絕利一源者，絕利而止守一源。絕利者，絕其二三。一源者，
一其本源。三返晝夜者，更加詳審，豈惟用兵，凡事莫不皆然。」又曰：
「三返晝夜之說，如修養家子午行持，今日如此，明日如此，做得愈熟，
愈有效驗。」湏溪劉氏曰：「人三返只是三省。」

〔二八〕《黃帝陰符經集注》引李筌曰：「為天下機者莫近乎心目，心能發目，目能見
機。」宋朱熹《陰符經考異》：「心因物而見，是生於物也；逐物而喪，是死
於物也。人之接於物者，其竅有九，而要有三，而目又要中之要者也。」

〔二九〕《黃帝陰符經集注》引李筌曰：「天心無恩，萬物有心，歸恩於天。老子曰：
『天地不仁，以萬物為芻狗。聖人不仁，以百姓為芻狗。』是以施而不求其
報。」宋朱熹《陰符經考異》：「無恩之恩，天道也。惟無恩而後能有恩，惟
無為然後能有為。此用師萬倍，必三返而後能也。」

〔三十〕《黃帝陰符經集注》引李筌曰：「樂則奢餘，靜則貞廉。性餘則神濁，性廉則
神清。神者，智之泉，神清則智明。智者，心之府，智公則心平。人莫鑒於
流水，而鑒於澄水，以其清且平。神清意平，乃能形物之情。夫聖人者，不
淫於至樂，不安於至靜，能棲神靜樂之間，謂之守中。如此，勢利不能誘，
聲色不能蕩，辯士不能說，智者不能動，勇者不能懼。見禍於重關之外，慮
患於杳冥之內，天且不違，而況於兵之詭道者哉？」

〔三一〕《黃帝陰符經集注》引李筌曰：「天道曲成萬物而不遺，椿菌鵬鷃，鉅細修短，
各得其所，至私也。雲行雨施，雷電霜霓，生殺之均，至公也。聖人則天法
地，養萬民，察勞苦，至私也。行正令，施法象，至公也。」宋朱熹《陰符
經考異》：「至樂者無事，故性餘裕，而能先天下之憂。至靜者無染，故性廉
潔，而能同天下之患。此三返之道，無為之至也。若不拔一毫者之所為也。
然天之道至私，而用之至公。是至樂至淨，乃所以有為也。」

〔三二〕宋朱熹《陰符經考異》：「物之可取者謂之禽。萬物之相制伏，彼豈有為於其
間，蓋氣之自然也。虎豹之于麟，鷹隼之於鳳，非以其才之搏與鷙也。此三
返晝夜，所以能至於一當萬也。」

〔三三〕宋朱熹《陰符經考異》：「生死恩害，道無不然，此霜雪之殘，所以有至恩；
雨露之滋，所以有至忍也。極而論之，則有無動靜之機，未嘗不相與為往來，

故正言若反也。」

〔三四〕《黃帝陰符經集注》引李筌曰:「景星見,黃龍下;翔鳳至,醴泉出;嘉穀生,
河不滿溢,海不揚波。日月薄蝕,五星失行;四時相錯,晝冥宵光,山崩川
涸,冬雷夏霜。愚人以此天地文理為理亂之機。文思安安,光被四表,克明
俊德,以親九族,六府三事,無相奪倫,百穀用成,兆民用康;昏主邪臣,
法令不一,重賦苛政,上下相蒙,懿戚貴臣,驕奢淫縱,酣酒嗜音,峻宇雕
牆,百姓流亡,思亂怨上。我以此時物文理為理亂之機也。」宋朱熹《陰符
經考異》:「人見天有文,地有理,以為聖也,不知其所以聖。我以時之文物
之理,而知天地之所以聖。天文有時,地理有物。哲,知也。以天地之常言
之,其道固如是。自變者言之,亦如是也。此觀天之道,執天之行,至於通
乎晝夜,而與造化同體,動靜無違也。」

〔三五〕《黃帝陰符經集注》引尹曰:「靜之至,不知所以生。」

〔三六〕《黃帝陰符經集注》引張良曰:「天地之道浸微,而推勝之。」

〔三七〕宋黃瑞節於《陰符經考異》此條下附錄朱子曰:「四句極說得妙。靜能生動,
便是漸漸恁地消去,又漸漸恁地長。天地之道,便是常恁地示人。又曰:浸
字最下得妙,天地間不陡頓恁他陰陽勝。」又曰:「天地之道浸,這句極好,
陰陽之道,無日不相勝。只管逐些子挨出,這個退一分,那個便進一分。」
又曰:「若不是極靜,則天地萬物不生。浸者,漸也,天地之道漸漸消長,
故剛柔勝。此便是吉凶貞勝之理,《陰符經》此等處特然好。」

〔三八〕律呂:古代校正樂律的器具。用竹管或金屬管製成,共十二管,管徑相等,
以管的長短來確定音的不同高度。從低音管算起,成奇數的六個管叫做
「律」;成偶數的六個管叫做「呂」,合稱「律呂」。後亦用以指樂律或音律。

〔三九〕《黃帝陰符經集注》引諸葛亮曰:「奇器者,聖智也。天垂象,聖人則之。推
甲子,畫八卦,考蓍龜,稽律曆,則鬼神之情、陰陽之理昭著乎象,無不盡
矣。」又曰:「八卦,申而用之。六十甲子,轉而用之。神出鬼入,萬明一
矣。」

〔四十〕《黃帝陰符經集注》引張良曰:「是生萬象者,心也。合藏陰陽之術,日月
之數,昭昭乎在人心矣。」宋黃瑞節於《陰符經考異》此條下附錄高似孫
《緯略》曰:「蔡端明云:柳書《陰符經》,書之最精者,善藏筆鋒。余觀
此書,非唯柳氏筆法遒結,全不類他書,而此序乃鄭澣之作,尤為奇絕。
其曰:『雷雨在上,典彝旁達,濬其粹精,流為聰明。』四句精絕,不似唐

人辭章。至曰：『磻溪之遇合，金匱之祕奧，留侯武侯，思索其極。』尤足以發陰符之用也。」附按：「書末數語，引而不發，頗似深祕奇器，萬象不知何所指。八卦甲子，神機鬼藏，殆所謂術也，在人默悟而善用之云。」又引鶴山魏氏曰：「李嘉猷博通經子百氏，而深於《易》。晚得專氣致柔之說，以《陰符》、《參同》博考精玩，篤信不懈。然則知道者，固合是二書，與《易》同用云。」

陰符經注

太公等注一卷，十一〔註10〕家〔一〕。

七家注一卷。

李靖注一卷，李筌〔註11〕〔二〕。

張杲〔註12〕注一卷。

袁淑真注一卷。

蕭真宰注一卷。

黃居真注一卷。

沈亞夫注一卷。

任照一注一卷。

蹇昌辰注

杜光庭注一卷。

陸佃注一卷。

李靖《陰符機》一卷〔三〕。

《陰符太無傳》一卷〔四〕。張杲〔註13〕傳，得於《道藏》。

《陰符正義》一卷，唐韋洪。〔五〕

《陰符要義》一卷。

李筌《妙義》驪山母傳，一卷。

《陰符辨命論》張杲〔註14〕，一卷。

《陰符玄談》玄解先生，一卷。

〔註10〕「十一」，學津本、四庫本、四部本、叢編本、四明本作「十七」。
〔註11〕此條學津本、四部本、叢編本作「李筌注一卷」。
〔註12〕「杲」，學津本、四部本、叢編本作「果」，當以「果」為是。
〔註13〕「杲」，學津本、四部本、叢編本作「果」，當以「果」為是。
〔註14〕「杲」，學津本、四部本、叢編本作「果」，當以「果」為是。

《陰符經》一卷，杜光庭。

《陰符十德經》一卷，葛洪。

《陰符經疏》一〔註15〕卷，袁淑真。

《陰符經頌》一〔註16〕卷，大〔註17〕玄子。

《陰符經》一卷，無為子撰。

《陰符頌〔註18〕》三卷，張彬卿撰。

《陰符玄義》一卷，唐張魯。

《陰符丹經》一卷，防〔註19〕山長。

《陰符丹經》一卷，驪山母注。

《陰符序》一卷，李筌。

《陰符經訣》一卷。

《陰符經序》一卷。

《陰符五賊義》一卷。

《陰符小解》一卷。〔六〕

《陰符天機經》一卷。

《陰符解題》一卷。

《陰符丹經解》一卷。

【集釋】

〔一〕《崇文總目》：自太公而下，注傳尤多。今集諸家之說合為一書，若太公、范
　　蠡、鬼谷子、諸葛亮、張良、李筌、李合、李鑒、李銳、楊晟凡十一家。自
　　淳風以下皆唐人。又有「傳曰」者，不詳何代人。太公之書，世遠不傳。張
　　良本傳不云著書二說，疑後人假託云。又有《陰符經敘》一卷，不詳何代人
　　敘集。太公以後為《陰符經》注者凡六家，並以惠光嗣等傳附之。

〔二〕晁公武《郡齋讀書志》卷三上：「《陰符經》一卷，右唐少室山人布衣李筌
　　序云：《陰符經》者，黃帝之書，或曰受之廣成子，或曰受之玄女，或曰黃
　　帝與風后、玉女論陰陽六甲，退而自著其事。陰者，暗也；符者，合也。
　　天機暗合於事機，故曰陰符。皇朝黃庭堅魯直嘗跋其後云：『《陰符》出於

〔註15〕「一」，學津本、四部本、叢編本作「三」。
〔註16〕「一」，學津本、四部本、叢編本作「三」。
〔註17〕「大」，學津本、四部本、叢編本作「太」。
〔註18〕「頌」，學津本、四部本、叢編本作「疏」。
〔註19〕「防」，學津本、四部本、叢編本作「房」。

李筌，熟讀其文，知非黃帝書也。蓋欲其文奇古，反詭譎不經，蓋糅雜兵家語，又妄說太公、范蠡、鬼谷、張良、諸葛亮訓注，尤可笑，惜不經柳子厚一搏擊也。』」《朱子語類》卷一百二十五：「閭丘主簿進《黃帝陰符經傳》，先生說：『《握奇經》等文字，恐非黃帝作，唐李筌為之。聖賢言語自平正，都無許多嶢崎。』」

〔三〕《陰符機》一卷，《崇文總目》：「唐李靖撰。以謂陰符者應機制變之書，破演其說為陰符機，又有勢滋及論合三篇。」

〔四〕《陰符經太無傳》一卷，《陰符經辯命論》一卷，《崇文總目》：「唐張果傳。或曰果於《道藏》得此傳，不詳何代人所作，因編次而正之，今別為古字，蓋當時道書所得之本也。」

〔五〕《陰符經正義》一卷，《崇文總目》：「唐韋洪撰。」

〔六〕《陰符經要義》一卷，《陰符經小解》一卷，《崇文總目》題云：「元解先生撰，不詳何代人。」

陸龜蒙〔一〕讀陰符經詩

清晨整冠坐，朗詠三百言。備識天地意，獻詞〔二〕犯乾坤。何事不隱德，降靈生軒轅〔三〕。口銜造化〔四〕斧，鑿破機關門。五賊忽迸逸〔五〕，萬物爭崩奔〔六〕。虛施〔七〕神仙要，莫救華池〔八〕源。但學戰勝術，相高甲兵屯。龍蛇競起陸，鬥血浮中原。成湯〔九〕與周武〔十〕，反覆更為尊。下及秦漢得〔註20〕，瀆〔十一〕弄兵亦煩。奸強自休據，仁弱無枝蹲。狂喉〔十二〕諮〔註21〕吞噬，逆翼爭飛翻。家家伺天發，不肯匡淫昏〔十三〕。生民墜塗炭，此〔註22〕屋為冤魂。秖〔十四〕為謹此書，大樸〔十五〕難久存。微臣與軒轅，亦是萬世孫。未能窮意義，豈敢求瑕痕。曾亦愛兩句，可與賢達論。生者死之根，死者生之根。方寸了十字，萬化皆胚渾〔十六〕。身外更何事，眼前徒自喧。黃河但東注，不見歸崑崙。晝短苦夜永，勸若〔註23〕傾一樽。

【集釋】

〔一〕陸龜蒙：（？～約881），字魯望，號江湖散人、天隨子、甫里先生。唐長洲

〔註20〕「得」，學津本、四部本、叢編本作「代」。
〔註21〕「諮」，學津本、四庫本、四部本、叢編本、四明本作「恣」。
〔註22〕「此」，學津本、四庫本、四部本、叢編本作「比」。
〔註23〕「若」，四庫本作「君」。

人。舉進士不中，往從湖州刺史張搏遊，搏歷湖、蘇二州，辟以自佐。著有
《甫里集》。

〔二〕獻詞：獻上敬語。

〔三〕軒轅：傳說中的古代帝王黃帝的名字。傳說姓公孫，居於軒轅之丘，故名曰
軒轅。曾戰勝炎帝於阪泉，戰勝蚩尤於涿鹿，諸侯尊為天子。

〔四〕造化：自然界的創造者。亦指自然。

〔五〕迸逸：猶逃竄。

〔六〕崩奔：奔馳。

〔七〕施：邪。《老子》：「使我介然有知，行於大道，唯施是畏。」王念孫《讀書
雜志餘編上・老子》：「施，讀為『迤』。迤，邪也。」

〔八〕華池：神話傳說中的池名。在崑崙山上。

〔九〕成湯：商開國之君。契的後代，子姓，名履，又稱天乙。夏桀無道，湯伐
之，遂有天下，國號商，都於亳。

〔十〕周武：即周武王姬發，周文王次子。因其兄伯邑考被商紂王所殺，故得以繼
位。他繼承父親遺志，於公元前十一世紀消滅商朝，建立了西周王朝。死後
諡號「武」，史稱周武王。

〔十一〕瀆：濫；過渡。

〔十二〕狂喉：猶大口。

〔十三〕滛昏：極度昏庸；淫亂昏憒。

〔十四〕祇：同「祗」，恭敬。

〔十五〕大樸：謂原始質樸的大道。

〔十六〕胚渾：混沌。我國傳說中指宇宙形成以前的景象。

皮日休〔一〕讀陰符經詩

三百八十言，出自伊祁氏〔二〕。上以生神仙，次云立仁義。玄機一
以發，五賊紛然起。結為日月精，融作天地髓。不測似陰陽，難名若
神鬼。得之升高天，失之沉厚地。具茨雲木老，大塊煙霞委〔三〕。似
〔註24〕顓頊〔四〕以降，賊〔五〕為聖人軌〔六〕。堯〔七〕乃一庶人，得之賊
帝摯〔八〕。摯見其德尊，脫身授其位。舜〔九〕惟一鰥民〔十〕，冗〔十一〕

〔註24〕「似」，學津本、四庫本、四部本、叢編本、四明本作「自」。

冗作什器〔十二〕。得之賊帝堯，曰〔註25〕丁作天子。禹本刑人〔十三〕後，以功繼其嗣〔十四〕。得之賊帝舜，用以平降水。自禹〔十五〕及文武〔十六〕，天機答然弛〔十七〕。姬公〔十八〕樹其綱，賊之為聖智。聲詩川競大，禮樂山爭峙。爰從幽厲〔十九〕餘，宸極〔二十〕若孩稚。九伯〔二一〕真大〔註26〕虒，諸侯實虎兕〔二二〕。五星〔二三〕合其耀，白日下閻里〔二四〕。由是生聖人，於焉當亂紀。黃帝之五賊，拾之若青紫〔二五〕。高揮春秋筆〔二六〕，不可刊〔二七〕一字。賊子虐甚沂〔二八〕，姦臣痛於箠〔二九〕。至今千餘年，蚩蚩〔三十〕受其賜。時代更復改，刑政崩且哆〔三一〕。余將賊其道，所動多訛〔三二〕毀。叔孫〔三三〕與臧倉〔三四〕，賢聖多如此。如何黃帝機，吾得多坎軻〔註27〕〔三五〕。

【集釋】

〔一〕皮日休：（約834～883後），字逸少，後改襲美。自號鹿門子，又號閒氣布衣、醉吟先生，唐襄陽人。懿宗咸通八年擢進士第。十年，為蘇州刺史從事，與陸龜蒙交遊唱和，人稱皮陸。後入京為太常博士。僖宗乾符五年，黃巢軍下江浙，日休為巢所得，任為翰林學士。巢敗，日休下落不明。有《皮子文籔》、《松陵集》。《文籔》卷十《皮子世錄》：「自有唐以來，或農竟陵，或隱鹿門，皆不拘冠冕，以至皮子。嗚呼，聖賢命世，世不賤不足以立志，地不卑不足以立名。是知老子產於厲鄉，仲尼生於闕里。苟使李乾早胎，老子豈降？叔梁早胤，仲尼不生。」

〔二〕伊祁氏：古帝號。即神農，一說即帝堯。《禮記・郊特牲》：「伊耆氏始為蠟。」鄭玄注：「伊耆氏，古天子號也。」孔穎達疏：「《明堂》云：『土鼓、葦鑰，伊耆氏之樂。』」

〔三〕具茨、大塊（隗），語出《莊子・徐无鬼》：「黃帝將見大隗乎具茨之山。」成玄英疏云：「大隗，大道廣大而隗然空寂也。亦言古之至人也。具茨，山名也，在滎陽縣界，亦名泰隗山。黃帝聖人，久冥至理，方欲寄尋玄道，故託跡具茨。」

〔四〕顓頊：上古帝王名。「五帝」之一，號高陽氏。相傳為黃帝之孫、昌意之子，生於若水，居於帝丘。十歲佐少昊，十二歲而冠，二十登帝位。在位

七十八年。

〔五〕賊：《陰符經》張果注：「五賊者，命、物、時、功、神也……故反經合道之謀其名有五，聖人禪之乃謂之賊，天下賴之則謂之德。故賊天之命，人知其天而不知其賊，黃帝所以代炎帝也。賊天之物，人知其天而不知其賊，帝堯所以代帝摯也。賊天之時，人知其天而不知其賊，帝舜所以代帝堯也。賊天之功，人知其天而不知其賊，大禹所以代帝舜也。賊天之神，人知其天而不知其賊，殷湯所以革夏命也，周武所以革殷命也。故見之者昌，自然而昌也。」

〔六〕軌：遵循；依照。

〔七〕堯：傳說中古帝陶唐氏之號。

〔八〕摯：帝堯之異母兄，高辛（即帝嚳）與娵訾氏之子，曾治理天下九年，為政不善，而禪讓於堯。

〔九〕舜：五帝之一，姚姓，有虞氏，名重華，史稱虞舜或舜。相傳受堯禪讓，後禪位於禹，死在蒼梧。

〔十〕鰥民：鰥夫。老而無妻曰鰥。

〔十一〕冗：忙。

〔十二〕什器：指各種生產用具或生活器物。《史記・五帝本紀》：「舜作什器於壽丘。」司馬貞索隱：「什器，什，數也。蓋人家常用之器非一，故以十為數，猶今云『什物』也。」

〔十三〕刑人：受刑之人。此處指禹父鯀，因治水失敗，被處死。

〔十四〕嗣：繼承君位。

〔十五〕禹：古代部落聯盟的領袖。姒姓，名文命，鯀之子。又稱大禹、夏禹、戎禹。原為夏后氏部落領袖，奉舜命治理洪水，領導人民疏通江河，興修溝渠，發展農業。據傳治水十三年中，三過家門不入。後被選為舜的繼承人，舜死後即位，建立夏代。

〔十六〕文武：周文王和周武王。

〔十七〕弛：「馳」的俗字。

〔十八〕姬公：指周公姬旦。

〔十九〕幽厲：周代昏亂之君幽王與厲王的並稱。

〔二十〕宸極：即北極星，借指帝王。

〔二一〕九伯：上古九州島的方伯。方伯，諸侯之長。

〔二二〕虎兕：虎與犀牛。比喻兇惡殘暴的人。

〔二三〕五星：指水、木、金、火、土五大行星，即東方歲星（木星）、南方熒惑（火
　　　　星）、中央鎮星（土星）、西方太白（金星）、北方辰星（水星）。

〔二四〕闕里：孔子故里，孔子曾在此講學。後建有孔廟，幾占全城之半。

〔二五〕青紫：本為古時公卿綬帶之色，因借指高官顯爵。

〔二六〕春秋筆：相傳孔子據史實修《春秋》，筆則筆，削則削；字寓褒貶，不佞不
　　　　諱，使亂臣賊子懼。後遂以「春秋筆」指據事直書的史筆。

〔二七〕刊：訂正，修訂。

〔二八〕斫：即「析」字。劈，剖。

〔二九〕箠：鞭打。

〔三十〕蚩蚩：敦厚貌。一說，無知貌。

〔三一〕殄：敗壞。

〔三二〕訿：亦作「訾」，詆毀；指責。

〔三三〕叔孫：即叔孫通，西漢魯國薛人。秦末，為博士。從項梁、項羽。後歸劉
　　　　邦，任博士，號稷嗣君。劉邦稱帝，通說帝徵魯諸生與弟子共立朝儀。高
　　　　祖七年，長樂宮成，諸侯群臣朝賀如儀，莫不震恐肅敬。拜太常。高祖九
　　　　年，徙太子太傅，諫止劉邦易太子。惠帝即位，復為太常，定宗廟儀法。

〔三四〕臧倉：戰國時魯國人。魯平公嬖人。平公欲見孟子，倉誣孟子非賢者，阻平
　　　　公之行。

〔三五〕躓：跌倒，絆倒。

陰符經〔一〕

　　似孫曰：軒轅氏鑿天之奧，泄神之謀，著書曰「陰符」，雖與八卦
相表裏，而其辭其旨，涉乎幾〔二〕、入乎深。唯深也，故能通天下之志；
唯幾也，故能通天下之跡〔註28〕〔三〕。唯神也，故不疾而速，不行而至。
軒轅氏皆有得於此者。堯、舜、禹以徠，皆精一危微〔四〕，行所無事之
時。《陰符》之學，無所著見，豈非行之於心，仁於天下者乎？湯、武
有《誓》〔五〕，《韜》〔六〕、《匱》〔七〕有兵，八陣〔八〕有圖，遂皆用此以神
其武，而況有《風后握奇》一書，又為之經緯乎？此黃帝心法，而後世
以為兵法者，是以此書見之兵家〔九〕者流，殆未曾讀《陰符》矣。嗚呼，

〔註28〕「跡」，四庫本作「蹟」。

若符之學一乎兵，則黃帝之所以神其兵者，豈必皆出於此哉！古之聰明睿知，神武而不殺〔十〕，故通其變，使民不倦。神而化之，使民宜之。此為《陰符》之機〔十一〕矣。其曰：「天有五賊，見之者昌。」此又出於羲〔十二〕畫之表，人固有五賊，特莫之見耳。若能見之，何止乎昌耶？夫子曰：「老而不死之謂賊。」〔十三〕此之謂也。皮日休之言奇矣。皮日休和陸龜蒙《讀陰符詩》有曰：「三百八十言，出自伊耆氏。」皮氏所見，亦今本耳。

【集釋】

〔一〕陰符經：《四庫全書總目》卷一百四十六：「《陰符經解》一卷。舊本題黃帝撰，太公、范蠡、鬼谷子、張良、諸葛亮、李筌六家注。《崇文總目》云：『《陰符經敘》一卷，不詳何代人敘集。太公以後為《陰符經》注者凡六家，並以惠光嗣等傳附之。』蓋即此書，而佚其傳也。晁公武《讀書志》引黃庭堅跋，稱『《陰符》糅雜兵家語，又妄託子房、孔明諸賢訓注』。則是書之注，以此本為最古矣。案：《隋書·經籍志》有太公《陰符鈐錄》一卷，又《周書陰符》九卷，皆不云黃帝。《集仙傳》始稱唐李筌於嵩山虎口岩石室得此書，題曰『大魏真君二年七月七日道士寇謙之，藏之名山，用傳同好。已糜爛，筌鈔讀數千遍，竟不曉其義。後於驪山逢老母，乃傳授微旨，為之作注。』其說怪誕不足信。胡應麟《筆叢》乃謂蘇秦所讀即此書，故書非偽，而託於黃帝，則李筌之偽。考《戰國策》載蘇秦發篋，得太公《陰符》，具有明文。又歷代史志皆以《周書陰符》著錄兵家，而黃帝《陰符》入道家，亦足為判然兩書之證。應麟假借牽合，殊為未確。至所云唐永徽初，褚遂良嘗寫一百本者，考文徵明停雲館帖所刻遂良小字《陰符經》，卷末實有此文。然遂良此帖，自米芾《書史》、《寶章待訪錄》、《宣和書譜》即不著錄，諸家鑒藏，亦從不及其名。明之中葉，忽出於徵明之家，石刻之真偽，尚不可定，又烏可據以定書之真偽乎？特以書雖晚出，而深有理致，故文士多為注釋，今亦錄而存之耳。注中別有稱『尹曰』者，不知何人。卷首有序一篇，不署名氏，亦不署年月，中有『泄天機者沉三劫』語。蓋粗野道流之鄙談，無足深詰。惟晁公武《讀書志》中所引筌注，今不見於此本。或傳寫有所竄亂，又非筌之原本歟？」

又按：宋薛季宣《浪語集》卷三十《敘黃帝陰符經》：「《陰符經》三篇，李筌所傳本三百二十七言，凡三百六十三字。龍昌期注本，衍「自然之道靜」

已下八十有九言，以相校讎，定從龍昌期本。孫光憲稱王蜀軍校黃承真得鄭山古本，與今不同者五六十言，然猶未聞衍字如此其多也。語云《陰符》三百字，則昌期本若可疑，其句法又少不同，而文意相通，未可刪也，姑存其語，以俟後來者裁之。山谷先生以為經出李筌，熟讀其文，知非黃帝書也。欲文奇古，反詭譎不經。其言糅雜兵家，妄託子房、孔明諸賢訓注，可笑！惜其不經柳子厚一掊擊也。其笑然矣，謂其糅雜兵家，似乎未詳經意所在。李筌序道驪山老母授經之事，大約依放《老子河上公序》張子房授書圯上之說，其亦誕矣。就令果為寇謙之所藏之故，要非黃帝書也。康節先生謂與《素問》皆七國時書，為近之矣。留侯、武侯注，未之見，李筌又未嘗及，妄可知己。易奚氏善和墨，而煤多易；宣包氏工圖虎，而圖多包。黃帝治五氣，而方術者名之，此必無之理也。《陰符經》專明盜時修煉，在養生者不為無取。其文大略效法古文《老子》語意，謬矣！或者乃疑老氏出，此不亦誣乎！使《陰符》果無可觀者，則何以為道術祖？孔子曰：『雖小道，必有可觀者焉。』泛覽兼通，無及泥焉可也。乾道二年半春中浣日書。」

〔二〕幾：隱微。多指事物的跡象、先兆。

〔三〕跡，當作「賾」。《易‧繫辭上》：「聖人有以見天下之賾，而擬諸其形容，象其物宜，是故謂之象。」孔穎達疏：「賾，謂幽深難見。」

〔四〕精一危微：即危微精一。語本《尚書‧大禹謨》：「人心惟危，道心惟微，惟精惟一，允執厥中。」明謝肇淛《五雜組‧事部一》：「唐虞三代君臣之相告語，莫非危微精一之訓，彼其人皆神聖也。」

〔五〕湯、武有《誓》：商湯伐桀，作《湯誓》。武王伐紂，作《泰誓》。

〔六〕《韜》：即呂尚所作兵書《六韜》。

〔七〕《匱》：即呂尚所作兵書《金匱》。

〔八〕八陣：古代作戰的陣法。銀雀山漢墓竹簡《孫臏兵法‧八陣》：「用八陣戰者，因地之利，用八陣之宜。」八陣名目不一，常見有：（1）《文選‧班固〈封燕然山銘〉》：「勒以八陣。」李善注引《雜兵書》：「八陣者，一曰方陣，二曰圓陣，三曰牝陣，四曰牡陣，五曰衝陣，六曰輪陣，七曰浮沮陣，八曰雁行陣。」（2）唐李筌《神機制敵太白陰經‧陣圖》：「天陣居乾為天門，地陣居坤為地門，風陣居巽為風門，雲陣居坎為雲門，飛龍居震為飛龍門，虎翼居兌為虎翼門，鳥翔居離為鳥翔門，蛇盤居艮為蛇盤門；天、地、風，雲為四正，龍、虎、鳥、蛇為四奇，乾、坤、巽、坎為闔門，震、

兌、離、艮為開門。」（3）宋王應麟《小學紺珠·制度·八陣》：「八陣：洞當、中黃、龍騰、鳥飛、折衝、虎翼、握機、連衡。」傳為三國蜀諸葛亮所作。

〔九〕兵家：古代對軍事家或用兵者的通稱。亦指研究軍事的學派。《漢書·藝文志》：「兵家者，蓋出古司馬之職，王官之武備也。」

〔十〕古之聰明睿知，神武而不殺：語本《易·繫辭上》：「古之聰明睿知，神武而不殺者夫。」孔穎達疏曰：「夫《易》道深遠，以吉凶禍福威服萬物，故古之聰明睿知神武之君，謂伏羲等用此《易》道能感報天下，而不用刑殺而畏服之也。」

〔十一〕機：事物的關鍵；樞紐。

〔十二〕羲：伏羲，古代傳說中的三皇之一，風姓。相傳其始畫八卦，又教民漁獵，取犧牲以供庖廚，因稱庖犧。亦作「伏戲」、「伏犧」。

〔十三〕語本《論語·憲問》：「子曰：『幼而不孫弟，長而無述焉，老而不死，是為賊！』」

風后握奇經〔一〕

馬隆本作「握機」。《敘》云：「風后，軒轅臣也。幄〔註29〕者，帳也，大將所居。言其事不可妄示人，故云握機。」人〔註30〕稱諸子，總有三本：其一本三百六十字；一本三百八十字，蓋呂尚增字以發明之，其一行簡〔註31〕有公孫弘〔二〕等語，或云武帝〔三〕令霍光〔四〕等習之於平樂館〔五〕，以輔少主，備天下之不虞。今〔註32〕本衍四字。

八陣，四為正，四為奇，舊注：「奇」，讀如字。後人說天、地、風、雲為四正，龍、虎、鳥、蛇為四奇。公孫弘曰：「世有八卦陣法，其既不用奇正〔六〕，似非風后所傳，未可參用。」**餘奇為握奇**，舊注：「奇」，讀如奇耦之奇。解云：說奇正者多矣。而握奇云者，四為正，四為奇，餘奇（奇疑為衍文）為握奇。陣數有九，中心奇零〔七〕者，大將握之，以應赴八陣之急處。**或總稱之。先出遊軍定兩端，天有沖圓**〔八〕**，地有軸**〔九〕**，前後有沖**〔十〕。一作「有風雲」。風附

〔註29〕 「幄」，學津本、四部本作「握」。
〔註30〕 「人」，百川本作「又」，宋薛季宣《浪語集》卷三十同。
〔註31〕 「簡」，四庫本作「間」，宋薛季宣《浪語集》卷三十同。
〔註32〕 「令」，百川本、學津本、四部本、叢編本、四明本作「今」，宋薛季宣《浪語集》卷三十同。

於天，雲附於地。沖有重列各四隊，前後之衝各三隊。風居四維〔十一〕故以圓。軸單列各三隊，前後之衝各三隊。風〔註33〕居四角故以方，天居兩端，地居中間。總為八陣。陣訖，遊軍從後躡〔十二〕敵，或驚其左，或驚其右，驚，一作「警」〔註34〕。聽音望麾，以出〔註35〕四奇。

天地之〔註36〕前沖為虎翼〔十三〕，風為蛇蟠，圍繞〔註37〕之義也。虎居於中，張翼以進。蛇居兩端，向敵而蟠以應之。天地之後沖為飛龍，雲為鳥翔，突擊之義也。龍居其中，張翼以進。鳥掖兩端〔註38〕，向敵而翔以應之。虛實二壘〔十四〕，一作「三軍」。皆逐天文氣候〔註39〕向背、山川利害，隨時而行〔註40〕，以正合，以奇勝〔註41〕。天地以下八重〔註42〕以列。或曰：握機望敵，即引其後，以掎〔註43〕角〔十五〕前列不動，而前列先進以次之。公孫弘曰：傳項氏〔十六〕陣法依此。今按「而前列」等八字，舊文在「依此」注下，誤也，故遷次以成文〔註44〕。或合而為一，因離而為八，各隨師之多少，觸類而長〔註45〕。

天或圓而不動，一作「天或圓而不布」。前為左，後為右〔註46〕，天地四望之屬是也。一本下有「風象」二字。天居兩端，其次風，其次雲，一作「其次天沖，其次地沖，其次風沖，其次雲沖」。左右相向是也〔註47〕。地方布風雲，各在後沖之前〔註48〕，天居兩端，其次地居中間，一作「其次地，其次天中間」。兩地為比是也。公孫弘曰：比為地，為從天陣變為地陣。或

〔註33〕「風」，宋薛季宣《浪語集》卷三十作「雲」。
〔註34〕宋薛季宣《浪語集》卷三十：「『驚』，一作『警』，而無『其』字。」
〔註35〕宋薛季宣《浪語集》卷三十：「『出』，一作『生』。」
〔註36〕宋薛季宣《浪語集》卷三十：「『之』字下一本有『間』字。」
〔註37〕宋薛季宣《浪語集》卷三十：「『圍繞』，一作『為主』。」
〔註38〕宋薛季宣《浪語集》卷三十：「『鳥掖兩端』，一作『鳥挾兩旁』。」
〔註39〕宋薛季宣《浪語集》卷三十：「一本下有『所』字。」
〔註40〕「行」，宋薛季宣《浪語集》卷三十：「一作進。」
〔註41〕宋薛季宣《浪語集》卷三十：「以正合，以奇勝，一無二句。」
〔註42〕宋薛季宣《浪語集》卷三十：「天地以下八重，闕。」
〔註43〕「掎」，宋薛季宣《浪語集》卷三十作「犄」。
〔註44〕「文」，宋薛季宣《浪語集》卷三十作「之」。
〔註45〕「或合而為一，因離而為八，各隨師之多少，觸類而長」，宋薛季宣《浪語集》卷三十：「一無此章。或曰握機四字疑文之衍。」
〔註46〕宋薛季宣《浪語集》卷三十：「前為左，後為右，一本左右差玄。」
〔註47〕宋薛季宣《浪語集》卷三十此句有小注：「公孫弘曰此為靜。」
〔註48〕宋薛季宣《浪語集》卷三十：「風雲各在前後沖之前，一無上前字。」

即張弁〔註49〕〔十七〕布摯〔十八〕，破敵功〔註50〕圍，不定其形，故為動也。一本自「公孫弘曰動靜二義」，皆雜出經文中。**縱布天一**，一作「兩天」，一無「兩」字，而「縱」字上有「雲象龍」一句。一作「龍者〔註51〕象龍」。**天二次之。**天二，一作「兩天」。**縱布地四，次於天後。**一作「縱布四地，四地次之。」一無下「四地」字。**縱布四風，挾天地之左右。**一無「地」字。**天地前沖居其右，後沖居其左，**一無二句。一無「天地」字。一無「居其右後沖」五字。**雲居兩端，虛實二壘，則此是也。**一本下有「比〔註52〕為動也」四字。一無「虛實」已下。公孫弘曰：人多傳韓信注釋「天或圓布」已下，與此微有差異。而范蠡〔十九〕、樂毅〔二十〕之說相雜〔註53〕，今亦錯綜於其中，其部隊或三五，或三十，或五十，變通之理，寄之明哲，不復備載。近古以來，其文不滿尺，多憑口訣以相傳授，予今於難解之〔註54〕處，增字發明之耳。一本「其部隊」下上五十雲陣圖。如此變通由人，以為〔註55〕經文誤也。按公孫氏稱與其〔註56〕異者，「天或員〔註57〕布，次遊〔註58〕軍定兩端」下以為正經，而以「天有沖止，**觸類而長**」列於《續圖》「雲為翔鳥」之下，今馬本尚如此。

【集釋】

〔一〕《四庫全書總目》卷九十九《握奇經》提要云：「《握奇經》一卷，一作《握機經》，一作《幄機經》，舊本題風后撰，漢丞相公孫弘解，晉西平太守馬隆述贊。案《漢書‧藝文志‧兵家陰陽》風后十三篇。班固自注曰：圖二卷，依託也。並無《握奇經》之名。且十三篇，《七略》著錄，固尚以為依託。則此經此解，《七略》不著錄者，其依託更不待辨矣。馬隆述贊，《隋志》亦不著錄，則猶之公孫弘解也。考唐獨孤及《毗陵集》有《八陣圖記》，

〔註49〕「弁」，學津本、四部本、叢編本作「弛」，四庫本作「缺」，四明本作「翼」，宋薛季宣《浪語集》卷三十作「形」。
〔註50〕「功」，學津本、四庫本、四部本、叢編本、宋薛季宣《浪語集》卷三十均作「攻」。
〔註51〕「者」，四庫本作「缺」。
〔註52〕「比」，學津本、四部本、叢編本、宋薛季宣《浪語集》卷三十均作「此」。
〔註53〕「相雜」，宋薛季宣《浪語集》卷三十均作「訛雜」。
〔註54〕「之」，宋薛季宣《浪語集》卷三十無。
〔註55〕「為」，宋薛季宣《浪語集》卷三十無。
〔註56〕「其」，宋薛季宣《浪語集》卷三十作「此」。
〔註57〕「員」，學津本、四庫本、四部本、叢編本、宋薛季宣《浪語集》卷三十均作「圓」。
〔註58〕「遊」，宋薛季宣《浪語集》卷三十作「由」。

曰：『黃帝順煞氣以作兵法，文昌以命將。風后握機制勝，作為陣圖，故八其陣，所以定位也。衡抗於外，軸布於內，風雲附其四維，所以備物也。虎張翼以進，蛇向敵而蟠，飛龍翔鳥，上下其旁，所以致用也。至若疑兵以固其餘地，遊軍以案其後列，門具將發，然後合戰。弛張則二廣迭舉，犄角則四奇皆出』云云。所說乃一一與此經合。疑唐以來好事者因諸葛亮八陣之法，推演為圖，託之風后。其後又因及此記，推衍以為此經，並取記中『握機制勝』之語以為之名。《宋史・藝文志》始著於錄，其晚出之顯證矣。高似孫《子略》曰：『馬隆本作《幄機》。』序曰：『幄者，帳也，大將所居。言其事不可妄示人，故云《幄機》。』則因握、幄字近而附會其文。今本多題曰《握奇》，則又因經中有四為正，四為奇，餘奇為握奇之語，改易其名也。似孫又云：『總有三本：一本三百六十字，一本三百八十字，蓋呂尚增字以發明之。其一行間有公孫弘等語。今本衍四字。』校驗此本，分為三章，正得三百八十四字，蓋即似孫所謂衍四字本也。經後原附續圖，據《書錄解題》亦稱馬隆所補。然有目而無圖，殆傳寫佚之歟？」

又按：宋薛季宣《浪語集》卷三十《敘握奇經》：「《風后握奇經》三百八十四字，續圖三百十五字，合標題七百九字。以眾本《武經總要》陣法銓次傳著成章，而存異文於下，已繕寫可讀。始走遊廣都、魚復，觀覽武侯八陣石圖，愛其文同先天《易》圖，每恨陣法未能詳究。聞成都唐棋盤市，雖章仇兼瓊經始，而多得武侯遺意。履其市道繩直，閭井交貫，百工類處，技別為行，識者曉知，然乍入者，至於盡日迷不能去。方悟李衛公言，古八陣龍虎蛇鳥之為旗，法前古服章之辨，為並識之。得《握奇經》讀之，而八陣之勢判然矣。前聞遠隱君先生論六花陣法，明於八陣《握奇》，然後知其源本從來。六、八之陣不同，實方圓之數耳。觸類而長，奇正庸有窮乎？《握奇經》舊傳風后受之玄女，用佐黃帝殺蚩尤於涿鹿之野。荒唐之說，無所考信。《漢志》兵陰陽家書有《風后》，劉歆、班固已言依託，觀公孫丞相注釋則非。所謂書十三篇、圖二卷者，先秦典籍類皆口以傳授，反覆其義，未易以晚出浮偽訾也。《七略》兵家四種，《軍禮》、《司馬法》存者尚百五十五篇；《吳孫子》八十二篇，圖九卷；《齊孫子》八十九篇，圖四卷。自神農、黃帝、伊尹、太公、范蠡、大夫種、吳起、魏公子、廣武君、韓信、項羽諸家，其書具在，略皆亡矣。今獨《孫子》十三篇者為兵權謀之祖。論形勢者，本《握奇經》。權謀在人，奇詭焉用？形勢紀綱軍政，為天下者尚有取焉，又隱不

章,可為懊歡。舊文奧密,尚多錯綜微辭,傳寫不倫,頗難誦習。李筌繪為八陣,既為不知而作。《武經》雖存寫本,不無訛以傳訛。唯武侯八陣石圖最為有徵。走得馬隆讚述,多所發明,遂為詮定其文,並繪陣圖於後。竊詳古人存諸口訣之意,不敢妄疏條章。合圖贊以窮經,可以自得之矣。」

〔二〕公孫弘:(前 200~前 121),字季,一字次卿,西漢淄川(郡治在壽光南紀臺鄉)薛人。少時為獄吏,年四十餘始學《春秋公羊傳》。武帝初,以賢良徵為博士。元光五年,復以賢良對策擢第一,拜博士。元朔五年,擢為丞相,封平津侯。

〔三〕武帝:漢武帝劉徹,(前 156~前 87),七歲被冊立為太子,十六歲登基,在位五十四年(前 141 年~前 87 年),崩於五柞宮,葬於茂陵,諡號孝武,廟號世宗。

〔四〕霍光:(?~前 68),字子孟,河東平陽(今山西臨汾)人。霍去病異母弟。武帝時,為奉車都尉。後元二年,為大司馬大將軍。昭帝年幼即位,霍光與桑弘羊等同受武帝遺詔輔政,封博陸侯。昭帝即位,光與上官桀、桑弘羊等爭權有隙,後以結交燕王旦謀反罪名殺桀等,專朝政。昭帝死,迎立昌邑王劉賀,旋廢之而迎立宣帝。前後秉政達二十年。卒諡宣成。

〔五〕平樂館:漢代宮觀名。

〔六〕奇正:古時兵法術語。古代作戰以對陣交鋒為正,設伏掩襲等為奇。

〔七〕奇零:亦作「畸零」,謂整數以外零餘之數。

〔八〕沖圓:宋薛季宣《浪語集》卷三十薛氏詮定《風后握奇經》:「沖,一本作衡。」按:天衡,陣名。唐段成式《酉陽雜俎·詭習》:「筒中有蠅虎子數十,分行而出,為二隊,如對陣勢。每擊鼓,或三或五,隨鼓音變陣,天衡地軸,魚麗鶴列,無不備也。」一說天象名。《呂氏春秋·明理》:「其雲狀:有若犬、若馬……有其狀若人,蒼衣赤首,不動,其名曰天衡。」高誘注:「雲氣形狀如物之形也。衡,物之氣。」

〔九〕軸:古代傳說中大地的軸。晉張華《博物志》卷一:「地有三千六百軸,犬牙相舉。」唐黃滔《融結為河嶽賦》:「龜負龍擎,文籍其陽九陰六;共觸愚移,傾缺其天樞地軸。」

〔十〕有沖:宋薛季宣《浪語集》卷三十薛氏詮定《風后握奇經》:「一作有風雲。」按:古軍陣名有「風」「雲」等,後即以「風雲」泛稱軍陣。湯顯祖《牡丹亭·折寇》:「接濟風雲陣勢,侵尋歲月邊陲。」徐朔方等注:「《風后握奇經》

以天、地、風、雲、飛龍、翔鳥、虎翼、蛇蟠為八種陣勢。」參閱明龍正《八陣圖合變說敘》。

〔十一〕四維：指東南、西南、東北、西北四隅。

〔十二〕躡：追蹤；追擊。

〔十三〕虎翼：古戰陣名。下文之蛇蟠、飛龍、鳥翔，亦如是。

〔十四〕壘：軍壁，陣地上的防禦工事。

〔十五〕掎角：分兵牽制或夾擊敵人。語本《左傳・襄公十四年》：「譬如捕鹿，晉人角之，諸戎掎之，與晉踣之。」孔穎達疏：「角之謂執其角也；掎之言戾其足也。」

〔十六〕項氏：指項籍，（前232～前202），字羽，名籍，戰國末年楚將項燕之後。陳勝起事，羽與叔父項梁起兵吳中響應。擁立楚懷王孫心為楚懷王。秦將章邯圍趙，懷王任宋義為上將軍，羽為次將，率軍往救。宋義至安陽逗留不前，羽殺義而進兵，擊破秦軍主力於鉅鹿。進軍關中，殺子嬰。秦亡後，自立為西楚霸王，封諸侯王。繼與劉邦爭衡，後為漢軍困於垓下，自刎於烏江。

〔十七〕張弅：「張形」之訛。

〔十八〕布摯：「佈勢」之訛。

〔十九〕范蠡：即陶朱公，字少伯，春秋末楚國宛人。越國大夫。與宛令文種為友，隨種入越事越王允常。句踐即位，用為謀臣。越為吳所敗，文種守國，蠡乞成於吳，且隨句踐為臣仆於吳三年。既歸，與文種戮力圖強。句踐十五年，破吳都。二十二年越圍吳，三年而滅吳。

〔二十〕樂毅：戰國時中山國靈壽人。魏將樂羊後裔。燕昭王招徠賢者，毅自魏入燕，任為亞卿。燕昭王二十八年，拜上將軍，率趙、楚、韓、魏、燕五國兵攻齊，打破齊軍，以功封昌國君。

握奇經續圖〔一〕

角音〔二〕二：

初警眾〔三〕，末收眾。

革音〔四〕五：

一持兵，二結陣，三行，四趨走〔五〕，五急鬥。

金音〔六〕五：

一緩鬥，二止鬥，三退，四背，五急背。背，一本作「趍」。

麾法五：

一玄，二黃，三白，四青，一作「赤」。五赤。一作「青」。

旗法八〔註59〕：

一天玄，二地黃，

三風赤，四雲白，

五天前：上玄下赤，

六天後：上玄下白，

七地前：上玄下青，一作「赤」。

八地後：上黃下赤。一作青。

陣勢八：

　　天　　　地　　　風　　　雲

　飛龍　　翔鳥　　虎翼　　蛇蟠

二革二金為天，三革三金為地，

二革三金為風，三革二金為雲，

四革三金為龍，三革四金為虎，

四革五金為鳥，五革四金為蛇。舊注：此八陣名，用金鼓之制。

其金、革之間加一角音者，在天為兼風，在地為兼雲，在龍為兼鳥，在虎為兼蛇。加二角音者，全師進東。加三角音者，全師進南。一作「西」。加四角音者，全師進西。一作「南」。加五角音者，全師進北。韜音〔七〕不止者，行伍〔註60〕不整。金革既〔註61〕息而角音不止者，師並〔註62〕旋。

三十二隊天沖　十六隊風

八隊天前沖　十二隊地前沖

十二隊地軸合作二十四隊〔註63〕　八隊天後沖

十二軸地後沖　十六隊雲

〔註59〕宋薛季宣《浪語集》卷三十《薛氏詮定圖解》：「一本『陣』上別有『虎翼』字，非。」

〔註60〕宋薛季宣《浪語集》卷三十《薛氏詮定圖解》：「『行伍』，一作『師』。」

〔註61〕宋薛季宣《浪語集》卷三十《薛氏詮定圖解》：「『既』，一作『並』。」

〔註62〕宋薛季宣《浪語集》卷三十《薛氏詮定圖解》有小注：「闕。」

〔註63〕「合作二十四隊」，宋薛季宣《浪語集》卷三十《薛氏詮定圖解》作「當作『二十四隊』」。

以天地前沖為虎翼，天地後沖為飛龍。風為蛇蟠，雲為翔鳥
〔註64〕。

【集釋】

〔一〕宋薛季宣《浪語集》卷三十《薛氏詮定圖解》：「按《握奇經》別有《續圖》，
　　記金革旗麾進退趨鬥之法，今其文相揉，蓋非末學所能離異，故並論而分別
　　之。」

〔二〕角音：即畫角之聲，一般在黎明和黃昏之時吹奏，相當於出操和休息的信
　　號。

〔三〕警眾：警醒眾人。

〔四〕革音：革鼓之聲。古代表示結陣進軍。

〔五〕趨走：小步疾行，以示莊敬。

〔六〕金音：屬金之音。即商音。

〔七〕韜音：韜鼓之聲。古代陣法作戰中用以整行伍。《風后握奇經》：「（韜鼓）紅
　　塵戰深，白刃相臨，勝負未決，人懷懼心。乍奔乍背，或縱或擒，行伍交戰，
　　整在韜音。」

馬隆〔一〕總述〔註65〕：

治兵以信，求勝〔註66〕以奇。信不可易，戰無常規。可握則握，可
施則施。〔二〕千變萬化，敵莫能知。

匹陳〔三〕贊

動則為奇，靜則為陳。陳者陳列，戰則不盡。分苦均勞，佚輪轍□
〔註67〕。有〔註68〕兵前守，後隊勿進。

天陳〔四〕贊

天陳十六，內方外圓。四面風沖，其形象天。為陳之主，為兵之先。
潛用三軍〔五〕，其形不偏。

〔註64〕宋薛季宣《浪語集》卷三十《薛氏詮定圖解》有小注：「一本次『縱布兩天』
　　上。」又另起一行：「右續圖。」小注：「圖者，經之紀也，故列之。」

〔註65〕「馬隆」，學津本、四部本、叢編本作「八陣」。學津本、四部本、叢編本此條
　　下另起一段有「晉平虜護軍西平太守封奉高侯加授東羌校尉馬隆總述」。

〔註66〕「勝」，學津本、四部本、叢編本作「聖」。

〔註67〕「佚輪轍□」，學津本、四部本、叢編本作「佚輪輒定」，宋薛季宣《浪語集》
　　卷三十《薛氏詮定圖解》作「佚輪轅兵」。輪轅，指車輛，喻經世可用之材。

〔註68〕「有」，宋薛季宣《浪語集》卷三十《薛氏詮定圖解》闕此字。

地陳〔六〕贊

地陳十二，其形正方。雲生四角，沖軸相當。其體莫測，動用無疆。獨立不可，配之於陽。

風陳〔七〕贊

風無正形，附之於天。變而為蛇，其意漸玄。風能鼓動〔註69〕，萬物驚焉。蛇能圍繞，三軍懼焉。

雲陳〔八〕贊目〔註70〕太公、范蠡以來，風雲無正形，所以附天地〔註71〕。

雲附於地，則知無形。變為翔鳥，其狀乃成。鳥能突擊，雲能晦冥。千變萬化，金革之聲。〔註72〕

飛龍〔九〕

天地後沖，龍變其中。有手有足，有背有胸。潛則不測，動則無窮。陳形亦然，象名其龍。

翔鳥〔十〕

鷙鳥〔十一〕擊搏，必先翱翔。勢凌霄漢〔十二〕，飛禽伏藏。審而下之，下必有傷。一夫突擊，三軍莫當。

蛇蟠〔十三〕

風為蛇蟠，蛇吞天真。勢欲圍繞，性能屈伸。四季之中，與虎為鄰。後變常山〔十四〕，首尾相因。

虎翼〔十五〕

天地前沖，變為虎翼。伏虎將搏，盛其威力。淮陰〔十六〕用之，變化無極。垓下〔十七〕之會，魯公〔十八〕莫測。

奇兵〔十九〕贊

古之奇兵，兵在陳內。今人奇兵，兵在陳外。兵體〔二十〕無形，形露必潰。審而為之，百戰不昧。

合而為一，離而為八

〔註69〕 「鼓動」，宋薛季宣《浪語集》卷三十《薛氏詮定圖解》作「動物」。

〔註70〕 「目」，百川本、學津本、四庫本、四部本、叢編本、四明本、宋薛季宣《浪語集》卷三十《薛氏詮定圖解》均作「自」，於義為長。

〔註71〕 學津本、四部本、叢編本「天地」下有「下」字。

〔註72〕 宋薛季宣《浪語集》卷三十《薛氏詮定圖解》小注云：「《奇兵贊》舊在《正陳》下，移此以便乎讀。」

合而為一，平川如城。散而為八，逐地之形。混混沌沌，如環無窮。紛紛紜紜，莫知所終。合則天居兩端，地居其中；散則〔註73〕一陰一陽，兩兩相沖。勿為事先，動而輒從。

遊軍〔二一〕

遊軍之形，乍動乍靜。避實擊虛，視贏〔二二〕撓盛。結陳〔二三〕趨地，斷繞四徑〔二四〕。後賢審之，勢無常定。

金革〔二五〕

金有五、革有五。退則聽金，進則聽鼓。鼓以增氣〔二六〕，金以抑怒。握其機關，戰不失度。

韜鼓〔二七〕

紅塵〔二八〕戰深，白刃相臨。勝負未決，人懷懼心。乍奔乍背〔二九〕，或縱或擒。行伍〔三十〕交錯，整在韜音。

麾角〔三一〕

麾法有五，光目條流〔三二〕。角音有五，初驚〔註74〕末收。麾者指揮，角者驚覺。臨機變化，慎勿交錯。光目，一作「光自」。

兵體〔三三〕

上兵伐謀，其下用師。棄本逐末，聖人不為。利物禁暴，隨時禁衰。蓋不得已，聖人用之。英雄為將，夕惕乾乾〔三四〕。舊闕四字。其形不偏。樂與身後，勞與身先。小人偏勝，君子兩全。爭者逆德，不有破軍，必有亡國。握機為陳，動則為賊〔三五〕。後賢審之，勿以為惑。夫樂殺人者，不得志於天下。聖人之言，以戒來者。一作「天下」。

【集釋】

〔一〕馬隆：字孝興，西晉東平平陸人。初署武猛從事。武帝太始中，將伐吳，以為司馬督。咸寧四年，羌族樹機能部將陷涼州，自請募勇士三千五百人，自選武器，任武威太守，率眾西征，次年平之。太康初，遷西平太守，屯據西平，擊破成奚，太熙初封奉高縣侯，加授東羌校尉。

〔二〕可握則握，可施則施：意謂可把握戰機者，便出奇兵以制勝；不宜出兵而應布列陣勢者，便佈陣以防守。

〔三〕匹陳：陣法名。

〔註73〕「則」，宋薛季宣《浪語集》卷三十《薛氏詮定圖解》作「之」。
〔註74〕「驚」，宋薛季宣《浪語集》卷三十《薛氏詮定圖解》作「警」。

〔四〕天陳：陣法名。

〔五〕三軍：古代指步、車、騎三軍。

〔六〕地陳：陣法名。

〔七〕風陳：陣法名。

〔八〕雲陳：陣法名。

〔九〕飛龍：陣法名。

〔十〕翔鳥：陣法名。

〔十一〕鷙鳥：兇猛的鳥。如鷹鸇之類。

〔十二〕霄漢：天河。亦借指天空。

〔十三〕蛇蟠：軍陣名。

〔十四〕常山：即常山蛇，古代傳說中一種能首尾互相救應的蛇。後因以喻首尾相顧的陣勢。《孫子·九地》：「故善用兵者，譬如率然。率然者，常山之蛇也。擊其首則尾至，擊其尾則首至，擊其中則首尾俱至。」

〔十五〕虎翼：古戰陣名。

〔十六〕淮陰：即淮陰侯韓信（約前231～前196），淮陰（今江蘇淮安）人，西漢開國功臣，先後為齊王、楚王。韓信是中國軍事思想「謀戰」派代表人物，被後人奉為「兵仙」、「戰神」。《史記》卷九十二《考證》：「淮陰侯列傳楚數使奇兵渡河擊趙。」臣照按：「《風后握奇經》四正四奇，其餘握奇，說者曰握奇即下文所云遊兵也，此奇兵亦是此類，猶言餘兵，非奇正之奇，乃奇偶之奇耳。」

〔十七〕垓下：古地名。在今安徽省靈璧縣東南。漢高祖劉邦圍困項羽於此。

〔十八〕魯公：指項羽。《史記·項羽本紀》：「項王已死，楚地皆降漢，獨魯不下。漢乃引天下兵欲屠之，為其守禮義，為主死節，乃持項王頭視魯，魯父兄乃降。始，楚懷王初封項籍為魯公，及其死，魯最後下，故以魯公禮葬項王穀城。」《集解》：「駰案《皇覽》曰：『項羽冢在東郡穀城東，去縣十五里。』」《正義》：「《括地志》云：『項羽墓在濟州東阿縣東二十七里，穀城西三里。述征記項羽墓在穀城西北三里半許，毀壞，有碣石項王之墓。』」

〔十九〕奇兵：陣法名。

〔二十〕兵體：猶兵法。

〔二一〕遊軍：陣法名。

〔二二〕羸：指瘦弱困憊的人。

〔二三〕結陳：亦作「結陣」，列成隊形；結成陣勢。

〔二四〕徑：步道；小路。《說文·彳部》：「徑，步道也。」段玉裁注：「此云步道，
　　　　謂人及牛馬可步行而不容車也。」

〔二五〕金革：陣法名。

〔二六〕氣：特指勇氣；豪氣。《左傳·莊公十年》：「夫戰，勇氣也。一鼓作氣，再
　　　　而衰，三而竭。」

〔二七〕韜鼓：陣法名。

〔二八〕紅塵：戰場上車馬揚起的染血飛塵。

〔二九〕奔：急走，奔跑。背：背部對著或後面靠著。

〔三十〕行伍：我國古代兵制，五人為伍，五伍為行，因以指軍隊。

〔三一〕麾角：陣法名。麾法有五：用旌旗指揮之法有五種，即一玄、二黃、三白、
　　　　四青、五赤。

〔三二〕光目條流：編定一定的條例，以使旌旗耀眼醒目。

〔三三〕兵體：陣法名。

〔三四〕語出《周易·乾卦》九三：「君子終日乾乾，夕惕若，厲，无咎。」

〔三五〕賊：殺戮；殺害。

　　似孫曰：《風后握奇經》三百八十四字，其妙本乎奇正相生，變化
不測，蓋潛乎伏羲氏之畫，所謂天、地、風、雲、龍、鳥、蛇、虎，
則其為八卦之象明矣。蓋注「奇」讀如「奇耦」之「奇」，則尤可與《易》
準〔一〕。諸儒多稱諸葛武侯八陣、唐李衛公〔二〕六花〔三〕皆出乎此。唐
裴緒〔四〕之論，又以為六十四陣〔註75〕之變，其出也無窮。若此，則
所謂八陣者，特八卦之統爾。焦氏〔五〕《易》學，卦變至乎四十〔註76〕
九十有六。奇正相錯，變化無窮，是可以名數〔六〕該〔七〕之乎？然觀
太公武韜〔八〕，且言牧野〔九〕之師有天陣、有地陣，此固出於《握奇》。
而又有人陣焉，此又出於天、地陣之外者，非八陣、六花所能盡也。
獨孤及〔十〕作《風后八陣圖記》，有曰：「黃帝順煞氣以作兵法，文昌
〔十一〕以命將風后握機制勝，作為陣圖。故八其陣，所以定位〔十二〕。
衡〔註77〕〔十三〕抗於外，軸〔十四〕布於內，風、雲負其四維，所次〔註78〕

_____

〔註75〕「陣」，學津本、四部本、叢編本作「卦」。
〔註76〕「十」，學津本、四庫本、四部本、叢編本、四明本作「千」，是也。
〔註77〕「衡」，學津本、四庫本、四部本、叢編本、四明本作「沖」。
〔註78〕「次」，學津本、四庫本、四部本、叢編本、四明本作「以」，是也。

備物也。虎張翼以進，蛇向敵而蟠，飛龍翔鳥，上下其勢，所以致用〔十五〕也。至若疑兵以固其餘地，遊軍以案其後列，門具將發，然後合戰，弛張則二廣迭舉，掎角則四奇皆出。圖成樽俎〔十六〕，帝用經略〔十七〕，北逐獯鬻〔十八〕，南平蚩尤〔十九〕，遺風冥冥，神機未昧。項籍得之霸西楚〔二十〕，黥布〔二一〕得之奄〔二二〕九江〔二三〕，孝武〔二四〕得之攘匈奴〔二五〕。唐天寶中，客有得其遺制於黃帝書之外篇，裂素而圖之。」〔二六〕按魚復〔二七〕之圖，全本於握機。賾〔二八〕其妙、窮〔二九〕其神者，武侯而已。獨孤乃〔註79〕以為項、黥、武帝得之，未之思歟？

【集釋】

〔一〕準：衡量，比較。

〔二〕李衛公：李靖（571～649），字藥師，雍州三原（今陝西三原縣）人。高祖時拜行軍總管，蕭銑平，招降嶺南四十九州島，又曾鎮壓輔公祏軍。太宗即位，授刑部尚書、兼檢校中書令，轉兵部尚書。破突厥，封代國公，遷尚書右僕射。後改衛國公。卒諡景武。後人錄其論兵語，為《李衛公兵法》。

〔三〕六花：即六花陣，唐李靖本諸葛亮八陣法創制的陣法。《李衛公問對》卷中：「『卿所制六花陣色，出何術乎？』（靖）曰：『臣所本諸葛亮八陣法也。大陣包小陣，大營包小營，隅落鉤連，曲折相對。古制如此，臣為圖因之，故外畫之方，內環之圓，是成六花，俗所號爾。』」

〔四〕裴緒：唐人。《宋史·藝文志》著錄《新令》二卷。

〔五〕焦氏：焦延壽，西漢梁人，字贛，一說名贛，字延壽。曾從孟喜學《易》，授《易》於京房。著有《易林》。

〔六〕名數：名位禮數。語本《左傳·莊公十八年》：「王命諸侯，名位不同，禮亦異數。」

〔七〕該：包容，概括。

〔八〕武韜：六韜之一。《六韜》，兵書名，舊題周呂望撰。分文韜、武韜、龍韜、虎韜、豹韜、犬韜六卷。

〔九〕牧野：古代地名。在今河南省淇縣南。周武王與反殷諸侯會師，大敗紂軍於此。

〔十〕獨孤及：（725～777），字至之，唐河南洛陽人。玄宗天寶末舉洞曉玄經科，

〔註79〕「乃」，四部本作「及」。

補華陰尉。代宗時以左拾遺召，改太常博士，遷禮部員外郎，歷濠、舒二州刺史，以治課加檢校司封郎中。卒諡憲。著有《毗陵集》。

〔十一〕文昌：即文昌帝君。

〔十二〕定位：確定事物的名位。《韓非子・揚權》：「審名以定位，明分以辯類。」

〔十三〕衡：天沖。

〔十四〕軸：地軸。

〔十五〕致用：盡其所用。

〔十六〕樽俎：古代盛酒食的器皿。樽以盛酒，俎以置肉。

〔十七〕經略：籌劃；謀劃。

〔十八〕獯鬻：泛指北方少數民族。

〔十九〕蚩尤：傳說中的古代九黎族首領。以金作兵器，與黃帝戰於涿鹿，失敗被殺。

〔二十〕西楚：古國號。秦亡，項羽自立為霸王，有西楚、東楚與梁地共九郡，因建都於西楚彭城，國號「西楚」

〔二一〕黥布：又名英布（？～前195），西漢六安人。坐法黥面。秦末率眾附番君，後依項梁、項羽。從羽入關，封九江王。曾奉項羽命擊殺義帝。楚漢相爭，漢遣何說布歸漢，封淮南王。又從劉邦擊滅項羽於垓下。後以韓信、彭越見誅，懼，舉兵反，兵敗被殺。

〔二二〕奄：通「掩」，偷襲，乘人不備而進攻。

〔二三〕九江：在今河南洛陽市東北漢、魏洛陽城西北隅。

〔二四〕孝武：即漢武帝劉徹。

〔二五〕匈奴：稱胡。我國古代北方民族之一。戰國時游牧於燕、趙、秦以北地區。其族隨世異名，因地殊號。戰國時始稱匈奴和胡。東漢光武建武二十四年（公元48年）分裂為南北二部，北匈奴在公元一世紀末為漢所敗，部分西遷。南匈奴附漢，西晉時曾建立漢國和前趙國。

〔二六〕語本獨孤及《毗陵集》卷十七《風后八陣圖記》：「黃帝受之，始順煞氣以作兵法，文昌以命將。於是乎征不服、討不庭，其誰佐命？曰元老風后。蓋戎行之不修，則師律用爽；陰謀之不作，則兇氣何恃？故天命聖者以光（《英華》作『廣』）戰術，俾懸衡於未然；察變於倚數（《英華》作『奇數』），握機制勝作為陣圖。夫八宮之位，正則數不惹、神不惑（《文粹》作『忒』），故八其陣，所以定位也。衡抗於外，軸布於內，風雲負（《英華》

作『附』）其四維，所以備物也。虎張翼以進，蛇向敵而蟠，飛龍翔鳥，上下其勢，所以致用也。至若疑兵以固其餘地，遊軍以案其後列，門具將發，然後合戰，弛張則二廣迭舉，犄角則四奇皆出。必使陷堅陣、拔深壘，若星馳天旋，雷動山破。彼（《文粹》無『彼』字）魏之鶴列、鄭之魚麗、周（《文粹》有『成』字）之熊羆、昆陽之虎豹出，匪以律我，異於是。既而圖成樽俎，帝用經略，北逐獫狁，南平蚩尤，戮黎於阪泉，省方於崆峒，底定萬國，旁羅七曜，鼎成龍至，去而上仙於是在（《英華》無『在』字）。遺風冥冥，時亡而圖存（《文粹》有『焉』字）於戲。聖蹟長往，神機未昧。酌其流者，猶足以決勝九（《英華》作『三』）軍、禦侮萬里，故項藉得之以霸西楚，黥布得之奄有九江，孝武得之攘匈奴、服甌越，東收獩貊，西拓大夏。然則聖圖幽贊，未始有涯。唐（《文粹》無『唐』字）天寶中，客有為韜鈐者得其遺制於黃帝書之外篇，裂素而圖之。」

〔二七〕魚復：秦置，治所即今四川奉節縣東白帝。

〔二八〕賾：探測；探求。

武侯八陣圖附

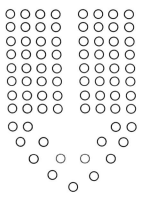

似孫曰：蜀漢丞相武鄉侯諸葛亮〔一〕八陣圖〔二〕，其一圖在沔陽〔三〕高平故壘，酈道元〔四〕《水經》以為傾而難識矣。其一圖有〔註80〕新都〔五〕八陣鄉，岪土為魁〔六〕，植〔七〕以江石，四門二首六十四魁，八八成行，兩陣並岪，周凡四百七十二步，魁百有三十。其一圖在魚復者，隨江佈勢，填石為規，前障壁門〔八〕，後倚卻月。縱八橫八，魁容二丈，內面偃月，九六鱗差〔九〕。江自岷〔十〕來，奔怒湍激，驚雷迅馬不足以

〔註80〕 「有」，百川本、學津本、四庫本、四部本、叢編本、四明本作「在」。

敵其雄也，徒華變滄不足窮其力也。磊磊斯石，載轟〔十一〕載樁〔十二〕，知幾何年，曾不一仄〔十三〕，是非天所愛、神所儆〔註81〕者歟？昔者風后以陣法佐黃帝戮蚩尤，若變與神，蓋出於《握奇經》者也。所謂經者，本乎先天，隤乎八卦，錯以九疇〔十四〕，非〔註82〕武侯窺其幾、泄其用。四頭八尾，脈落聯〔註83〕，因〔註84〕隊相容，隨形可首，雖曰奇正迭變，未有不出於正者。故曰黃帝之師百戰百勝者，此其得之。桓溫〔十五〕固嘗驚歎，以為常山蛇。杜甫〔十六〕又切感嗟，稱其石不轉。武侯之心，則二子所未深知也，惟王通氏〔十七〕以為亮而無死，禮樂可興。吁，知武侯者，通乎！昔者先王處民以井〔十八〕，寄兵於民，熟〔十九〕之以禮容〔二十〕，用之以節制〔二一〕，是誠不陣而可以服人兵者。使武侯昌〔二二〕諸用、勒〔二三〕諸功，《甘誓》、《牧誓》〔二四〕可也。天不壽〔二五〕漢，圖石如泣，悲夫！武侯又有《將苑》一卷、《十六策》一卷。

【集釋】

〔一〕諸葛亮：（181～234），字孔明，三國徐州琅邪陽都人。東漢末避亂隆中，躬耕讀書。漢建安十二年，劉備屯新野，三顧茅廬，亮出而為劉備軍師。曹操南爭荊州，諸葛亮奉命出使東吳，聯合孫吳抗曹，赤壁之戰大獲全勝。建安十九年，入蜀增援劉備，定成都，任軍事將軍，鎮守成都。劉備稱帝，任丞相。章武三年，受遺詔輔佐劉禪，封武鄉侯，領益州牧。政事無鉅細，咸決於亮。東和孫權，南平諸郡，北爭中原，多次出兵攻魏。與魏將司馬懿對峙於渭南，病卒於五丈原。諡忠武。

〔二〕八陣圖：古代用兵的一種陣法。宋薛季宣《浪語集》卷三十《八陣圖贊並序》：八陣圖，蜀漢丞相武鄉侯諸葛亮之所作也。圖之可見者三：一在沔陽之高平舊壘，一在新都之八陣鄉，一在魚復永安宮南江灘水上。高平者，自酈道元已言傾褫難識。在新都者，隆土為魁，基以江石，四門二首六十四魁，八八成行，兩陣俱立。陣週四百七十二步，其魁百有三十。在魚復者，因江為勢，積石平（《儒藏精華編》本作「憑」）流，前蔽壁門，後依卻月，縱橫皆八魁，門二丈，偃月內面，九六鱗差。新都舊無聞焉，唯見

〔註81〕「儆」，四庫本作「敬」。
〔註82〕「非」，四庫本作「也」。
〔註83〕「脈落聯」，學津本、四部本、叢編本作「脈落□聯」，四庫本作「脈落相聯」。
〔註84〕「因」，四庫本作「仗」。

於李膺《益州記》。其言魁行皆八，才（《儒藏精華編》本作「財」）舉其半。趙抃《成都記》稱耆老之說，以為江石蓋兵數魁應六十四卦。則知兩陣二首之意，以體乾坤門戶，法象之所由生也。然其陣居平地，束於門壁，營陣之法具，而奇正之道蘊。魚復陣於江路，因水成形，七八以為經，六九以為緯，體方於八陣，形圓於卻月，壁門可以觀營陣之制，卻月可以識奇正之變，故雖長江東注，下流湍決，轟雷奔馬，不足以擬其勢，回山卷石，不足以言其怒。峨峨八陣，實瀨其沖。子石卷於（《儒藏精華編》本作「如卷」），灘沙攸積，而歷年千數，未嘗回撓。隱若敵國，屹若長城。故桓溫以為常山之蛇，杜甫偉其江流而石不轉也。若夫四頭八尾，隅落鉤連，像陣相容，觸處為首，則新都、魚復之圖，其法皆八陣也。居則修諸營壘，出則備其行陣，雖有奇正之變，一生於正而已。李興不在孫吳之頌，端有以焉。先王寓兵於農，而居之以丘井，折衝樽俎，而舞之以行綴。經國有途軌之制，畫野有鄉遂之法。文事武備，未始判為二途。民可使由之，不可使知之，故顯仁而藏用爾。在《易》先天之象，天圓而地方，八卦相重皆六十四，陰陽相錯，剛柔相交，而天地文理備焉。先天之文，愚於八陣見之矣。八陣之作，寧武侯私意自營之乎？風后《握奇》有天、地、風、雲、龍、鳥、蛇、虎之名，則八卦之象也。漢法：大司馬嘗以立秋日斬牲，祠白帝，肄孫吳六十四陣，則六十四之象也。中興，罷郡國都肄，而陣勢浸亡，非有王佐之才，明於天人之奧，則八卦之變化，其誰能嗣興之？愚以為，八陣之施，非徒教戰而已。文中子曰：「諸葛亮而無死，禮樂其有興乎？」非虛語也。至於洞當中，黃龍騰，鳥飛折衝禽翼，握機衡陣之法，本諸孫、吳，方圓牝牡，沖方罘置，車輪雁行之制，唐人裴緒之論，非無所起。六十四陣之變，其出也無窮。知此八名，特八陣之統爾。焦氏《易》學卦變至於四千九十有六，奇正相準，庸可盡名之乎？觀古懷人，敬為之贊曰：堂堂八陣，法地之維。經緯縱橫，端如置棋。左右有行，後先有列。錯綜相成，鉤連互設。孰知其首？孰測其端？直道如繩，循如象環。八八相乘，陣間容陣。在翼斯張，在前斯奮。陣形雖八，天七攸存。四轅轉隊，虛實斯分。亦有握奇，列於陣後。翕闢乾坤，混融六九。風雲天地，體則陰陽。虎蟠蛇旒，龍旗鳥章。奇正相生，方圓迭出。混沌紛紜，杳冥恍惚。其闔無方，其闢有儀。幽若鬼神，夫誰知之？轅門之設，實司啟閟。無鍵而關，覘之孔易。行而為陣，居則為營。堅重如山，能疾而輕。我則通途，

平平坦坦。致敵天羅，莫知邅返。顯允武侯，經之營之。阿衡天漢，以作六師。君子所為，眾人不識。曰易勝哉，七擒孟獲。先王體國，丘甲本兵。干戚之容，萬舞於庭。四頭八尾，文成井字。旁睞斜窺，孰知其自。易有八卦，洪範九章。天道昭昭，曰唯典常。在帝有熊，其臣風后。爰作握奇，蚩尤是討。六十四陣，演自孫吳。豈其妄作，文本河圖。三代往矣，漢墮都肆。誰其興之？天啟明智。惟此武侯，器宏管樂。龍隱隆中，雲蒸左蜀。先王遺法，尚克興之。漢家餘業，豈不成之？營頭下墜，蒼蒼叵測。心服奇才，漢興勍敵。新都之壘，雲守儲胥。匪石凌江，丘陵屹如。甘棠古木，尚云勿敗。此道之存，其何能壞。率然之蛇，無頭無尾。易象於天，於乎不已。

〔三〕沔陽：沔陽縣，西漢置，治所即今陝西勉縣東舊州鋪。

〔四〕酈道元：（？～527），字善長，酈範子，北魏范陽涿縣人。孝文帝太和中，為治書侍郎御史。宣武帝時為東荊州刺史，為政嚴酷，以刻峻免官。後起為河南尹，除安南將軍、御史中尉。道元好學，博覽奇書，著有《水經注》。

〔五〕新都：新都縣，西漢置，治所在今四川新都縣西。

〔六〕魁：小土丘。

〔七〕植：置。放置；設置。

〔八〕壁門：軍營的營門。

〔九〕鱗差：猶鱗次，如魚鱗般密密排列。

〔十〕岷：即岷山，在四川省北部，綿延四川、甘肅兩省邊境。為長江、黃河分水嶺，岷江、嘉陵江支流白龍江發源地。

〔十一〕轟：衝擊；轟擊。

〔十二〕樁：撞擊。

〔十三〕仄：傾斜；偏斜。

〔十四〕九疇：疇，類。指傳說中天帝賜給禹治理天下的九類大法，即《洛書》。《書·洪範》：「天乃錫禹洪範九疇，彝倫攸敘。初一曰五行，次二曰敬用五事，次三曰農用八政，次四曰協用五紀，次五曰建用皇極，次六曰乂用三德，次七曰明用稽疑，次八曰念用庶徵，次九曰嚮用五福、威用六極。」

〔十五〕桓溫：（312～373），字符子，桓彝子，東晉譙國龍亢人。拜駙馬都尉，除琅邪太守。穆帝永和初任荊州刺史，都督荊、司等四州諸軍事。二年，率眾伐蜀。三年，滅成漢。十年，北伐關中。十二年，收復洛陽。

〔十六〕杜甫：（721～770），字子美，自稱杜陵布衣，又稱少陵野老，唐河南鞏縣人，初舉進士不第，遂事漫遊。後居困長安近十年，以獻《三大禮賦》，待制集賢院。安祿山亂起，杜甫走鳳翔，上謁肅宗，拜左拾遺。從還京師，尋出為華州司功參軍。棄官客秦州、同谷，移家成都，營草堂於浣花溪。後依節度使嚴武，武表為檢校工部員外郎。代宗大曆中，攜家出蜀，客居耒陽，病卒於湘江舟中。著有《杜工部集》。

〔十七〕王通氏：（584～617）字仲淹，隋絳州龍門人。仕隋為蜀郡司戶書佐，文帝仁壽間至長安上太平十二策。後知所謀不被用，乃歸河汾間以教授為業，受業者以千數，時稱「河汾門下」。著有《元經》、《中說》。

〔十八〕處民以井：處，安頓、安排。井，井田。《周禮·考工記·匠人》：「九夫為井，井間廣四尺。」鄭玄注：「此畿內埰地之制。九夫為井，井者，方一里，九夫所治之田也。」

〔十九〕熟：熟習。

〔二十〕禮容：禮制儀容。

〔二一〕節制：節度法制。亦指嚴整有規律。

〔二二〕昌：光大。

〔二三〕勒：指刻在金石上的文字。

〔二四〕《甘誓》、《牧誓》：皆《尚書》篇名。

〔二五〕壽：指使之長壽。

鬻 子〔一〕

魏相〔二〕奏記〔三〕載霍光曰：文王〔四〕見鬻子，年九十餘，文王曰：「噫，老矣。」鬻子曰：「君若使臣捕武〔註85〕逐麞，臣已老矣。若使坐策國事，臣年尚少。」文王善之，遂以為師。〔五〕今觀其書，則曰發政施仁謂之道，上下相親謂之和，不求而得謂之信，除天下之害謂之仁。其所以啟文王者決矣，其與太公之遇文王有相合者。太公之言曰：「君有六守：仁、義、忠、信、勇、謀。」〔六〕又曰：「鷙鳥將擊，卑飛翩翼。武〔註86〕狼將擊，弭耳俯伏。聖人將動，必有愚色。」〔七〕尤決於啟文王者矣。非二公之言殊相經緯，然其書辭意大略淆雜。若

〔註85〕 「武」，學津本、四庫本、四部本、叢編本作「虎」。
〔註86〕 「武」，學津本、四庫本、四部本、叢編本作「虎」。

《大誥》、《洛誥》〔八〕之所以為《書》者，是亦漢儒之所綴輯者乎？太公又曰：「天下，非一人之天下，天下之天下也。」〔九〕奇矣。《藝文志》〔十〕敘鬻子名熊，著書二十二篇。今一卷，六篇。唐貞元〔十一〕間柳伯存〔十二〕嘗言：「子書起於鬻熊。」〔十三〕此語亦佳，因錄之。永徽〔十四〕中，逢行珪〔十五〕為之序曰：「《漢志》所載六篇，此本凡十四篇。」〔十六〕予家所傳，乃篇十有二〔註87〕。

【集釋】

〔一〕鬻子，即鬻熊，羋姓，名熊。最早見於《左傳》僖公二十六年，云夔子「不祀祝融與鬻熊」。按《隋書·經籍志》儒家類著錄《鬻子》一卷，題周文王師鬻熊撰。《舊唐書·經籍志》列入小說家類，《新唐書·藝文志》列入神仙家類，《崇文總目》列入道家類，《宋志》列入雜家類。《文獻通考·經籍考》引石林葉氏曰：「世傳《鬻子》一卷，出祖無擇家。《漢·藝文志》本二十二篇，載之道家。鬻熊，文王所師，不知何以名道家，而小說家亦別出十九卷，亦莫知孰是，又何以名小說？今一卷，止十四篇，本唐永徽中逢行珪所獻。其文大略，古人著書不應爾。庾仲容《子抄》云六篇，馬總《意林》亦然。其所載辭略，與行珪先後差不倫，恐行珪書或有附益云。」又引巽岩李氏曰：「《藝文志》二十六篇，今十四篇，《崇文總目》以為其八篇亡，特存此十四篇耳。某謂劉向父子及班固所著錄者或有他本，此蓋後世所依託也。熊既年九十始遇文王，胡乃尚說三監曲阜時，何邪？又文多殘闕，卷第與目篇皆錯亂，甚者幾不可曉，而注尤謬誤，然不敢以意刪定，姑存之以俟考。」陳振孫《直齋書錄解題》道家類「鬻子」條曰：「鬻熊為周文王師，封於楚，為始祖。《漢志》云二十二篇，今書十五篇，陸佃農師所校。」又有「鬻子注」條，曰：「唐鄭縣尉逢行珪撰，止十四篇，蓋中間以二章合而為一，故視陸本又少一篇。此書甲乙篇次皆不可曉，二本前後亦不同，姑兩存之。」《四庫全書總目》卷一百十七雜家類「鬻子」條曰：「《鬻子》一卷，舊本題周鬻熊撰。《崇文總目》作十四篇，高似孫《子略》作十二篇，陳振孫《書錄解題》稱陸佃所校十五篇。此本題唐逢行珪注，凡十四篇，蓋即《崇文總目》所著錄也。考《漢書·藝文志》道家《鬻子說》二十二篇，又小說家《鬻子說》十九篇，是當時本有二書。《列子》引《鬻子》凡三條，皆黃老清靜之

〔註87〕「乃篇十有二」，《文獻通考》卷二百十一作「乃十有二篇」。

說，與今本不類，疑即道家二十二篇之文。今本所載，與賈誼《新書》所引六條文格略同，疑即小說家之《鬻子》說也。杜預《左傳注》稱鬻熊為祝融十二世孫。孔穎達疏謂不知出何書。《史記》載鬻熊子事文王早卒，其子曰熊麗，熊麗生熊狂，熊狂生熊繹。成王時舉文、武勤勞之後嗣，受封於楚。《漢書》載魏相奏記霍光稱文王見鬻子年九十餘。雖所說小異，然大約文、武時人。今其書乃有『昔者魯周公』語，又有『昔者魯周公使康叔往守於殷』語，而賈誼《新書》亦引其成王問答凡五條，時代殊不相及。劉勰《文心雕龍》云：『鬻熊知道，文王諮詢，遺文餘事，錄為《鬻子》。』則哀輯成編，不出熊手。流傳附益，或構虛詞，故《漢志》別入小說家歟？獨是偽《四八目》一書見北齊陽休之序錄，凡古來帝王輔佐有數可紀者，靡不具載。而此書所列禹七大夫皋陶、杜子業、旣子、施子黯、季子寧、然子堪、輕子玉，湯七大夫慶輔、伊尹、湟里且、東門蝡、南門蝡、西門疵、北門側，皆具有姓名，獨不見收。似乎六朝之末，尚無此本。或唐以來好事之流，依仿賈誼所引，撰為贋本，亦未可知。觀其標題甲、乙，故為佚脫錯亂之狀，而誼書所引，則無一條之偶合，豈非有心相避，而巧匿其文，使讀者互相檢驗，生其信心歟？且其篇名冗贅，古無此體，又每篇寥寥數言，詞旨膚淺，決非三代舊文。」今按：關於鬻子之文，自唐代魏徵《群書治要》、馬總《意林》鈔錄以來，明清以後皆有整理研究。今人嚴靈峰教授所編《周秦漢魏諸子知見書目》輯有鬻子歷代注疏達三十三種之多，鍾肇鵬教授撰《鬻子校理》，張京華教授撰《鬻子箋證》，可資參考。

〔二〕魏相：（？～前59）西漢濟陰定陶（今山東定陶西北）人，字翁弱。舉賢良，為茂陵令。後遷河南太守，抑制豪強勢力。宣帝即位，任大司農，遷御史大夫，建議削弱霍光家屬的權力，得到宣帝贊同。後霍氏陰謀敗露，以功為丞相，封高平侯。

〔三〕奏記：漢時向公府等長官陳述意見的文書。

〔四〕文王：即周文王姬昌，周季歷（周朝建立後，尊為王季）之子，西周奠基人。季歷死後由他繼承西伯侯之位，在位50年。商紂時為西伯侯，建國於岐山之下，積善行仁，政化大行，益行仁政，天下諸侯多歸從，子武王有天下後，追尊為文王。

〔五〕語見《全上古三代秦漢三國六朝文》卷九《鬻熊》：「昔文王見鬻子年九十，文王曰：『嘻，老矣！』鬻子曰：『若使臣捕虎逐麋，則臣已老矣；使臣坐策

國事，則臣年尚少。」因立為師。」（《意林》一、《御覽》三百八十三）

〔六〕語本《太公六韜》卷一：「文王問太公曰：『君國主民者，其所以失之者，何也？』太公曰：『不謹所與也，人君有六守、三寶。』文王曰：『六守者何也？』太公曰：『一曰仁，二曰義，三曰忠，四曰信，五曰勇，六曰謀，是謂六守。』」

〔七〕語本《太公六韜》卷二：「鷙鳥將擊，卑飛斂翼。猛獸將搏，弭耳俯伏。聖人將動，必有愚色。」

〔八〕《大誥》、《洛誥》：皆《尚書》篇名。

〔九〕語本《太公六韜》卷一：「文王曰：『立斂何若而天下歸之？』太公曰：『天下，非一人之天下，乃天下之天下也。同天下之利者則得天下，擅天下之利者則失天下。天有時，地有財，能與人共之者，仁也。仁之所在，天下歸之。免人之死、解人之難、救人之患、濟人之急者，德也。德之所在，天下歸之。與人同憂、同樂、同好、同惡者，義也。義之所在，天下赴之。凡人惡死而樂生，好德而歸利，能生利者，道也。道之所在，天下歸之。」

〔十〕《漢書・藝文志》。

〔十一〕貞元：是唐德宗李适的年號（785～805），共計21年。

〔十二〕柳伯存：即柳並，字伯存，里居及生卒年均不詳，約唐代宗大曆末前後在世。師蕭穎士，兼好黃、老。大曆中，辟河東府掌書記。遷殿中侍御史。

〔十三〕語本《全唐文》卷三百七十二《意林序》。

〔十四〕永徽：唐高宗李治的第一個年號（650～655），共計六年。

〔十五〕逢行珪：凌迪知《萬姓統譜》稱行珪為隋時人，而晁、陳諸家皆謂行珪官華州鄭縣尉，其書進於永徽四年，則已在唐高宗時矣。（見《欽定天祿琳琅書目》卷九）

〔十六〕唐逢行珪《進鬻子表》：「臣行珪言：臣聞結繩以往，書疏蔑然，文字之初，教義斯起。記言之史設，褒貶之跡聿興；書事之官置，勸誡之門由啟。於是國版稠疊，謨訓昭彰，唱贊之道以弘，闡揚之理茲暢。德業彌縟，英華日新，雕琢性情，振其徽烈。逮乎周文作聖，鬻子稱賢，意合道同，實申師傅。鬻子以文王降己，大啟心期，明宣布政之方，廣立輔成之策，足使萬機留想，一代咸休。稽古有宗，發明耳目，尋其著述之旨，探其斥救之辭，莫不原道心以裁章，研神理而啟沃，彌綸彝訓，經緯區中，不徒贊說微言，務於遺翰而已。鬻熊為諸子之首，文王則聖德之宗，熊既文王之師，書乃政教之體。

雖篇軸殘缺，提舉猶備紀綱，譬彼盤盂，發揚有愈。臣家傳儒素，積習忠良，睹明主奉師之蹤，覽賢者盡義之道，循環徵究，妙極機神。敢率至愚，為之注解。研覃析理，以敘私情，剪截浮辭，用申狂瞽。伏惟陛下則天垂訓，越極宣風，稽太上之至和，興帝王之炯誡。股肱諒直，獻替無疑，大舉賢良，寧濟區宇，四海革面，八表宅心，務本修文，垂拱無事。臣以草萊卑賤，識度庸淺。荷堯沐舜，擊壤詛歌，周施政教之端，屬聽太平之詠。志存綴輯，以述矢言，簡牘難周，辭意斯拙。謹以繕寫，奉獻闕庭，庶日昭明，布餘暉於漏隙；時雨咸洎，灑餘潤於纖枯。望希塵露之資，豈議沉舟之楫。天威咫尺，神魄震驚。謹上表以聞，伏聽慈旨。謹言。永徽四年十一月二十六日，華州鄭縣尉臣逢行珪上。」逢行珪《鬻子序》：「鬻子名熊，楚人。周文王之師也。年九十見文王，王曰：『老矣！』鬻子曰：『使臣捕獸逐麋，已老矣，使臣坐策國事，尚少也。』文王師之，著書二十二篇，名曰《鬻子》。子者，男子之美稱。賢不逮聖，不以為經，用題紀標『子』，因據劉氏九流即道流也。遭秦暴亂，書記略盡。《鬻子》雖不預焚燒，編秩由此殘缺。依《漢書‧藝文志》雖有六篇，今此本乃有十四篇，未詳孰是。篇或錯亂，文多遺闕。敷演大道，銓撰明史，闡域中之教化，論刑德之是非，雖卷軸不全，而其門可見。然鄧林之枝，荊山之玉，君子餘文可得觀矣。鬻子博懷道德，善謀政事，故使周文屈節，大聖諮詢，情存帝王之道，辭多斥救之要。理致通遠，旨趣恢弘，實先達之奧言，為諸子之首唱。織組仁義，經緯家邦，垂勸誡之風，陳弘濟之術，王者覽之可以理國，吏者遵之可以從政，足使賢者勵志，不肖者滌心。語曰：『《詩》三百，一言以蔽之，曰思無邪。』言而不朽，可為龜鏡。鬻子論道，無邪之謂歟？幸以休務之隙，披閱子史，而書籍實繁，不能精備。至於此子，頗復留心。尋其立跡之端，探其闡教之旨，豈如寓言迂恢馳術飛辯者矣？亦乃字重千金，辭高萬歲。聊為注解，略起指歸，馳心於萬古之上，寄懷於千載之下，庶垂道見志，懸諸日月，將來君子，幸無忽焉。」

太公金匱六韜〔一〕

《詩》曰：「維師尚父，時維鷹揚，諒彼武王，肆伐大商，會朝清明。」〔二〕鄭康成〔三〕稱其「天期已至，兵甲之疆，師率之武，故今伐商，合兵以清明也」。〔四〕《牧誓》曰：「時甲子昧爽，武王朝至於商郊

牧野。」〔五〕與《詩》合也。武王之問太公曰：「何以知人心？」〔六〕王時寢疾〔七〕，太公負而起之曰：「行迫矣，勉之。」武王乃駕鷙冥之車〔八〕，周旦〔九〕為之御，至於孟津〔十〕。大〔註88〕黃〔十一〕參連弩〔十二〕，大才扶胥車戰具、飛鳧赤莖白羽，以銅為首、電影青莖赤羽，以銅為首，副也。晝則為光，夜則為星、方頭鐵鎚重六斤，一名鐵鉞、行馬廣二丈，二十具、渡溝飛橋廣五丈，轉關鹿盧、鷹爪方凶鐵把柄長七尺、天陣日月斗杓，杓一左一右，一仰一背，此為天陣、地陣丘陵水泉，有左、右、前、後之利、人陣車馬文武、積楒臨衡〔註89〕攻具，雲梯〔十三〕飛樓〔十四〕視城中也、武衡大櫓三軍〔十五〕所須、雲火萬炬火具，吹鳴箛〔十六〕。〔十七〕審此，則康成所曰「兵甲之疆，師率之武」，為可考歟？亦《詩》所謂「檀車煌煌，駟騵彭彭」〔十八〕者也。又考諸武王曰：「殷可伐乎？」太公曰：「天與不取，反受其咎。」〔十九〕武王又曰：「諸侯已至，士民何如？」太公曰：「大道無親，何急於元士。」〔二十〕武王又曰：「民吏未安，賢者未親，何如？」太公曰：「無故無新〔註90〕，如天如地。」〔二一〕其言若有合於《書》者。《詩》之上章曰：「保右命爾，燮伐大商」，「上帝臨汝，無貳爾心」〔二二〕。此之謂歟〔註91〕？

【集釋】

〔一〕《文獻通考》引《周氏涉筆》曰：「謂太公為兵家之祖，自漢人已然。本無所稽，僅以陰符有託而云爾。太公遇文王事，尚未足信，況談兵哉？周詩『鷹揚』外無他語。……《六韜》不知出何時，其屑屑共議，以家取國，以國取天下，殆似丹徒布衣太原宮監所經營者。」又引水心葉氏曰：「自《龍韜》以後四十三篇，條畫變故，預設方御，皆為兵者所當講習。孫子之論至深不可測，而此四十三篇，繁悉備舉，似為孫子義疏也。其書言避正殿，乃戰國後事，固當後於孫子。……至莊周亦稱九徵，則真以為太公所言矣。然周嫚侮為方術者，而不悟《六韜》之非偽，何也？蓋當時學術無統，諸子或妄相詆訾，或偶相崇，出於率爾，豈足據哉？」陳振孫《直齋書錄解題》兵書類曰：「《六韜》六卷，武王太公問答。其辭鄙俚，世俗依託也。」宋趙希弁《郡

〔註88〕「大」，四庫本作「太」。
〔註89〕「衡」，學津本、四庫本、四部本、叢編本作「沖」。
〔註90〕「新」，《文獻通考》卷二百二十一作「親」。
〔註91〕「歟」，《文獻通考》卷二百二十一作「也」。

齋讀書後志》卷二兵家類著錄《六韜》六卷，曰：「《漢藝文志》無此書，梁隋唐始著錄。分文、武、龍、虎、豹、犬六目，兵家權謀之書也。」宋王應麟《漢藝文志考證》卷五：「今《六韜》六卷六十篇，《尚書正義》以為後人所作，非實事也。《館閣書目》謂《周史六弢》恐別是一書。(《通鑒外紀》云：「志在儒家，非兵書也。今《六韜》文王武王問太公兵戰之事，其言鄙里煩雜，不類太公之語，蓋後人依託為之。」)唐氏曰：春秋以前中國未有騎戰，計必起於戰國之時。今《六韜》言其戰最詳，決非太公所作，當出於孫、吳之後，謀臣策士之所託也。」《四庫全書總目》卷九十九兵家類云：「《六韜》六卷。舊本題周呂望撰。考《莊子‧徐无鬼篇》，稱《金版六韜》。《經典釋文》曰：『司馬彪、崔撰雲，金版六韜皆《周書》篇名，本又作《六韜》，謂太公六韜：文、武、虎、豹、龍、犬也。』案：今本以文、武、龍、虎、豹、犬為次，與陸德明所注不同。未詳孰是，謹附識於此。則戰國之初，原有是名。然即以為《太公六韜》，未知所據。《漢書‧藝文志》兵家不著錄，惟儒家有《周史六韜》六篇。班固自注曰：『惠、襄之間，或曰顯王時，或曰孔子問焉。』則《六韜》別為一書。顏師古注，以今之《六韜》當之，毋亦因陸德明之說，而牽合附會歟？《三國志‧先主傳注》，始稱『間暇歷觀諸子及《六韜》、《商君書》，益人志意。』《隋志》始載《太公六韜》五卷，注曰：『梁六卷，周文王師姜望撰。』唐、宋諸志皆因之。今考其文，大抵詞意淺近，不類古書。中間如避正殿，乃戰國以後之事。將軍二字，始見《左傳》，周初亦無此名。案：《路史》有『虞舜時伯益為百蟲將軍』之語。雜說依託，不足為據。其依託之跡，灼然可驗。又《龍韜》中有《陰符》篇云：『主與將有陰符凡八等，克敵之符長一尺，破軍之符長九寸，至失利之符長三寸而止。』蓋偽撰者不知陰符之義，誤以為符節之符，遂粉飾以為此言，尤為鄙陋。殆未必漢時舊本。故周氏《涉筆》謂『其書並緣吳起，漁獵其詞，而綴輯以近代軍政之浮談，淺駁無可施用。』胡應麟《筆叢》亦謂『其《文伐》、《陰書》等篇為孫、吳、尉繚所不屑道。』然晁公武《讀書志》稱『元豐中，以《六韜》、《孫子》、《吳子》、《司馬法》、《黃石公三略》、《尉繚子》、《李衛公問對》頒行武學，號曰七書。』則其來已久，談兵之家，恒相稱述。」《四庫全書簡明目錄》卷九兵家類亦云：「《六韜》六卷，舊本題周呂望撰。其文義不類三代，蓋因《莊子》『金版六弢』之語而附會成書，然陸德明《莊子釋文》謂太公六韜文、武、虎、豹、龍、犬也，則其偽在陳、隋以前矣。」

今按：《文選注》引《七略》曰：「《太公金版玉匱》，雖近世之文，然多善者。」是其書本名《金版》，亦名《金版玉匱》；本是周書，亦言太公，後人還稱《太公金匱》。《太公金匱》一書今已不存，清儒洪頤煊、嚴可均皆有輯佚本。

〔二〕語本《詩經‧大雅‧大明》。

〔三〕鄭康成：即鄭玄（127～200），字康成，東漢北海高密（今山東）人。曾入太學學今文《易》和公羊學，又從張恭祖學《古文尚書》、《周禮》、《左傳》等，最後從馬融學古文經。遊學歸里後，聚徒講學，弟子眾至數百千人。因黨錮事被禁，潛心著述，以古文經說為主，兼採今文經說，融會貫通，遍注群經，成為漢代經學的集大成者，稱鄭學。今通行本《十三經注疏》中的《毛詩》、《三禮》注，即採用鄭注。

〔四〕語本《詩經‧大雅‧大明》，鄭玄箋：「以天期已至，兵甲之疆，師率之武，故今伐殷，合兵以清明。」

〔五〕語本《尚書‧牧誓》：「時甲子昧爽，王朝至於商郊牧野，乃誓。」

〔六〕《六韜》卷四《壘虛》第四十二：「武王問太公曰：『何以知敵壘之虛實自來自去？』太公曰：『將必上知天道，下知地理，中知人事。登高下望，以觀敵之變動。望其壘則知其虛實，望其士卒則知其來去。』武王曰：『何以知之？』太公曰：『聽其鼓無音、鐸無聲，望其壘上多飛鳥而不驚，上無氛氣，必知敵詐而為偶人也。敵人卒去不遠未定而復反者，彼用其士卒太疾也。太疾則前後不相次，不相次則行陣必亂。如此者，急出兵擊之，以少擊眾，則必敗矣。』」

〔七〕寢疾：臥病。

〔八〕鶩冥之車：疑指急速奔馳、冥行不息之馬車。「之車」，清嚴可均《全上古三代秦漢三國六朝文》全上古三代文卷六引《北堂書鈔》十三作「之乘」。

〔九〕周旦：即周公姬旦。

〔十〕孟津：古黃河津渡名。在今河南省孟津縣東北、孟縣西南。相傳周武王在此盟會諸侯並渡河，故一名盟津。一說本作盟津，後訛作孟津。為歷代兵家爭戰要地。

〔十一〕大黃：弓名。

〔十二〕連弩：裝有機栝，可以同發數矢或連發數矢之弓。

〔十三〕雲梯：古代攻城時攀登城牆的長梯。

〔十四〕飛樓：攻城用的一種樓車。

〔十五〕三軍：周制，諸侯大國三軍。中軍最尊，上軍次之，下軍又次之。一軍一萬
　　　　二千五百人，三軍合三萬七千五百人。

〔十六〕箛：樂器名。即笳。《說文·竹部》：「箛，吹鞭也。」桂馥義證引《漢舊注》：
　　　　「箛，號曰吹鞭，箛即笳也。」

〔十七〕從「王時寢疾」至「吹鳴箛」，語見《全上古三代秦漢三國六朝文》卷六《犬
　　　　韜》：「武王寢疾十日，太公負王，乃駕鸞冥之車（《北堂書鈔》十三作『之
　　　　乘』），周旦為御，至於孟津。大黃參連弩，大才扶胥車（並，戰具也），飛
　　　　鳧（赤莖白羽，以鐵為首）電影（青莖赤羽，以銅為首副也。晝則為光，夜
　　　　則為星），方頭鐵槌（重八斤，亦軍備也），大柯斧（重八斤，一名鐵鉞，軍
　　　　備也），行馬（廣二丈，二十具），渡溝飛橋（廣五丈，轉關鹿盧，八具），
　　　　天船（一名天潢，以濟大水也），鷹爪方胸鐵杷（柄長七尺），天陣（日月斗
　　　　柄，杓一左一右，一仰一背，此為天陣），地陣（丘陵水泉，有左右前後之
　　　　利），人陣（車馬文武），積楹臨沖（攻城、國邑），雲梯飛樓（視城中也），
　　　　武衛大櫓（三軍所須），雲火萬炬（以防火也），吹鳴箛（作威，萬具也。《御
　　　　覽》三百六十七案此所陳器具，《軍用篇》有其半）。」

〔十八〕語本《詩經·大雅·大明》。

〔十九〕語見《意林》卷一：「武王問太公曰：『殷已亡其三人，今可伐乎？』太公
　　　　曰：『臣聞之，知天者不怨天，知己者不怨人，先謀後事者昌，先事後謀者
　　　　亡；且天與不取，反受其咎。時至不行，反受其殃。』」

〔二十〕語見《太平御覽卷》三百二十九：「武王伐紂，諸侯已至，未知士民何如？
　　　　太公曰：『天道無親，今海內陸沉於殷久矣，百姓可與樂成，難與慮始。』」

〔二一〕語見《意林》卷一：「武王平殷，還問太公曰：『今民吏未安，賢者未定，如
　　　　何？』太公曰：『無故無新，如天如地。得殷之財，與殷之民共之，則商得
　　　　其賈，農得其田也。一目視則不明，一耳聽則不聰，一足步則不行，選賢自
　　　　代，上下各得其所。』」

〔二二〕以上二語皆本《詩經·大雅·大明》。

孔叢子〔一〕

　　《漢藝文志》無《孔叢子》，而《孔甲盤盂》二十六篇出於雜家〔二〕，
而又益以《連叢》，其《獨治篇》稱孔鮒〔三〕一名甲，世因曰「孔叢子」。
《盤盂》者，其事雜也。《漢書注》〔四〕又以孔甲為黃帝之史，或夏帝

時人，篇第又不同，若非今《孔叢子》也。《記問篇》載子思〔五〕與孔子問答，如此，則孔子時子思其已長矣，然《孔子家語》〔六〕後敘〔註92〕及《孔子世家》皆言子思年止六十二，孟子以子思在魯穆公〔七〕時，固常師之，是為的然〔八〕矣。按孔子沒於哀公〔九〕十六年，後十六年哀公卒，又悼公〔十〕立三十七年，元公〔十一〕立二十一年。穆公既立，距孔子之沒七十年矣。當是時，子思猶未生，則問答之事，安得有之耶〔註93〕？此又出於後人綴集之言，何其無所據若此！好古之癖，每有悅乎異帙奇篇，及觀其辭、考其事，則往往差謬而同異〔十二〕。嗚呼！夫子沒而微言〔十三〕絕，異端起而大義〔十四〕乖，皆苟簡〔十五〕於一時，而增疑於來世一〔註94〕，故為學者捨六經何師焉？

【集釋】

〔一〕《朱子語錄》曰：「《家語》雜記得不純，卻是當時書。《孔叢子》是後來自撰出。」又曰：「漢卿問孔子順許多話，卻好，曰出於《孔叢子》，不知是否。只《孔叢子》說話多類東漢人，其文氣軟弱，全不似西漢文字，兼西漢初若有此等話，何故略不見於賈誼、董仲舒所述，恰限到東漢方突出來，皆不可曉。」明王禕《大事記續編》卷三：「《孔叢子》偽書也，不足據。」《四庫全書總目》卷九十一：「《孔叢子》三卷。舊本題曰孔鮒撰。所載仲尼而下子上、子高、子順之言行凡二十一篇，又以孔臧所著賦與書上下二篇附綴於末，別名曰《連叢》。鮒字子魚，孔子八世孫。仕陳涉為博士。臧，高祖功臣孔聚之子，嗣爵蓼侯。武帝時官太常。其書《文獻通考》作七卷。今本三卷，不知何人所併。晁公武《讀書志》云：『《漢志》無《孔叢子》，儒家有《孔臧》十篇，雜家有孔甲《盤盂書》二十六篇，其《獨治篇》，鮒或稱孔甲。意者孔叢子即孔甲，《盤盂》、《連叢》即《孔臧書》。』案《漢書・藝文志》顏師古注，謂孔甲，黃帝之史，或云夏后孔甲，似皆非。則《孔叢》非《盤盂》。又《志》於儒家《孔臧》十篇外，詩賦家別出《孔臧賦》二十篇，今《連叢》有賦，則亦非儒家之孔臧。公武未免附會。《朱子語類》謂：『《孔叢子》文氣軟弱，不似西漢文字，蓋其後人集先世遺文而成之者。』陳振孫《書錄解題》亦謂：『案孔光傳，孔子八世孫鮒，

〔註92〕「敘」，《文獻通考》卷二百九作「序」。
〔註93〕「耶」，《文獻通考》卷二百九作「邪」。
〔註94〕「一」，學津本、四庫本、四部本、叢編本、四明本作「也」。

魏相順之子，為陳涉博士，死陳下，則固不得為漢人。而其書記鮒之沒，則又安得以為鮒撰？」其說當矣。《隋書·經籍志》論語家有《孔叢》七卷，注曰：『陳勝博士孔鮒撰』。其序錄稱《孔叢家語》，並孔氏所傳仲尼之旨，則其書出於唐以前。然《家語》出王肅依託，《隋志》既誤以為真，則所云《孔叢》出孔氏所傳者，亦未為確證。朱子所疑，蓋非無見。即如『《舜典》「禋於六宗」，何謂也？子曰：「所宗者六，皆潔祀之也，埋少牢於泰昭，所以祭時也；祖迎於坎壇，所以祭寒暑也；主於郊宮，所以祭日也；夜明，所以祭月也；幽禜，所以祭星也；雩禜，所以祭水旱也。禋於六宗，此之謂也。」』其說與偽《孔傳》、偽《家語》並同，是亦晚出之明證也。其中第十一篇即世所傳《小爾雅》，注疏家往往引之。然皆在晉、宋以後，惟《公羊傳·疏》所引賈逵之說，謂『俗儒以六兩為鋝』，正出此書，然謂之『俗儒』，則非《漢·藝文志》之《小爾雅》矣。」今按：關於《孔叢子》一書的真偽問題，詳參孫少華之博士論文《孔叢子研究》（中國社科出版社 2011 年版）。

〔二〕雜家：戰國末至漢初折衷和糅合各派學說的學派，為九流之一。亦指此派學者。代表著作有《呂氏春秋》和《淮南子》。《漢書·藝文志》：「雜家者流，蓋出於議官，兼儒、墨，合名、法，知國體之有此，見王治之無不貫，此其所長也。」

〔三〕孔鮒（約前 264～前 208），字甲，秦末人，孔子後裔，居於魏國。陳勝領導農民起義，他也從軍反秦，為博士。後與陳勝俱死於陳。

〔四〕《漢書注》：唐顏師古注解《漢書》的著作，該書吸取了漢魏以來二十三家注的成果，校勘文字，考訂史實，糾正舊說，訓釋疑難，在文字、音韻、訓話以及其他學科方面都有很高的價值。

〔五〕子思（前 483 年～前 402 年），名孔伋，字子思，孔子嫡孫，為春秋戰國時期著名的思想家。子思受教於孔子的高足曾參，孔子的思想學說由曾參傳子思，子思的門人再傳孟子。後人把子思、孟子並稱為思孟學派，因而子思上承曾參，下啟孟子，在孔孟「道統」的傳承中有重要地位。

〔六〕《孔子家語》一書，最早著錄於《漢書·藝文志》，凡二十七卷，孔子門人所撰。《孔子家語》其書早佚。唐顏師古注《漢書》時，曾指出二十七卷本「非今所有家語」。顏師古所云今本《孔子家語》，乃三國時魏王肅收集並撰寫的十卷本。今按：此書真偽目前仍然沒有定論。

〔七〕魯穆公（？～前 376），戰國初魯國國君，是魯國第二十九任君主。他為魯元
　　　公兒子，在位 33 年。

〔八〕的然：明顯貌。

〔九〕哀公：即魯哀公（？～前 468），名蔣，為春秋諸侯國魯國君主之一，是魯國
　　　第二十六任君主。他為魯定公兒子，承襲魯定公擔任魯國君主，在位 27 年。

〔十〕悼公：即魯悼公（前 467 年～前 437 年），春秋諸侯國魯國君主之一，是魯
　　　國第二十七任君主。他為魯哀公兒子，承襲魯哀公擔任該國君主，在位 31
　　　年。

〔十一〕元公：即魯元公（前 436 年～前 416 年），東周諸侯國魯國君主之一，是魯
　　　　國第二十八任君主。他是魯悼公兒子，承襲魯悼公擔任該國君主，在位 21
　　　　年。

〔十二〕同異：謂差異，不同。

〔十三〕微言：精深微妙的言辭。

〔十四〕大義：正道；大道理。

〔十五〕苟簡：草率而簡略。

曾　子〔一〕

　　《曾子》者，曾參〔二〕與其弟子公明儀〔三〕、樂正子春〔四〕、單居
離〔五〕、曾元〔六〕、曾華〔七〕之徒講論孝行之道、天地事物之原，凡十
篇。自《修身》至於《天圓》，已見於《大戴禮》〔八〕，篇為四十九、為
五十八。它〔註 95〕又雜見於《小戴禮》〔九〕，略無少異，是固後人掇拾
以為之者歟？劉中壘父子〔十〕秦、漢《七略》已不能致辨於斯，況他人
乎？然董仲舒〔十一〕對策已引其言，有曰：「尊其所問〔註 96〕則高明，
行其所知則光大」〔十二〕。則書固在董氏之先乎？又其言曰：「君子愛日，
及時而成，難者不避，易者不從。且〔註 97〕就業〔十三〕，夕自省，可謂
守業。年三十、四十無藝〔十四〕，則無藝矣。五十不以善聞，則無聞矣。
質〔十五〕者〔註 98〕吾自三省吾身，何其辭費耶？」〔十六〕予續〔註 99〕先太

〔註 95〕「它」，學津本、四庫本、四部本、叢編本、四明本作「他」。
〔註 96〕「問」，學津本、四庫本、四部本、叢編本、四明本作「聞」。
〔註 97〕「且」，學津本、四庫本、四部本、叢編本、四明本作「旦」。
〔註 98〕「者」，四庫本作「諸」。
〔註 99〕「續」，學津本、四庫本、四部本、叢編本、四明本作「讀」。

史〔十七〕《史記注‧七十二弟子傳》「參，字子輿」，晉灼〔十八〕讀音如「宋昌〔十九〕驂乘〔二十〕」之「參」，因並及之。

【集釋】

〔一〕晁公武《郡齋讀書志》曰：「曾子者，魯曾參也。舊稱曾參所撰。其《大孝篇》中乃有樂正子春事，當是其門人所纂爾。《漢‧藝文志》：《曾子》十八篇；《隋志》：《曾子》二卷、目一卷；《唐志》：《曾子》二卷。今此書亦二卷，凡十篇，蓋唐本也。視漢亡八篇，視隋亡目一篇。考其書俱已見於《大戴禮》，世人久不讀之，文字謬誤為甚，乃以《大戴禮》參校之，其所是正者至於千有餘字云。」《文獻通考》引《周氏涉筆》曰：「《曾子》一書，議道褊迫，又過於荀卿，蓋戰國時為其學者所論也。孔子言七十而從心所欲，不逾矩，正指聖境妙處。此書遽謂七十而未壞，雖有後過，亦可以免。七十而壞與否，已不置論，而何以為過，何以為免。聖門家法無此語也。」《四庫全書總目》卷九十五云：「《曾子全書》三卷。明曾承業編。承業為曾子六十二代孫，序稱博士，蓋襲職之宗子也。案宋汪晫嘗輯《曾子》一卷，分十二篇，割裂補綴，已非唐以來之舊本。是編又分主言一篇為卷一，修身、事父母、制言上、中、下、疾病、天圓七篇為卷二，本孝、立孝、大事三篇為卷三。與王應麟《玉海》所云今十篇，自《修身》至《天圓》皆見於《大戴禮》者，又多出《主言》一篇，而分合迥異，不知其何所依據？殆亦以意為之也。」

〔二〕曾參：即曾子（前505～前435），姓曾，名參，字子輿，春秋末年魯國南武城（今山東嘉祥縣）人。十六歲拜孔子為師，他勤奮好學，頗得孔子真傳。積極推行儒家主張，傳播儒家思想。孔子的孫子孔伋（字子思）師從曾參，又傳授給孟子。因之，曾參上承孔子之道，下啟思孟學派，對孔子的儒學學派思想既有繼承，又有發展和建樹。曾參是孔子學說的主要繼承人和傳播者，在儒家文化中具有承上啟下的重要地位。

〔三〕公明儀：戰國時魯國商武城人，孔子弟子子張之門人。曾問孝於曾子。子張死，按師禮送喪。

〔四〕樂正子春：春秋時魯國人，曾參弟子。

〔五〕單居離：曾參弟子。

〔六〕曾元：戰國時魯國人，曾參子。

〔七〕曾華：戰國時魯國人，曾參子。

〔八〕《大戴禮》：西漢經學家戴德闡釋《禮》的著作，共85篇，現存35篇。

〔九〕《小戴禮》：西漢經學家戴聖闡釋《禮》的著作，共49篇。該書原為解說《儀禮》的資料彙編，後經鄭玄作注，使它擺脫從屬於《儀禮》的地位而獨立城書，成為今本《禮記》。

〔十〕劉中壘父子：即漢代文獻學家劉向、劉歆父子。劉向（約前77～前6），原名更生，字子政，沛縣（今屬江蘇）人。後改名為向，官至中壘校尉。曾奉命領校秘書，所撰《別錄》，為我國目錄學之祖。

〔十一〕董仲舒：（前179～前104），西漢廣川郡（今河北省景縣）人。專治《春秋公羊傳》。曾任博士、江都相和膠西王相。著有《春秋繁露》及《董子文集》。

〔十二〕見《漢書》卷五十六《董仲舒傳》：「曾子曰：『尊其所聞，則高明矣；行其所知，則光大矣。高明光大，不在於它，在乎加之意而已。』」

〔十三〕就業：求學。

〔十四〕藝：技藝；才能。

〔十五〕質：誠信；真實。

〔十六〕從「君子愛日」至「何其辭費耶」，語本《大戴禮記·曾子本事》：「曾子曰：『君子愛日以學，及時以行。難者弗闢，易者弗從，唯義所在。日旦就業，夕而自省思，以歿其身，亦可謂守業矣。』」

〔十七〕先太史：西漢史學家司馬遷。

〔十八〕晉灼：西晉河南人，為尚書郎。集《漢書》諸家注為一部，以意增益，辯其當否，成《漢書集注》。

〔十九〕宋昌：西漢人。以家吏從劉邦起於山東，為代王中尉。呂后八年，周勃、陳平等誅諸呂，使人迎立代王。後拜為衛將軍，封壯武侯。

〔二十〕驂乘：陪乘或陪乘的人。

魯仲連子

仲連〔一〕生戰國間，可謂大不幸者矣。有其材即無其時，有其時無其事業〔二〕，此志士之所共嗟也。若其辭氣雋放，倜儻〔三〕磊落，琅琅乎誓、誥之風。遺燕將一書，有曰：「智者不背時〔四〕而棄利，勇士不怯死以滅名，忠臣不先身而後君。」〔五〕辭旨激亮，隱然出乎戰國之表，其義高矣。《□〔註100〕記》傳仲連，言其莫肯干〔六〕仕。嗚呼，當是時，

〔註100〕「□」，百川本、學津本、四庫本、四部本、叢編本、四明本作「史」。

士掉三寸□〔註101〕，得意天下，一言捭闔〔七〕，取富貴如拾芥，往往挾詐尚□〔註102〕，揉轖〔註103〕於名利之場，如恐不及。仲連智謀辯勇，非儀〔八〕、□〔註104〕〔九〕、髡〔十〕、衍〔十一〕輩可伍，因事抗議〔十二〕，切中事機，排難解紛，迎刃□〔註105〕破，心畏爵賞，如逝鴻避弋，連之意沉冥斯世久矣。□〔註106〕連可縻〔十三〕，不過相齊耳。天下諸侯方仄足〔十四〕惴惴，將一□〔註107〕秦，亦豈一齊所可亡秦者？逃歸海上，瞭焉蓍龜，茲□〔註108〕所以大過人歟？戰國以來，一人而已。

【集釋】

〔一〕仲連：（約前305～前245），戰國末期齊國人，又叫做魯仲連子、魯連子和魯連。高節不仕，喜排難解紛。趙孝成王七年，遊趙，適秦圍邯鄲急。魏使新垣衍請尊秦昭王為帝，仲連與之辯析利害，堅不帝秦，會魏援軍至，秦軍退。其後，齊將田單復齊地攻聊城不克。仲連為燕守將陳說利害，不戰而下之。單言於齊王，欲賞以爵，仲連逃隱海上以終。

〔二〕事業：所營謂之事，事成謂之業。

〔三〕倜儻：卓異，不同尋常。

〔四〕背時：違背時勢；不合時宜。

〔五〕語本《史記》卷八十三《魯仲連鄒陽列傳》：「遺燕將書曰：『吾聞之，智者不倍時而棄利，勇士不怯死而滅名，忠臣不先身而後君』。」

〔六〕干：求；請求。

〔七〕捭闔：猶開合。本為戰國時縱橫家分化、拉攏的游說之術。後亦泛指分化、拉攏。

〔八〕儀：即張儀（？～前309），魏國大梁（今河南開封市）人，魏國貴族後裔，曾隨鬼谷子學習縱橫之術。其主要活動應在蘇秦之前，是戰國時期著名的政治家、外交家和謀略家。

〔註101〕「□」，百川本、學津本、四庫本、四部本、叢編本、四明本作「舌」。
〔註102〕「□」，百川本、學津本、四庫本、四部本、叢編本、四明本作「謀」。
〔註103〕「揉轖」，學津本、四庫本、叢編本作「踩轖」，四部本作「踩躪」。
〔註104〕「□」，百川本、學津本、四庫本、四部本、叢編本、四明本作「秦」。
〔註105〕「□」，百川本、學津本、四庫本、四部本、叢編本、四明本作「而」。
〔註106〕「□」，百川本作「仲」，學津本、四庫本、四部本、叢編本、四明本作「使」。
〔註107〕「□」，百川本、學津本、四庫本、四部本、叢編本、四明本作「於」。
〔註108〕「□」，百川本、學津本、四庫本、四部本、叢編本、四明本作「其」。

〔九〕秦：即蘇秦（？～前284），字季子，戰國時東周洛陽人。師鬼谷子，習縱橫家言。早年游說諸侯，後為燕昭王謀劃，使齊、趙交惡，並使齊疲於外戰。齊愍王末年又為齊相，秦昭王約齊愍王並稱東西帝，蘇秦勸齊王取消帝號。與趙相李兌約燕、齊、韓、趙、魏合縱攻秦，趙封其為武安君，迫秦廢帝號。後燕將樂毅大舉破齊，蘇秦以反間罪，被車裂而死。

〔十〕髡：淳于髡，戰國時期齊國人，齊威王用為客卿。他學無所主，博聞強記，能言善辯。

〔十一〕衍：鄒衍，齊國人。生卒年不詳，他活動的時代後於孟子，與公孫龍、魯仲連是同時代人。齊宣王時，鄒衍就學於稷下學宮，始學儒術，繼攻陰陽五行學說，終以儒術為其旨歸。

〔十二〕抗議：進言；獻議。

〔十三〕縻：拴縛，束縛，牽制。

〔十四〕仄足：側足。

晏子春秋〔一〕

　　孔子刪《詩》而《魯頌》居《周》、《商》之中，孔子定《書》而《費誓》、《秦誓》在《周書》之後，下僭上，臣逼君，禮義銷微，制度掃地，聖人無所施其正救，而猶惓惓於《詩》、《書》。至於世日益亂，分日益陵〔二〕，三綱五常〔三〕，斫喪乖紊，天地之變，有不可勝言者，而《春秋》作矣。《春秋》所書，莫大於齊、晉之霸。齊、晉之霸，莫雄於管仲〔四〕之謀。周室法度，為之蕩然。其為術至慘也、至無道也，其遺患天下後世者，仲也。三歸、反坫〔註109〕，仲於禮也何有？以此謀國，國安得正？而況背義違禮，桓公〔五〕唯甚。君臣之際，不亦陋乎？不特是也。自太公疆於齊，至於宣公〔六〕，蓋二十三傳矣，而弒死十有一。嗚呼，何其甚亂也！獻公〔七〕殺其兄，襄公〔八〕淫其妹，懿公〔九〕、宣公皆以淫惡而見弒。當是時，禮亡義隳，豈復知有君臣上下之分哉？在景公〔十〕時，齊之為齊，趨於弱、入於危矣。公燕〔十一〕群臣，請無為禮，是何其言之謬、法之蕩也！晏子〔十二〕蹴然〔十三〕進曰：

〔註109〕「坫」，學津本、四庫本、四部本、叢編本、四明本作「坫」。今按：坫，土築的平臺。互相敬酒後，把空酒杯放還在坫上，為周代諸侯宴會時的一種禮節。《論語‧八佾》：「邦君為兩君之好，有反坫。」何晏集解引鄭玄注：「反坫，反爵之坫，在兩楹之間。」

「君言過矣，群臣固欲君之棄禮也。力強足以勝其長，勇多足以殺其君，而禮不使也。」戰國之污，有臣如此，亦庶幾焉。然而田氏之宗，世世齊政，賣恩斂惠，以懷其民，民亦忘齊而歸田氏。禮之素蕩、義之素隳，魚爛冰銷〔十四〕，有不可禦。誦晏子之語，究晏子之心，豈不哀哉？《孟子》曰：「一齊人傅之，眾楚人咻之」〔註110〕〔十五〕。

【集釋】

〔一〕《隋志》儒家類著錄《晏子春秋》七卷，新舊《唐志》同，《宋志》十二卷。《四庫全書總目》卷五十七云：「《晏子春秋》八卷。舊本題齊晏嬰撰。晁公武《讀書志》，嬰相景公，此書著其行事及諫諍之言。《崇文總目》謂後人採嬰行事為之，非嬰所撰。然則是書所記，乃唐人《魏徵諫錄》、《李絳論事集》之流，特失其編次者之姓名耳。題為嬰者，依託也。其中如王士禛《池北偶談》所摘齊景公園人一事，鄙倍荒唐，殆同戲劇，則妄人又有所竄入，非原本矣。劉向、班固俱列之儒家中。惟柳宗元以為墨子之徒有齊人者為之，其旨多尚兼愛，非厚葬久喪者，又往往言墨子聞其道而稱之。薛季宣《浪語集》又以為《孔叢子·詰墨》諸條今皆見《晏子》書中，則嬰之學實出於墨。蓋嬰雖略在墨翟前，而史角止魯，實在惠公之時，見《呂氏春秋·仲春記·當染篇》，故嬰能先宗其說也。其書自《史記·管晏列傳》已稱為《晏子春秋》，故劉知幾《史通》稱晏子、虞卿、呂氏、陸賈，其書篇第本無年月，而亦謂之《春秋》。然《漢志》惟作《晏子》，《隋志》乃名《春秋》，蓋二名兼行也。《漢志》、《隋志》皆作八篇，至陳氏、晁氏書目乃皆作十二卷，蓋篇帙已多有更改矣。此為明李氏綿眇閣刻本。內篇分諫上、諫下、問上、問下、雜上、雜下六篇，外篇分上、下二篇，與《漢志》八篇之數相合。若世所傳烏程閔氏刻本，以一事而內篇、外篇復見。所記大同小異者，悉移而夾註內篇下，殊為變亂無緒。今故仍從此本著錄，庶幾猶略近古焉。」

〔二〕陵：同凌，凌亂。

〔三〕三綱五常：君為臣綱、父為子綱、夫為妻綱，合稱三綱。班固《白虎通·三綱六紀》：「三綱者，何謂也？君臣、父子、夫婦也。」五常即五典，謂父義、母慈、兄友、弟恭、子孝，五者人之常行。

〔註110〕四庫本下有「此之謂也」四字。

〔四〕管仲：（約前723或前716～前645），姬姓，管氏，名夷吾，謚曰「敬仲」，齊國潁上（今安徽潁上）人，史稱管子。

〔五〕桓公：即魯桓公（？～前694年）姬允，一名軌，魯惠公之子，魯隱公之弟。春秋時期魯國第十五代國君。

〔六〕宣公：即魯宣公姬餒，魯文公之子，春秋時期諸侯國魯國第二十任君主。

〔七〕獻公：即魯獻公姬具，魯厲公之子，西周時期諸侯國魯國第七任君主。

〔八〕襄公：即魯襄公（前575～前542）姬午，魯成公之子，春秋時期諸侯國魯國的第二十二代君主。

〔九〕懿公：即魯懿公姬戲，魯武公之子，西周時期諸侯國魯國第十任君主。

〔十〕景公：即魯景公姬匽，魯康公之子，戰國時期諸侯國魯國第三十二任君主。

〔十一〕燕：通「宴」，宴請。

〔十二〕晏子：晏嬰（前578～前500），字平仲，春秋時齊國夷維（今山東萊州）人。晏嬰是春秋後期一位重要的政治家，歷任齊靈公、齊莊公、齊景公三朝的卿相。

〔十三〕蹴然：恭敬貌。

〔十四〕魚爛：魚腐爛。比喻自內部糜爛腐敗。冰銷：比喻事物消釋渙解。

〔十五〕語本《孟子‧滕文公下》。咻：喧嚷；擾亂。